零基础学财务报表分析

（第二版）

康晓明◎编著　马靖昊◎审订

電子工業出版社
Publishing House of Electronics Industry
北京・BEIJING

内 容 简 介

本书从企业的角度出发，对财务报表体系进行了系统的介绍，包括资产负债表、利润表、现金流量表、所有者权益变动表、财务报表附注等财务报表的概念、核算内容、编制方法及分析方法等。作者以理论结合实践，并配以大量的图表和实例，使读者从故事中学财务，从故事中学报表。

图书在版编目（CIP）数据

零基础学财务报表分析 / 康晓明编著. —2 版. —北京：电子工业出版社，2020.5
ISBN 978-7-121-37165-3

Ⅰ. ①零…　Ⅱ. ①康…　Ⅲ. ①会计报表－会计分析　Ⅳ. ①F231.5

中国版本图书馆 CIP 数据核字（2019）第 160862 号

责任编辑：王陶然
印　　刷：三河市鑫金马印装有限公司
装　　订：三河市鑫金马印装有限公司
出版发行：电子工业出版社
　　　　　北京市海淀区万寿路 173 信箱　　邮编：100036
开　　本：720 × 1000　1/16　印张：17　字数：333 千字
版　　次：2017 年 6 月第 1 版
　　　　　2020 年 5 月第 2 版
印　　次：2022 年 7 月第 2 次印刷
定　　价：55.00 元

凡所购买电子工业出版社图书有缺损问题，请向购买书店调换。若书店售缺，请与本社发行部联系。联系及邮购电话：（010）88254888，88258888。

质量投诉请发邮件至 zlts@phei.com.cn，盗版侵权举报请发邮件至 dbqq@phei.com.cn。

本书咨询联系方式：（010）57565890，meidipub@phei.com.cn。

前　言

财务报表是综合反映企业一定时期财务状况、经营业绩的总结性文件，是一个企业最重要的数据组合。正确地编制财务报表是企业财务人员的职责，综合阅读和理解财务报表则是所有财务报表使用者应该掌握的技能。财务报表使用者包括政府财政税务部门、投资人、债权人、供应商和客户等。

编制财务报表是每个企业的重要经济管理行为，而财务人员正是负责这项重要工作的关键人物。通过长期从事财务工作，我认为要做好企业财务报表的编制工作，首先要了解财务报表的基础知识，这也是写作本书的目的——希望能给刚开始学习财务报表知识的新手们提供一些帮助。

本书逐步引导财务人员从了解财务报表的基础知识到熟练掌握编制财务报表的技能，书中列举了企业在经营过程中遇到的各种经济业务，不仅讲解了财务报表的编制原理，还对在财务报表阅读和编制过程中可能遇到的实际问题进行了详细的说明，提供了基本的解决方法，并且总结了一些编制财务报表的小技巧。本书通过对杨经理和会计小辛等人物的财务工作的描写，把与企业相关的财务报表知识以讲故事的方式向读者娓娓道来。

开篇第 1 章介绍了财务报表的基础知识、家族成员和财务报表使用者等内容，并对张老板公司的背景进行了介绍，张老板及其财务部门的人员一一登台亮相。

第 1 章还提出了本书重要的三个问题，并通过资产负债表、利润表、现金流量表进行解答，这也是最重要的三张财务报表。

“张老板的公司还有多少资产，哪些是可以短期变现的？”

“张老板的公司赚了多少钱，分别是哪些项目的盈利？”

“张老板的公司还有多少资金，短期之内会产生多少现金流量？”

第 2 章介绍了资产负债表的框架和基本内容。资产负债表可以回答第一个问题——“张老板的公司还有多少资产，哪些是可以短期变现的？”

第 3～7 章将资产负债表层层分解，分别介绍了流动资产、非流动资产、流动负债、非流动负债、所有者权益项目的概念、核算及填列方法等。

第 8 章是对资产负债表的综合分析，它告诉不同的财务报表使用者，通过资产负债表可以了解企业的哪些信息。

第 9 章介绍了利润表的框架和基本内容。利润表可以回答第二个问题——“张老板的公司赚了多少钱，分别是哪些项目的盈利？”

第 10～15 章将利润表层层分解，分别介绍了营业收入、营业成本、营业外收支、期间费用、所得税、其他项目的概念、核算及填列方法等。

第 16 章是对利润表的综合分析，它告诉不同的财务报表使用者，通过利润表可以了解企业的哪些信息。

第 17 章介绍了现金流量表的框架和基本内容。与前两张报表相比，现金流量表的内容较为复杂，它可以回答第三个问题——“张老板的公司还有多少资金，短期之内会产生多少现金流量？”

第 18 章和第 19 章分别介绍了现金流量表及其补充资料的概念、核算及填列方法等。

第 20 章是对现金流量表的综合分析，它结合了资产负债表和利润表的内容，使财务报表使用者对企业财务状况和经营业绩的评价更加全面、客观。

第 21 章介绍了所有者权益变动表，这张表的内容较为简单，比较容易掌握。

第 22 章介绍了财务报表附注，它是财务报表的补充和说明，两者虽有主次之分，但都是财务报表的重要组成部分。

第 23 章介绍了资产负债表日后事项，它是对于会计分期的补充和完善，包含了需要调整或说明的事项。

第 24 章介绍了如何编制一套财务报表。

以上就是本书的写作思路。作为一名会计新手，在学习财务报表基础知识的同时，要做到认真理解、灵活运用、多思多想、勤学爱问，遇到比较枯燥的内容、无从下手的问题无须心急，这是正常现象。财务报表是一个完整的系统，读者不必纠结于某一个问题，可以先将财务报表的整个系统梳理清楚后，再专门突破某个难点。

本书内容全面、可读性强，适合阅读的人员包括：

- 初入职场的会计新手。
- 企业投资人、管理层、决策者等财务报表的内部使用者。
- 客户、供应商、政府机构等财务报表的外部使用者。
- 对财务报表分析感兴趣的其他读者。

目 录

第 19 章 现金流量表补充资料

第 20 章 现金流量表综合分析

第 21 章 所有者权益变动表

第 22 章 财务报表附注

第1章 从头认识财务报表

年终岁末，会计小辛抱着一摞账表走进张老板的办公室，开始事无巨细地向张老板汇报工作。他汇报得唾沫横飞、汗流浃背，结果却被张老板轰了出来。财务杨经理亲自出马，拿着薄薄的几张报表，简明扼要地陈述一番后，张老板点头称道。

原来，是他们关注信息的角度不同。会计小辛关注的是每一笔账目的借贷关系，而杨经理关注的是总账及其核算流程，张老板需要的正是公司的宏观数据。

一名合格的会计人员要站在适当的位置，做好分内的工作；一名优秀的财务经理要为老板分析、梳理、总结、提炼财务关键数据。

财务报表就是一个企业最重要的数据组合。

1.1 什么是财务报表

我们来看一看，张老板最关注的三个问题:

“公司有多少资产，哪些是可以短期变现的？”

“公司赚了多少钱，分别是哪些项目的盈利？”

“公司还有多少资金，短期之内会产生多少现金流量？”

张老板关注的这三个问题，被杨经理以财务报表为依据一一做出了解答。我们不禁要问: 什么是财务报表？财务报表的表现形式是怎样的？为什么说财务报表是一个企业最重要的数据组合？

1. 认识财务报表

财务报表是综合反映企业一定时期财务状况、经营业绩的总结性文件，它是在日常会计核算资料的基础上，对其进行加工、整理归类、汇总编制而成的，具有统一格式和内容的报告文件。

财务报表主要包括资产负债表、利润表、现金流量表、所有者权益变动表和财务报表附注等。

财务流程就像接力赛，将财务人员分为很多岗位，如出纳、成本会计、结算会计、报表会计等。报表会计是接力赛中的最后一棒，属于冲刺型选手，其目标是将所有工作成果汇集起来。财务报表就像企业的一面镜子，通过对比，企业管理者可以知己知彼、有的放矢地开展经营活动。

2. 财务报表的产生过程

财务报表是企业财务工作的最终成果，而财务工作的本质是对企业经济活动的货币信息逐步进行高度概括，使之具有条理的过程。这个过程主要分为三个阶段。

（1）第一个阶段是编制记账凭证。

编制记账凭证是将企业纷繁的经济业务，按会计制度的要求进行分类，并将同类业务记入相同的会计科目，如图 1.1 所示。

记　账　凭　证

年　　月　　日　　______字______号

摘　要	会 计 科 目	明 细 科 目	借方金额									贷方金额									记账
			百	十	万	千	百	十	元	角	分	百	十	万	千	百	十	元	角	分	
合计：	（附件	张）																			

会计主管　　　　审核　　　　制证　　　　记账

图 1.1　记账凭证

（2）第二个阶段是登记会计账簿。

登记会计账簿是对会计信息的进一步梳理，将同类业务按特定时期集中登入同一账页，即对会计信息进行二次归类。金字塔不是一天就能够建成的，也不是一步就能够登顶的，它需要一个循序渐进、逐步递增的过程。登记会计账簿就是这样一个过程，它通过明细账对会计信息做进一步汇总，再通过总账进行提炼，慢慢地，我们就接近了金字塔的顶端——财务报表。

会计账簿的样式，如图 1.2 所示。

生产成本明细账

科目：生产成本（401）　　　　数量单位：千克　金额单位：元

月	日	凭证号	摘　要	借方（收入）			贷方（付出）		
				数量	单价	金额	数量	单价	金额
01	30	记-0099	T101 生产车间领料 主机-推土机	61.2	1000.00	61200.00			
01	30	记-0102	T101 生产车间交库废料估价 主机-推土机			300.00			
01	30	记-0107	T101-1 生产领用包装物 配件-推土机			3000.00			
01	30	记-0161	T101-1 提取固定资产折旧 主机-推土机			34000.00			
01	30	记-0165	T102-1 预提修理费 主机-推土机			1250.00			
01	30	记-0166	T102-1 支付修理费 主机-推土机			300.00			
01	30	记-0178	T101-1 车间领料 主机-推土机	5	1000.00	5000.00			
01	30	记-0183	T102-1 生产领料 主机-推土机	10	1000.00	10000.00			
01	30	记-0184	T103-1 领材料 主机-推土机	6	1000.00	6600.00			
01	30	记-0185	W104-1 领材料 主机-推土机	95	1000.00	95000.00			
01	30	记-0191	T101-1 结转制造费用 主机-推土机			30000.00			

图 1.2　会计账簿的样式

（3）第三个阶段是编制财务报表。

在日常的会计核算工作中，企业虽然已经通过记账凭证将发生的各项经济业务归类登记在会计账簿中，但就某一个会计期间的企业经营活动整体状况而言，会计账簿所提供的会计信息仍然是分散化的，因此，会计人员还必须对其进行分类汇总并编制相应的财务报表，才能使企业经营活动整体状况一目了然，其账务处理流程如图 1.3 所示。

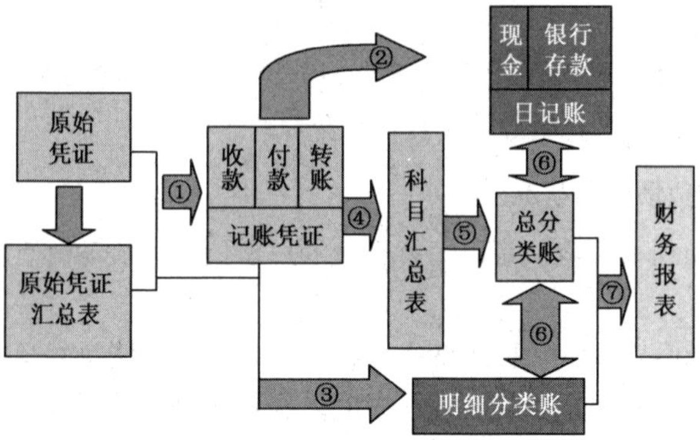

图 1.3　账务处理流程

1.2　财务报表的家族成员

企业财务报表的家族成员是企业财务信息经过层层筛选后的“精兵猛将”，每一个都不可或缺，下面我们就来一一介绍。

注意：财务报表具体包括资产负债表、利润表、现金流量表、所有者权益变动表和财务报表附注等，它们在财务报表体系中各自发挥着不同的作用，有的体现某一时点的财务状况，有的体现某一期间的经营状况和现金流量情况等，这些信息对企业来说都是相当重要的。

在阅读财务报表之前，我们应该首先明确各个报表所能提供的信息和内容，以便正确、及时地取得我们需要的财务信息。

1.2.1　资产负债表

资产负债表是反映企业会计期末的资产、负债和所有者权益状况的财务报表，它反映了企业经营活动的规模和发展潜力。那么，资产负债表可以帮助我们了解企业的哪些信息呢？

1. 企业的资产分布状况

通过资产负债表，我们可以了解企业的总资产，如流动资产、非流动资产等信息。

通过这些信息，我们可以了解企业在某一日期所拥有或控制的各种资源的构成及其分布情况，进而分析资源的配置是否合理。

2. 企业的负债分布状况

通过资产负债表，我们可以了解企业的总负债，如流动负债、非流动负债等信息。

通过这些信息，我们可以了解企业在某一日期的负债总额及结构，企业负担的长期债务和短期债务的数额及偿还时间，企业未来需要用多少资产或劳务清偿债务等；将负债和资产进行对比，我们可以了解企业的偿债能力和支付能力等。

3. 企业的净资产情况

企业的净资产是指总资产减去总负债的净额，又称为所有者权益。

通过资产负债表，我们可以了解投资者的资金在企业资产中所占的份额，以及所有者权益的构成情况等；将所有者权益与负债进行对比，我们可以分析企业财务结构的优劣和负债经营的合理程度，以及企业所面临的财务风险等。

4．企业的偿债能力

综合分析企业的资产、负债及净资产情况，再通过对其前后资产负债表的对比分析，可以了解企业资金结构的变化情况，预测企业未来的财务发展趋势。

1.2.2　利润表

利润表是反映企业在一定会计期间（月度、季度、年度）的经营成果的财务报表。具体来说，利润表通过对一定会计期间的收入、费用进行核算，从而计算出一定会计期间的净利润（净亏损）。通过利润表，我们可以了解企业的主营业务利润，对利润表影响重大的期间费用、净利润、所得税额等。

1．企业的收入情况

通过利润表，我们可以了解企业的主营业务收入、其他业务收入、投资收益、营业外收入等信息。通过这些信息，我们可以了解企业的收入规模及分布。

2．企业的成本费用情况

通过利润表，我们可以了解企业的主营业务成本、其他业务成本、销售费用、管理费用、财务费用、营业外支出等信息。通过这些信息，我们可以了解企业的成本费用开支规模及分布，为预算控制提供基础数据。

3．企业的所得税情况

通过利润表，我们可以了解企业在某一会计期间应承担的税负及其规模。

4．企业的净利润情况

企业的收入扣减成本费用及所得税后就是净利润，也就是企业在某一会计期间赚取的利润。

5．企业的资产创利情况

通过与资产负债表相结合，我们可以了解为企业创造利润的资产规模有多大，从而得出有关资产周转情况及资产创利情况的指标。

6．企业的销售利润率

通过计算我们可以得出利润与收入的比例，销售利润率越高，企业的盈利情况越好。

1.2.3 现金流量表

现金流量表是反映企业在一定会计期间（月度、季度、年度）的现金增减变动情况的财务报表，它是唯一一张按照收付实现制编制的财务报表。

注意：首先，现金流量表比利润表更好地反映了企业净收益的质量，因为只有能够收回现金的收入才是高质量的；其次，现金流量表可以反映企业现金的用途，分析企业运用现金的能力；最后，现金流量表可以反映企业以现金偿还债务的能力。显然，现金流量不稳定且大部分依靠投资及营业外收入带来现金流的企业，其偿还能力是不稳定的。

1.2.4 所有者权益变动表

所有者权益变动表是反映企业期初至期末所有者权益变动情况的财务报表。

通过所有者权益变动表，我们可以了解企业所有者权益增减变动的金额、结构，以及直接计入所有者权益的利得和损失。通俗地讲，所有者权益变动表记录了企业经营活动所形成的整体权益金额的变化、权益组成结构的变化，以及非经营活动形成的收益或损失。

1.2.5 财务报表附注

财务报表附注是对资产负债表、利润表、现金流量表和所有者权益变动表等财务报表中列示项目的文字描述或明细资料，以及对未能在这些账务报表中列示项目的说明等。通过财务报表附注，我们可以了解财务报表的编制基础、编制原则、编制方法和编制依据。

财务报表附注应该按照以下顺序披露有关内容。

1．企业的基本情况

介绍企业的成立时间、组织形式、注册地址、业务性质、经营范围、关联方情况等。

2．企业的重要会计政策、会计估计和前期差错等

主要包含以下项目：

- ❑ 财务报表的编制基础。
- ❑ 遵循企业会计准则的声明。

- 重要会计政策和会计估计。

3. 财务报表重要项目的进一步说明

企业应当以文字和数字描述相结合的方式，尽可能地以列表的形式披露财务报表重要项目的构成或当期增减变动情况；并且，财务报表重要项目的明细金额合计，应当与报表项目金额相衔接。在披露顺序上，一般应当按照资产负债表、利润表、现金流量表、所有者权益变动表及其项目列示的顺序进行。

4. 其他需要说明的重要事项

主要包括或有和承诺事项、资产负债表日后非调整事项、关联方关系及其交易等，具体的披露要求须遵循相关准则的规定，详见相关章节的内容。

1.3　财务报表分类

苏轼在《题西林壁》中写道："横看成岭侧成峰，远近高低各不同。"从不同的角度去端详一件物品、一个人或一个故事可能呈现出完全不同的面貌；同样地，想了解一个事物的不同面貌，应从不同的角度来认识和把握。下面我们就从不同的角度来认识财务报表。

财务报表的内容包罗万象，是企业财务信息的高度浓缩，它需要我们从不同的角度去理解和分析。财务报表可以按照不同的标准进行分类。

1. 按服务对象分类

财务报表按服务对象可以分为外部报表和内部报表。外部报表是企业必须定期编制的，并且要定期向上级主管部门、投资者、财税部门等报送或按规定向社会公布的财务报表。它是一种主要的、定期规范化的财务报表。它要求有统一的格式、指标体系和编制时间等，资产负债表、利润表和现金流量表等均属于外部报表。

内部报表是企业根据内部经营管理的需要而编制的，仅供内部管理人员使用的财务报表。它不要求统一的格式，也没有统一的指标体系，成本报表等就属于内部报表。

2. 按编制和报送时间分类

财务报表按编制和报送时间分为中期财务报表和年度财务报表。广义的中期财务报表包括月度、季度、半年度财务报表；狭义的中期财务报表仅指半年度财务报表。

年度财务报表是全面反映企业整个会计年度的经营成果、现金流量情况及年末财务状况的财务报表。企业必须在每年年底编制并报送年度财务报表。

3. 按编报主体分类

财务报表按编报主体可以分为个体财务报表和合并财务报表。个体财务报表是指在以母公司和子公司组成的具有控股关系的企业集团中，由母公司和子公司各自为主体分别单独编制的财务报表。

合并财务报表是以母公司和子公司组成的企业集团为会计主体，以母公司和子公司单独编制的个体财务报表为基础，由母公司编制的综合反映企业集团经营成果、财务状况及其资金变动情况的财务报表。

本书主要介绍几种常用的财务报表，从以上的属性来说，即年度财务报表、个体财务报表、外部财务报表。

1.4 谁更关心财务报表

“天下熙熙，皆为利来；天下攘攘，皆为利往。”那么，谁更关心财务报表呢？必然是与公司有直接或者间接利益关系的相关各方。

财务报表的使用者有很多，包括权益投资人、债权人、经理人员、政府机构及其他与企业有利益关系的人员和机构。由于这些机构和人员使用财务报表的目的不同，所以他们需要采用的信息及对财务报表分析的角度也不尽相同。

1. 投资人

投资人是指公司的权益投资人，即普通股股东。由于投资人投资公司的目的是扩大自己的财富规模，所以他们关心的是企业的偿债能力、收益能力及投资风险等。

投资人关心财务报表主要是为了了解以下几个方面的问题：

- ❑ 公司当前和长期收益水平的高低，其收益是否容易受到重大变动的影响？
- ❑ 公司目前的财务状况如何，其资本结构决定的风险和报酬如何？
- ❑ 与其他竞争者相比，公司处于何种地位？

2. 债权人

债权人是指借款给企业并得到企业还款承诺的人。由于债权人最关心的是能否收回借款，所以他们关注的是企业的偿债能力。通过分析企业的财务报表，可以使债权人了解企业的资产负债比例、债务配置比例；通过分析企业的偿债能力，债权人可以决定是否向企业借款，以及是否转让其债权。

债权人可以分为短期债权人和长期债权人。

债权人的主要决策包括是否给企业提供借款、是否提前收回债权等。债权人进行财务报表分析主要是为了了解以下几个方面的问题:

- 公司为什么需要额外筹集资金?
- 公司还本付息所需资金的可能性来源有哪些?
- 公司对于以前的短期和长期借款是否按期偿还?
- 公司将来在哪些方面还需要借款?

3. 经理人员

经理人员是指被企业聘用的、对企业资产和负债进行管理的个人组成的团体，又称为管理层。

经理人员可以获取财务报表外部使用者无法得到的信息，他们分析财务报表的主要目的是改善公司经营结构，满足财务报表使用者的需求。经理人员关心公司的财务状况、盈利能力和持续发展的能力，因此，他们需要更加全面地对财务报表进行分析。

4. 政府机构

政府机构也是企业财务报表的使用者，包括税务部门、国有企业的管理部门、证券管理机构、会计监管机构和社会保障部门等。政府机构使用财务报表是为了履行自己的监督管理职能，通过分析企业财务报表可以了解企业的纳税情况、相关法规的遵守情况，以及员工收入状况等。

5. 审计机构

由于审计机构需要定期对企业的财务状况出具鉴定意见，所以它们通过分析企业财务报表确定审计重点，以开展进一步的工作。

6. 供应商和客户

为了判断是否与企业建立长期合作关系，供应商和客户一般通过财务报表分析企业的信用水平和持续供货能力、售后服务能力等情况。

1.5　本章回顾

欢迎大家进入财务报表的世界，这个世界里有独特的数字逻辑和语言逻辑，有丰富多彩的内容，这些内容关系到大家对于经济现象和财富的理解，帮助大家增强对风险和收益的认识，建立公司或者个人理财的正确理念。

1. 背景介绍

我们在本章开篇时认识了张老板、杨经理、会计小辛这几个人物，本书就是围绕张老板公司的业务展开介绍，并伴以会计小辛的学习和成长经历编写的。

让我们进一步了解本书的一些基本背景资料。

（1）张老板

张老板是股东兼总经理，是公司的老大。

张老板负责把握公司的生产经营方向，制订经营计划，健全公司统一、高效的组织体系，是整个公司里职务最高的管理者与负责人，对公司负全部责任。

（2）张老板公司

四星通信设备有限公司是张老板成立的公司（以下简称张老板公司），凝聚了张老板的全部心血。四星通信设备有限公司成立于 2003 年，主要业务是代理经销手机，并逐渐进入手机配件生产及销售领域。

公司通过十几年的发展，业务蒸蒸日上。十几年来，通信终端产品呈爆炸式发展，尤其是 2011 年以来，3G、4G 业务的迅猛发展给手机及其周边产品的销售带来了新的机遇，张老板对公司的发展信心满满!

（3）杨经理

杨经理是张老板公司的财务经理，他全面负责公司会计资料的收集、整理、汇编、归档等工作，负责公司整体核算流程的建立及控制，进行财务分析和评价，并向张老板提供及时、可靠的财务信息和工作建议。另外，杨经理还有一项重要的职责，就是对其他财务人员进行指导和管理。

（4）会计小辛

会计小辛是进入职场刚满一年的会计新手，对会计工作充满热情。他的职责是收集、整理财务资料，按照国家会计制度的规定记账、报账等。

2. 本章内容

本章介绍了财务报表的基础知识，包括财务报表的概念、内容、分类，以及财务报表的使用者等。下面我们将按照资产负债表、利润表、现金流量表、所有者权益变动表、财务报表附注的顺序依次展开，以张老板公司的财务核算为线索层层深入地为大家介绍财务报表的各项内容。

无论您是投资人、经理人员、会计从业者，还是以任何形式参与到商业活动中的人士，阅读本书都将对您了解财务报表有所帮助。

第 2 章 资产负债表

张老板公司合计拥有六个子公司、三处房产、资产数亿元。张老板的工作十分繁忙：一方面，他被客户时时簇拥着，洽谈各种合同；另一方面，他又经常出入各大银行申请贷款。

围观的我们不禁要问："张老板的公司不是有数亿元的资产吗？为什么还要申请贷款呢？"那么，张老板公司到底有多少钱呢？这需要我们拿出资产负债表来算一算。

2.1 这个公司有点钱

一个公司有多少钱，我们要看它的资产负债表。

通俗地讲，资产负债表就是反映会计主体在特定日期的资产、负债情况的财务报表。

注意：我们会在本书中不断地提到"会计主体"这个概念。会计主体就是会计的核算对象，是指会计工作为其服务的特定单位或组织，是会计人员在进行会计核算时所处的立场，以及在空间范围上的界定。会计主体既可以是一个企业，也可以是若干个企业组织起来的集团公司；既可以是法人，也可以是不具备法人资格的实体。会计主体的概念虽然有些抽象，但是并不难理解，本书主要研究的会计主体就是张老板的四星通信设备有限公司。

回到张老板公司有多少钱的问题。让我们先给这个问题加上一个关键性的定语，即限定一个期限。

问：张老板公司在 2019 年 3 月 1 日有多少钱？

答：张老板公司在 2019 年 3 月 1 日的资产为 3 亿元人民币，负债为 2 亿元人民币，净资产为 1 亿元人民币。

那么，张老板的公司到底有多少钱呢？

下面我们来举一个例子：

张某贷款购买一套住房，总价 300 万元，首付 30%，房屋所有权人是张某。请问张某现在有多少钱？是 300 万元吗？

答案是否定的。张某有 300 万元的资产，210 万元的负债，净资产只有 90 万元，这才是他实实在在拥有的权益。资产是一种产权，而我们更需要关注的是净资产。

这个例子帮助我们引出了资产、负债、净资产/所有者权益的概念。

2.1.1 资产

资产负债表中的资产是指由企业过去的交易或事项形成的，并由企业在某一特定日期所拥有或控制的、预期会给企业带来经济利益的资源。

上述定义中的诸多概念，如“过去的交易或事项”“特定日期”“预期利益”“资源”等，是不是让大家一头雾水呢？下面我们来举例说明。

例如，张老板的公司于 2019 年 3 月 1 日斥资 3 亿元购买了一栋办公楼用于出租，预期该办公楼每年将带来 3000 万元的租赁收入。

张老板公司的资产定义解读，如图 2.1 所示。

企业	——	张老板公司
特定日期	——	2019 年 3 月 1 日
过去的交易或事项	——	购买
形成的资源	——	办公楼
预期带来收益	——	租金收入

图 2.1 张老板公司的资产定义解读

上述例子只是帮助大家简单地了解一下什么是资产，要充分理解资产的概念，必须清楚以下三点内容。

1. 资产预期会给企业带来经济利益

它是指资产直接或间接导致现金或现金等价物流入企业的潜力。这种潜力可以来自企业日常的生产经营活动，也可以来自企业非日常的生产经营活动；带来的经济利益可以是现金或现金等价物，也可以是能够转化为现金或现金等价物的形式，或者是减少现金或现金等价物流出的形式。

如果某一项目预期不能给企业带来经济利益，就不能将其确认为企业的资产；

前期已经确认为资产的项目，如果不能再为企业带来经济利益，也不能再将其确认为企业的资产。

例如，张老板公司的办公楼前有一片草地，如果它只是被用于绿化环境，不能为企业带来经济利益，那么它就不能被确认为资产，应该作为费用处理。

2．资产应为企业所拥有或者控制的资源

资产作为一项资源，应为企业所拥有或者控制，具体是指企业享有某项资源的所有权，或者虽然不享有某项资源的所有权，但是该资源能被企业所控制。

通常在判断资产是否存在时，所有权是考虑的首要因素。

在有些情况下，虽然某些资产不为企业所拥有，即企业并不享有其所有权，但是企业控制这些资产，同样表明企业能够从这些资产中获取经济利益。例如，国有土地使用权、融资租入固定资产等。

3．资产是由企业过去的交易或事项形成的

只有过去的交易或事项才能形成资产，企业预期在未来发生的交易或事项不能形成资产。

例如，张老板计划在未来投资一条手机外壳生产线，而这项并未实际执行的计划并不能形成企业的现实资产。

综上所述，企业要想确认一项资产，就必须同时满足以上三个条件，缺一不可。

2.1.2　负债

资产负债表中的负债反映企业在某一特定日期所承担的、预期会导致经济利益流出企业的现时义务。

延续上面的例子，请大家思考一下怎样用通俗的语言来表述负债的概念。

2019 年 2 月 15 日，张老板公司为了购买办公楼，向银行贷款 2 亿元，预期每年支付利息 1400 万元。

张老板公司的负债定义解读，如图 2.2 所示。

同样地，负债也有几个特征需要大家牢记。企业要想确认一项负债，就必须同时满足以下三个条件，缺一不可。

1．负债是企业所承担的现时义务

负债必须是企业承担的现时义务，它是负债的一个基本特征。

现时义务是指企业在现行条件下已承担的义务，未来发生的交易或事项形成的义务，不属于现时义务，不应当确认为负债。上述例子中，张老板公司的 2 亿元贷款就是它所承担的现时义务。

企业	张老板公司
特定日期	2019 年 2 月 15 日
过去的交易或事项	贷款
形成的资源	2 亿元
预期利益流出	利息支出

图 2.2　张老板公司的负债定义解读

2．负债的清偿预期会导致经济利益流出企业

预期会导致经济利益流出企业也是负债的一个本质特征。

只有企业在履行义务时会导致经济利益流出企业，才符合负债的定义；如果不会导致企业经济利益流出，则不符合负债的定义。张老板公司预期每年 1400 万元的利息支出就是其自身经济利益的流出。

注意：财务概念中的负债与我们日常生活中必须以货币来偿还的欠款不同。企业在履行现时义务清偿负债时，导致经济利益流出企业的形式有很多，比如用现金或以实物资产的形式、以提供劳务的形式偿还，部分以转移资产、部分以提供劳务的形式偿还，将负债转为资本的形式偿还等。

3．负债是由过去的交易或事项形成的

负债应当由企业过去的交易或事项所形成，换句话说，只有过去的交易或事项才能形成负债，企业预期在未来发生的承诺、签订的合同等交易或事项，不能形成负债。

2.1.3　净资产/所有者权益

我们一般将净资产称为所有者权益。

资产负债表中的所有者权益是企业资产扣除负债后的剩余权益，反映企业在某一特定日期股东（投资者）所拥有的净资产的总额。

也就是说，净资产就是张老板公司真正的抗风险能力，就是张某房产证的一角，即房屋价值的 30%。

了解这些基础概念后，我们来具体看一看什么是资产负债表。

2.2 资产负债表印象

随着商业的发展，商贾们开始关注自有资产状况和借贷情况，于是经过不断的完善，资产负债表孕育而生。

资产负债表是企业需要定期编制的最重要的财务报表之一。它是反映企业在某一特定时期（月末、季末、年末）财务状况的时点性财务报表，是企业经营活动的静态体现。它根据“资产=负债+所有者权益”这一平衡公式，依照一定的分类标准和次序，将某一特定日期的资产、负债、所有者权益的具体项目予以适当地排列编制而成。

注意：时点性财务报表，是指报表上的数据反映的是报表公布时刻（如 2019 年 12 月 31 日）的企业财务状况的一种财务报表。它与利润表不同。利润表是时期性财务报表，反映的是企业在一定时期内的收入、支出、利润等情况。

2.2.1 资产负债表格式

资产负债表一般包括表首与正表两部分。

表首概括地说明报表名称、编制单位、编制日期、货币名称等。正表是资产负债表的主体，列示了用以说明企业财务状况的各个项目。

我们通常见到的资产负债表正表的格式是按“资产=负债+所有者权益”的原理编排的，分为左右两边，左边列示资产，右边列示负债和所有者权益。资产各项目的合计等于负债和所有者权益各项目的合计这一等式不变。

在我国，资产负债表为账户式，每个项目又分为“期末余额”和“期初余额”两栏，采用企业会计准则的非金融企业的资产负债表格式，如表 2.1 所示。

表 2.1 资产负债表格式

编制单位： 年 月 日 单位：元

资产	期末余额	期初余额	负债和所有者权益	期末余额	期初余额
流动资产：			**流动负债：**		
货币资金			短期借款		
交易性金融资产			交易性金融负债		
衍生金融资产			衍生金融负债		
应收票据			应付票据		
应收账款			应付账款		

续表

资产	期末余额	期初余额	负债和所有者权益	期末余额	期初余额
预付款项			预收款项		
其他应收款			合同负债		
存货			应付职工薪酬		
合同资产			应交税费		
持有待售资产			其他应付款		
一年内到期的非流动资产			持有待售负债		
其他流动资产			一年内到期的非流动负债		
流动资产合计			其他流动负债		
非流动资产：			流动负债合计		
债权投资			**非流动负债：**		
其他债权投资			长期借款		
长期应收款			应付债券		
长期股权投资			其中：优先股		
其他权益工具投资			永续债		
其他非流动金融资产			长期应付款		
投资性房地产			预计负债		
固定资产			递延收益		
在建工程			递延所得税负债		
生产性生物资产			其他非流动负债		
油气资产			非流动负债合计		
无形资产			负债合计		
开发支出			**所有者权益：**		
商誉			实收资本		
长期待摊费用			其他权益工具		
递延所得税资产			其中：优先股		
其他非流动资产			永续债		
非流动资产合计			资本公积		
			减：库存股		
			其他综合收益		
			盈余公积		
			未分配利润		
			所有者权益合计		
资产总计			负债和所有者权益总计		

2.2.2　资产负债表结构

张老板公司的资产负债表格式如表 2.1 所示，洋洋洒洒一大篇。我们可以将资产负债表的结构分为三个层级。

1．第一层级——会计要素

在资产负债表中，企业通常按资产、负债、所有者权益分类列示，符合“资产=负债+所有者权益”的平衡公式。

2．第二层级——项目类别

资产、负债项目又按流动性大小分项列示，资产负债表第二层级架构图如图 2.3 所示，后面的章节我们也会按照这个架构进行编排。

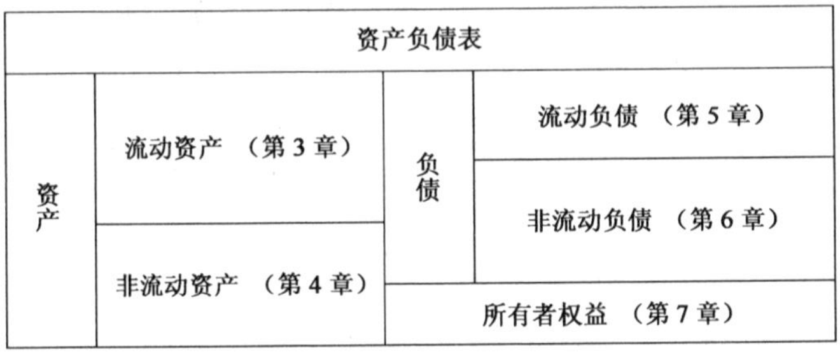

图 2.3　资产负债表第二层级架构图

流动性与非流动性，是我们必须掌握的基本概念。

在财务领域中，流动性与非流动性主要是指变现能力的强弱、变现时间的长短，针对负债而言，就是指偿还时间的长短，通常以一年为一个周期进行区分。

3．第三层级——报表科目

资产、负债项目按流动性大小分项列示后，流动资产（负债）、非流动资产（负债）及所有者权益又按照内容性质进一步细分。

（1）流动资产是流转速度比较快，预计在一个正常营业周期内变现、出售或耗用的资产。它是主要为交易目的而持有的、预计在资产负债表日起一年内（含一年）变现的资产，或者是自资产负债表日起一年内交换其他资产或清偿负债的能力不受限制的现金或现金等价物。比如，随时可以出售的存货、随时可能收回的应收账款等。

资产负债表中列示的流动资产项目通常包括货币资金、交易性金融资产、应收票据、应收账款、预付款项、其他应收款、存货、一年内到期的非流动资产等。

（2）非流动资产是流动资产以外的资产。资产负债表中列示的非流动资产项目通常包括长期股权投资、固定资产、在建工程、无形资产、开发支出、长期待摊费用、其他非流动资产等。

（3）流动负债是预计在一个正常营业周期内清偿的负债。它是主要为交易目的而持有的、自资产负债表日起一年内（含一年）到期应予以清偿的、企业无权自主地将清偿推迟至资产负债表日后一年以上的负债。

资产负债表中列示的流动负债项目通常包括短期借款、应付票据、应付账款、预收款项、应付职工薪酬、应交税费、其他应付款、一年内到期的非流动负债等。

（4）非流动负债是流动负债以外的负债。资产负债表中列示的非流动负债项目通常包括长期借款、应付债券、其他非流动负债等。

（5）所有者权益反映企业在某一特定日期股东（投资者）所拥有的净资产的总额，它一般按照实收资本、资本公积、盈余公积、未分配利润、其他综合收益等分项列示。

在了解资产负债表包含的三个层级后，大家是不是感觉结构清晰了许多？大家先宏观掌握资产负债表的结构，再在后面的章节进行微观上的学习。

2.3 本章回顾

本章简单介绍了一些综合性的概念，包括会计主体、流动性、资产、负债、净资产等。

我们可以将会计语言生活化：

资产（即我们占有的资源，如存款、面包、房子等）减去负债（即借款、借据、白条等），就是净资产的概念。

其中：存款可以随时用于支付，面包倘若不坏的话，也比较容易卖掉，它们属于流动资产；房子的变现能力较差，属于非流动资产；一年内到期的借款，属于流动负债；一年以上到期的借款，属于非流动负债。

本章对第 3 章到第 8 章的内容起到提纲挈领的作用，大家不用一次性记清楚，后面的章节我们还会对其中的各个项目进行详细介绍。

第3章 细说资产负债表之流动资产

张老板公司有很多资产，包括现金和银行存款、手机和计算机等。它们有的以货币形式存在，如货币资金和应收应付的账款；有的以实物形式存在，如手机和计算机。这些不同种类、不同形式的资产可发挥价值的期间和产生价值的方式各有不同，需要我们分类进行管理。本章我们就来介绍这样一种资产，它的变动性很强，可以快速地转化为其他形式，变动周期与企业的生产销售周期基本一致，它就是流动资产。

在张老板公司的资产中，最不能缺少的就是现金和银行存款，它们是现代经济社会最重要的支付工具。还有一类资产，它们与现金和银行存款的作用相似，可以很快地通过商业运作转化为现金和银行存款，我们把这些资产与现金和银行存款作为一类资产进行管理。

货币资金按转化为现金的时间为标准进行划分，分为可以在较短时期内产生现金价值的资产（即流动资产）和在较长时期产生现金价值的资产（即非流动资产）。本章我们先来讲一讲流动资产。

3.1 什么是流动资产

流动资产是可以在较短时期内产生现金价值的一类资产。

我们在第 2 章中提到，资产和负债项目的列示主要就是按照流动性划分的，其中，流动资产是指企业可以在一年或者超过一年的一个营业周期内变现或者运用的资产，是企业资产必不可少的组成部分。流动资产转化为现金的过程与企业的生产销售周期基本一致，如图 3.1 所示。

图 3.1 流动资产流转图

流动资产项包括货币资金、交易性金融资产、应收票据、应收账款、存货等，各项目分别具有不同的特点。

1. 流动资产的类别

按照在企业生产经营中所起的作用，流动资产可以分为以下几种类别:

- 货币资产，包括银行存款、库存现金等。
- 结算资产，包括各种应收款、预付款、应收票据等。
- 商品资产，包括库存商品、在途商品等。
- 非商品资产，包括低值易耗品、其他流动资产等。

2. 流动比率

流动比率是流动资产与流动负债的比率，用来衡量企业流动资产在短期债务到期以前，可以变为现金用于偿还负债的能力。

一般来说，如果流动资产大于流动负债，即流动比率大于 1，则表明企业偿还短期借款的能力较强。

张老板公司在 2019 年 12 月 31 日资产负债表中的货币资金为 1800 万元，应收账款为 3500 万元，短期借款为 2000 万元，这些数据能够说明什么呢？张老板公司的流动资产超过流动负债，说明张老板公司不存在短期内的偿债危机，这是比较好的信息。

流动比率越高，企业资产的流动性越大，表明企业有足够的可变现资产用于偿债。那么，是不是流动比率越高越好呢？答案是否定的，并不是流动比率越高越好。

注意：流动比率过高，说明流动资产占用企业资产较多，会影响企业经营资金周转效率和获利能力；流动比率过低，说明企业的偿债能力较差。我们一般认为，合理的、最低的流动比率是 2。这是因为在流动资产中，变现能力最差的存货金额约占流动资产总额的一半，所以剩下的流动性较强的流动资产至少要等于流动负债，企业的偿债能力才会有所保证。

3.2 货币资金项目解说

货币资金是指在企业生产经营过程中处于货币形式的那部分资金，是企业中最活跃的资金，其流动性强，是企业重要的支付工具和流通工具。

货币资金按其形式和用途不同可分为库存现金、银行存款和其他货币资金。

库存现金和银行存款从字面意思就可以理解，比较复杂的是其他货币资金。其他货币资金包括外埠存款、银行汇票存款、银行本票存款、信用证保证金存款、信用卡存款、存出投资款等。

3.2.1 库存现金

库存现金包括人民币现金和外币现金。现在国际贸易往来越来越频繁和复杂，很多公司需要进行外贸往来和外币兑换，需要存储一定量的外币现金。在填列资产负债表时，必须将外币现金按照一定的汇率折算为人民币金额表示。

注意：虽然现金人人都有，它的概念也很好理解，但是因为它没有身份认证，具备随时随地支付的能力，安全隐患较高，因此相关法规对它做了很多限定。企业与其他单位的经济往来，除在规定的范围内可以使用现金外，都应当通过开户银行进行转账结算。

1．现金的使用范围

现金的使用范围，即现金的核算范围，主要包括以下几个方面：

- 职工工资、津贴。
- 个人劳务报酬。
- 根据国家规定颁发给个人的科学技术、文化艺术、体育等各种奖金。
- 各种劳保、福利费用，以及国家规定的对个人的其他支出。
- 向个人收购农副产品和其他物资的价款。
- 出差人员必须随身携带的差旅费。
- 结算起点（1000 元）以下的零星支出。
- 中国人民银行确定需要支付现金的其他支出。

2．现金的库存限额

现金的库存限额是指按照银行现金管理规定，由开户银行核定的企业现金的库存最高额度。现金的库存限额由开户单位提出申请，经开户银行审查核定。现金的库存限额原则上根据企业 3～5 天的日常零星开支的需要确定；偏远地区和交通不发达的地区可以适当放宽，但最多不超过 15 天。

企业每日的现金结存数额不得超过核定的库存现金限额，超过的部分必须及时送存银行；不足库存现金限额时，可签发现金支票，从银行提取现金补足。

3．现金的核算

无论是对于企业还是个人来说，现金都是最重要的。现金的核算主要包括现金的增加（包括从银行支取现金及其他形式的现金增加）和现金的减少。下面我们通过例题来学习现金的核算，后面的章节中我们会经常涉及现金这个重要的科目。

【例 3.1】2019 年 3 月 4 日，张老板公司购买一批办公用品，金额为 850 元，以现金支付。这时候，会计小辛应该编制的会计分录为:

借：管理费用　　　　　　　850

　贷：库存现金　　　　　　　850

3.2.2 银行存款

银行存款是指企业存放在银行和其他金融机构的货币资金。按照国家现金管理和结算制度的规定，每个企业都要在银行开立账户，称为结算户存款，用来办理存款、取款和转账结算。

在我国，企业日常大量的与其他企业或个人的经济业务往来，都是通过银行账户结算的。

1．银行存款的核算

企业应当按照开户银行和其他金融机构、存款种类、币种等，分别设置银行存款日记账，由出纳人员根据收付款凭证，按照业务的发生顺序逐笔登记。每日终了，应结出余额。银行存款日记账应定期与银行对账单核对，至少每月核对一次。月末，企业银行存款账面余额与银行对账单余额之间如有差额，应编制银行存款余额调节表调节相符。

【例 3.2】2019 年 3 月 4 日，张老板公司销售部某员工出差，预借差旅费 3 万元，由于保险柜里现金不足，出纳人员去银行提取了 3 万元现金交给该员工，并将取款单据交给会计小辛。这时候，会计小辛应该这样编制会计分录。

（1）根据取款单据做一笔凭证，对应的会计分录为:

借：库存现金　　　　　　　30000

　贷：银行存款　　　　　　　30000

（2）根据该员工的出差申请做一笔凭证，对应的会计分录为:

借：其他应收款——员工借款　　30000

　贷：库存现金　　　　　　　30000

2. 月末编制银行存款余额调节表

银行对账单是银行和企业核对账务的联系单，是企业最重要的外部财务依据。银行存款日记账是企业内部编制的账簿。两者的余额在期末时很少有一致的情况，主要原因是存在未达账项。企业应该将企业的银行存款日记账与银行提供的银行对账单逐笔进行核对，查明余额不一致的原因，并补记入账。

银行存款余额调节表是企业重要的自查工具，张老板公司的银行存款余额调节表，如表 3.1 所示。

表 3.1　张老板公司的银行存款余额调节表

开户行及账号：建行平安支行　　　　金额单位：元

项目	金额	项目	金额
企业银行存款日记账余额	40000.00	银行对账单余额	10000.00
加：银行已收、企业未收款	80000.00	加：企业已收、银行未收款	60000.00
减：银行已付、企业未付款	70000.00	减：企业已付、银行未付款	20000.00
调节后的存款余额	50000.00	调节后的存款余额	50000.00
经理：杨经理	会计：小辛		出纳：小王

3.2.3 其他货币资金

其他货币资金是指企业除现金、银行存款以外的其他各种货币资金，即存放地点和用途均与现金和银行存款不同的货币资金，包括外埠存款、银行汇票存款、银行本票存款、信用证存款和在途货币资金。

- 外埠存款是企业因零星采购商品而汇往采购地银行采购专户的款项。
- 银行汇票存款是企业为取得银行汇票按照规定存入银行的款项。
- 银行本票存款是企业为取得银行本票按照规定存入银行的款项。
- 信用证存款是企业存入银行作为信用证保证金专户的款项。
- 在途货币资金是企业同所属单位之间和上下级之间的汇款、解款业务中，到月度终了时尚未到达的汇入款项。

现在我们经常使用刷卡消费，越来越多的支付公司顺势而生，如线上公司支付宝、线下的无数结算公司等。这些公司在结算过程中都会形成一部分在途资金，在实际业务中，会计人员会将这部分资金计入其他货币资金核算。

3.2.4 货币资金的报表填列

在资产负债表中，货币资金应根据“库存现金”“银行存款”“其他货币资金”

这三个科目的期末余额之和填列。

3.3 应收票据项目解说

应收票据是指企业持有的、尚未到期兑现的商业票据。商业票据是一种载有一定付款日期、付款地点、付款金额和付款人的无条件支付的流通证券，也是一种可以由持票人自由转让给他人的债权凭证。根据我国现行法律的规定，商业汇票的期限不得超过 6 个月，因而我国的商业汇票属于一种流动资产。

注意：应收票据是以书面形式表现的债权资产，其款项具有一定的保障性，经持有人背书后可以转让给债权人，也可以提交银行贴现，具有较大的灵活性。一般情况下，对客户赊销商品或者应收账款延期就可能形成应收票据。

3.3.1 应收票据的分类

有些票据是企业进行承兑的，有些票据是银行进行承兑的（试想一下，你的客户是更信任你的企业还是更信任银行呢）；有些票据需要支付利息，有些票据不需要支付利息。我们按照以上两点来对票据进行分类。

1. 按照承兑人分类

在我国，应收票据、应付票据通常是指商业汇票，它按照承兑人的不同分为银行承兑汇票和商业承兑汇票两种，属于远期票据，其付款期一般在 1 个月以上、6 个月以内。比较常见的是银行承兑汇票，由于承兑人是银行，对于债权人来说，其风险性较小。银行承兑汇票票样，如图 3.2 所示。

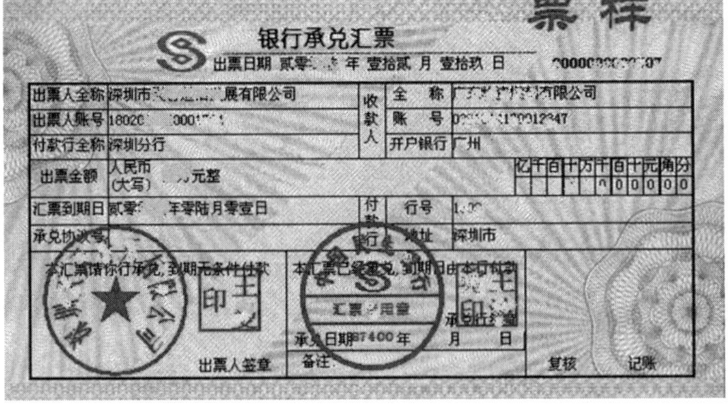

图 3.2 银行承兑汇票票样

注意：现在电子商业汇票也广泛应用于企业单位之间的支付。电子商业汇票，顾名思义，指的是以电子形式存在的票据，它可以直接在企业单位的网上银行中进行收付操作。当我们在电子银行上完成了收付操作，电子商业汇票上会自动形成企业单位的印章。电子商业汇票避免了传统纸质商业汇票可能出现的弊端，如一些单位不背书或者背书出现问题，汇票到期持票人不能够托收而要追溯上手等情况。电子商业汇票的期限一般为一年（12 个月）。

2. 按照是否付息分类

应收票据按照是否付息分为带息应收票据和不带息应收票据。带息应收票据是票面注明利息的应收票据，其利息应单独计算；不带息应收票据是票面不注明利息的应收票据，其利息包含在票面本金之中。

3.3.2　应收票据的核算

应收票据的核算主要包括企业收到应收票据、票据贴现和票据到期收回银行存款等内容。下面我们以张老板公司为例，看看应收票据的核算。

【例 3.3】张老板公司于 2019 年 4 月 5 日销售一批商品，金额为 200 万元，销项税额为 26 万元，对方开出了一张 6 个月到期的银行承兑汇票。张老板公司应该进行怎样的账务处理呢？

（1）赊销商品，收到银行承兑汇票时的会计分录为：

借：应收票据　　2260000

　贷：主营业务收入　　2000000

　　　应交税费——应交增值税（销项税额）　　260000

（2）假如张老板公司持有该票据 6 个月直至到期日，则收到银行存款时的会计分录为：

借：银行存款　　2260000

　贷：应收票据　　2260000

（3）假如张老板公司急需现金，于 4 月 5 日收到票据的当日就去银行贴现，支付贴现利息 3 万元，则贴现时的会计分录为：

借：银行存款　　2230000

　　财务费用　　30000

　贷：应收票据　　2260000

（4）假如张老板公司于 4 月 5 日采购一批货物，金额为 300 万元，进项税额为 39 万元，以该票据背书转让，其余款项以银行存款支付，则支付款项时的会计分录为：

借：库存商品　　3000000

　　应交税费——应交增值税（进项税额）　　390000

　贷：应收票据　　2260000

　　　银行存款　　1130000

3.3.3 应收票据的报表填列

在资产负债表中，应收票据应根据“应收票据”科目的期末余额减去“坏账准备”中有关应收票据计提的坏账准备部分的期末余额后的金额，填列在资产负债表中的“应收票据”项目里。

3.4 应收账款项目解说

如今，越来越多的经济业务结算采用赊销的方式。根据市场供销关系，占据主动权的公司具有更多的话语权，可以占用更多对方的资金。张老板的公司也不例外。

手机通信行业刚开始发展的时期，都是进口品牌的天下，诺基亚、三星等品牌的新款手机只要一上市就会遭遇“哄抢”，而多数渠道商和进口商都没有渠道购买到这些手机。那时候，张老板的四星通信设备有限公司刚刚成立，主要就是经营三星手机的进口转内销，生意自然相当火爆，下游渠道商只有支付大笔的预订款才能获得一定数量的手机。

经过几年的发展，国产手机逐渐形成规模，这在一定程度上遏制了进口手机的发展势头，四星通信设备有限公司的黄金期结束并进入稳步发展期，与下游渠道商的关系也开始逆转，这时候为了扩大销售规模，公司开始更多地采用赊销的方式，应收账款也逐渐多了起来。

3.4.1 应收账款的概念

应收账款是指企业因销售商品、材料或提供劳务等，应向购货单位收取的款项，以及代垫的运杂费和承兑到期而未能收到款项的商业承兑汇票。

应收账款是伴随企业的销售行为发生而形成的一项债权，因此，它的确认与收入的确认密切相关。我们通常在确认收入的同时确认应收账款，该项目按不同的购货或接受劳务的单位设置明细科目，进行明细核算。

应收账款是企业因赊销或赊账而产生的债权。产生应收账款的主要原因有两个:

第一，商业竞争。

这是产生应收账款的主要原因。在社会主义市场经济的环境下，商业竞争十分激烈，竞争机制的作用迫使企业以各种手段扩大销售。除了依靠产品质量、价格、售后服务、广告等，赊销也是扩大销售的手段之一。对于同等水平的产品价格、产品质量、售后服务，实行赊销的产品或商品的销售额将大于现金销售产品或商品的销售额，这是因为客户能够从赊销中得到好处。

出于扩大销售的竞争需要，企业不得不以赊销或其他优惠方式招揽客户，于是就产生了应收账款。由竞争导致的应收账款，属于一种商业信用。

第二，销售和收款的时间差。

销售成交的时间和收到货款的时间经常不一致，这也导致了应收账款的产生。当然，现实生活中现金销售是很普遍的，尤其在零售企业中更加常见。不过就批发和生产企业来讲，发货的时间和收到货款的时间往往不同，货款的结算方式也不同。企业只能承认这种现实，并接受由此引起的资金垫付行为。

3.4.2　应收款项的坏账准备

坏账准备是针对企业的应收款项（含应收账款、其他应收款等）计提的，用以抵销不能收回的应收款项，是应收款项的备抵账户。企业对坏账损失的核算采用备抵法，在备抵法下，企业每期末要估计坏账损失，设置“坏账准备”科目。

坏账准备是资产减值准备的一种。资产减值准备是指资产的账面价值超过其可收回金额。判断资产是否减值，应依据资产可能已经发生减损的某些迹象，如果存在任何一种迹象，企业应对其可收回金额进行正式估计。

《企业会计制度》规定，对资产计提八项减值准备，分别是:

- 对应收款项计提的坏账准备。
- 对股票、债券等短期投资计提的短期投资跌价准备。
- 对长期股权投资和长期债权投资等长期投资计提的长期投资减值准备。
- 对原材料、包装物、低值易耗品、库存商品等存货计提的存货跌价准备。
- 对房屋、建筑物、机器设备等固定资产计提的固定资产减值准备。
- 对专利权、商标权等无形资产计提的无形资产减值准备。
- 对在建工程计提的减值准备。
- 对委托贷款计提的减值准备。

3.4.3 应收账款净额

应收账款有总额和净额两个概念，在资产负债表中，应收账款按照净额列示。

应收账款净额=应收账款总额−坏账准备期末余额

我们来举例说明。假如张老板公司 2019 年 12 月 31 日应收账款合计为 3700 万元，其中有 200 万元预计不能收回，提前计提了坏账准备；那么，请问张老板公司资产负债表中的“应收账款”项目应该如何填列呢?

应收账款净额=应收账款总额−坏账准备期末余额

=3700−200

=3500（万元）

3.4.4 应收账款的报表填列

财务报表数据的填列方法有直接填列法和分析计算填列法两种。财务报表项目数据可以通过以下几种方式取得:

- 根据总账科目余额直接填列。
- 根据总账科目余额计算填列。
- 根据明细科目余额计算填列。
- 根据总账科目和明细科目余额分析计算填列。
- 根据总账科目余额减去其备抵项目后的净额填列。

在资产负债表中，应收账款应根据“应收账款”和“预收款项”科目所属各明细科目的期末借方余额合计，减去“坏账准备”科目中有关应收账款计提的坏账准备期末余额后的金额填列。

3.5 预付款项项目解说

张老板公司的购货合同一般包含这样的条款：预先支付 20%的货款，待收到货物 30 天内付清其余货款……

我们通常将这部分预先支付的货款称为预付款项。

1. 预付款项的概念

预付款项是指企业按照购货合同规定预付给供货单位的款项。预付款项按实际付出的金额入账，如预付的材料、商品采购货款、必须预先发放的在以后收回的农副产品预购定金等。预付款项属于会计要素中的资产，换句话说，就是你暂时存在人家那里的钱，在没有买到人家东西前，这些钱还是你的，所以是资产。

2. 预付款项的核算

预付款项的借方应登记企业向供货单位预付的货款，贷方应登记企业收到所购物品应结转的预付货款。本科目期末借方余额，反映企业预付的款项；本科目期末贷方余额，反映企业尚未补付的款项。

注意：预付货款业务不多的企业，也可以通过“应付账款”科目核算预付款项。企业在预付时借记“应付账款”科目，待收到采购的商品后再予以冲销；但是，在这种处理方法下，“应付账款”的某些明细科目可能会出现借方余额的情况。在期末，应付账款明细科目的借方余额应在资产负债表中被列为资产，而各明细科目的贷方余额被列为负债。

预付货款业务较多的企业，需要为每一个客户设置明细账，列明预付日期、采购商品的规格及数量、预付金额、到货日期及注销日期等。

3. 预付款项的坏账准备

企业的预付款项一般期限较短，通常无须计提坏账准备；但是，如果有确凿的证据表明企业预付款项的性质已经发生改变，或者因供货单位破产、撤销等原因已经无望再收到所购货物的，应按规定计提坏账准备。

4. 预付款项的报表填列

预付款项的报表填列与应收账款类似。

在资产负债表中，预付款项应根据“预付款项”和“应付账款”科目所属各明细科目的期末借方余额合计，减去“坏账准备”科目中有关预付款项计提的坏账准备期末余额后的金额填列。

3.6　存货项目解说

存货是一个企业经营价值的核心体现。

飞机制造商的核心业务是制造并销售飞机，面包工厂的核心业务是生产并销售面包，张老板公司的核心业务是采购并销售手机，飞机、面包和手机是这些企业的核心价值，也是这些企业的存货。

3.6.1 存货的概念

存货是指企业在日常活动中持有的、以备出售的产成品或商品，处在生产过程中的在产品，在生产过程或提供劳务的过程中耗用的材料、物料等。

存货区别于固定资产等非流动资产的最基本的特征是，企业持有存货的最终目的是销售——无论是可供直接销售，如企业的产成品、商品等；还是要经过进一步加工后才能销售，如原材料等。

因为涉及实物流转，所以存货的管理是企业财务管理中最为复杂的部分。

存货按照流转状态和购入方式可以大致分为以下几类。

1. 原材料

原材料是指企业在生产过程中经加工改变其形态或性质并构成产品、主要实体的各种原料及主要材料、辅助材料、外购半成品（外购件）、修理用备件（备品备件）、包装材料、燃料等。为建造固定资产等各项工程而储备的各种材料虽然同属于原材料，但是由于建造固定资产等各项工程不符合存货的定义，因此它们不能作为企业的存货进行核算。

一家典型的生产企业，其存货项目从原材料、在产品到产成品的流转过程如图3.3所示。

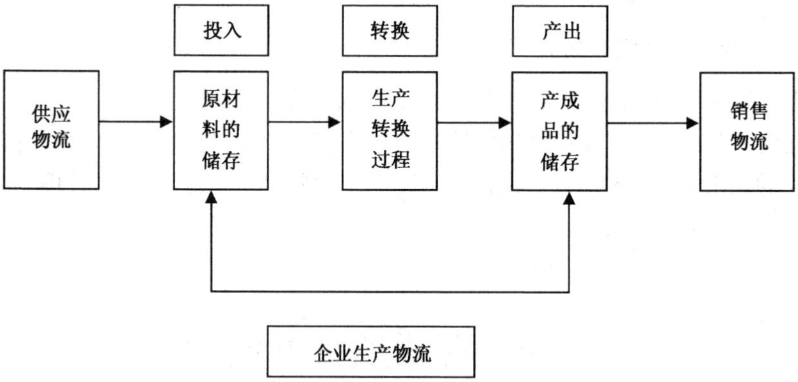

图 3.3　存货项目的流转过程

2. 在产品

在产品是指企业正在制造、尚未完工的产品，包括正在各个生产工序中加工的产品和已加工完毕但尚未检验或已检验但尚未办理入库手续的产品。

3. 半成品

半成品是指经过一定生产过程并已检验合格交付半成品仓库保管，但尚未制造完工成为产成品，仍需进一步加工的中间产品。

4. 产成品

产成品是指工业企业已经完成全部生产过程并验收入库，可以按照合同规定的条件送交订货单位或者可以作为商品对外销售的产品。企业接受外来原材料加工制造的代制品和为外单位加工修理的代修品，制造和修理完成验收入库后，应视同企业的产成品。

5. 库存商品

库存商品是指商品流通企业外购或委托加工完成、验收入库用于销售的各种商品。

6. 其他存货

其他存货包括周转材料和委托代销商品。

3.6.2　存货的核算

存货的核算是企业会计核算的一项重要内容，包括正确计算存货购入成本，反映和监督存货的收发、领退和保管情况。

下面我们来了解一下张老板公司的存货情况。

【例 3.4】张老板公司于 2019 年 4 月 5 日采购一批货物，金额为 300 万元，进项税额为 39 万元，以一张金额为 200 万元的银行承兑汇票背书转让，其余款项以银行存款支付。

支付货款时的会计分录为:

借：库存商品	3000000	
应交税费——应交增值税（进项税额）	390000	
贷：应收票据		2260000
银行存款		1130000

张老板公司当月销售了该批货物的一半，销售金额为 240 万元，销项税额为 31.2 万元，以银行存款结算，同时结转成本。

以银行存款结算时的会计分录为:

借：银行存款	2712000	
贷：主营业务收入		2400000

应交税费——应交增值税（销项税额） 312000

将存货结转成本时的会计分录为:

借：主营业务成本 1500000

贷：库存商品 1500000

3.6.3 存货跌价准备

存货跌价准备是八项减值准备的其中一项。

存货跌价准备是指在中期期末或年度终了时，由于存货遭受毁损、全部或部分陈旧过时、销售价格低于成本等，使存货成本不可以收回的部分，应按单个存货项目的成本高于其可变现净值的差额提取，并计入存货跌价损失。简单来说，就是由于存货的可变现价值低于原成本，而对降低部分所做的一种稳健处理。

3.6.4 存货的报表填列

在资产负债表中，存货反映企业期末在库、在途和在加工中的各项存货的可变现净值，根据各种原材料、商品、在产品、半成品、发出商品、包装物、低值易耗品和委托代销商品等的期末余额减去存货跌价准备期末余额后的金额填列。

3.7 其他应收款项目解说

每个企业或者组织都有一些边缘款项不方便归类，如办公室的饮用水水桶押金等。这些款项既不是应收票据也不能归类为应收账款，我们统一称之为其他应收款并进行汇总管理。其他应收款也是企业应收款项的重要组成部分。

1. 其他应收款的概念

其他应收款科目核算企业除买入返售金融资产、应收票据、应收账款、预付款项、长期应收款等以外的其他各种应收及暂付款项。其他应收款通常包括暂付款，是指企业在商品交易业务以外发生的各种应收、暂付款项。

其他应收款应当按照应收款项的项目与对方单位（或个人）进行明细核算。

其他应收款主要包括:

（1）应收的各种赔款、罚款。比如，因职工失职造成一定损失而应向该职工收取的赔款，或者因企业财产等遭受意外损失而应向有关保险公司收取的赔款等。

（2）应收出租包装物租金。

（3）应向职工收取的各种垫付款项。比如，为职工垫付的水电费，应由职工负担的医药费、房租等。

（4）备用金。它是企业预付给职工和企业内部有关单位用于差旅费、零星采购、零星开支等的款项。

注意：定额预付制是备用金管理的一种常见形式，主要适用于经常使用备用金的单位和个人。在定额预付制下，报销时由财务部门对各项原始凭证进行审核，根据核定的报销数付给现金，并补足备用金定额。除收回备用金或备用金定额变动外，账面上的备用金经常保持核定的备用金定额是定额预付制的主要核算特点。

（5）存出保证金。比如，为租入包装物而支付的押金等。

（6）预付款项转入。

（7）购买股票后应收的包括在股票价格中的已宣告发放的股利（或者记入“投资收益”科目中）。

（8）其他各种应收、暂付款项。

2. 其他应收款的坏账准备

我们有时候会把其他应收款、其他应付款称为企业财务会计的“杂物箱”，因为它们核算的内容比较杂乱，涉及的内部、外部单位也较多，存在管理上的困难，比较容易形成坏账。企业财务人员应当于每个期末认真核查这部分应收款的存在价值，并按照谨慎性原则及时提取坏账准备。

3. 其他应收款的核算

其他应收款包括的内容是相当繁杂的。在实际生活中，一些企业由于内部管理不严，其他应收款长期得不到清理，致使其金额巨大，这应当引起企业的高度重视。

【例 3.5】2019 年 4 月 3 日，张老板公司销售部员工出差后返回公司，报销差旅费 2.3 万元，并交还剩余现金 7000 元。

会计小辛根据取款单据做一笔凭证，对应的会计分录为：

借：库存现金	7000	
管理费用——差旅费	23000	
贷：其他应收款——员工借款		30000

4. 其他应收款的报表填列

在资产负债表中，其他应收款应根据“其他应收款”“应收股利”“应收利息”科目的期末余额的合计数，减去“坏账准备”科目中有关其他应收款计提的坏账准备期末余额后的金额填列。

3.8 流动资产的其他项目

本章我们重点介绍了货币资金、应收票据、应收账款、预付款项、存货和其他应收款。除了已经介绍的项目，资产负债表中的流动资产还有一些其他项目，因为它们并不常用，我们仅做简单的介绍。

1. 交易性金融资产

交易性金融资产是指企业为了在近期内出售（期限在一年以内）而持有的金融资产，如以赚取差价为目的从二级市场购买的股票、债券、基金等。它主要记录的是以公允价值计量且其变动计入当期损益的金融资产，或者企业持有的直接指定为以公允价值计量且其变动计入当期损益的金融资产。股票投资是最典型的交易性金融资产。

交易性金融资产是 2007 年新增加的会计科目，主要为了适应现在的股票、债券、基金等出现的市场交易，取代了原来的短期投资。

2. 应收股利

应收股利是指企业因股权投资而应当收取的现金股利，以及应收其他单位的利润，包括企业股票实际支付的款项中所包括的已宣告发放但尚未领取的现金股利、企业对外投资应分得的现金股利或利润等，但不包括应收的股票股利。

【例 3.6】张老板公司投资其上海子公司，该子公司于 2019 年 11 月宣布并分配了股利 100 万元，对应的会计分录为：

借：应收股利　　　　　1000000

　贷：银行存款　　　　　1000000

3. 应收利息

应收利息是指短期债券投资实际支付的价款中包含的已到付息期但尚未领取的债券利息。这部分应收利息不计入短期债券投资初始投资成本中，但实际支付的价款中包含尚未到期的债券利息，则计入短期债券投资初始投资成本中无须单独核算的部分。

注意：2018 年新的资产负债表已经删除了“应收股利”和“应收利息”项目，在会计核算中，我们将这两个项目的余额填列在资产负债表中的“其他应收款”项目中。

4．一年内到期的非流动资产

一年内到期的非流动资产是指反映公司长期投资或是长期资产中将于一年内（含一年）到期的投资或是资产部分，是从长期投资或是长期资产中择取的一部分。比如，一年内到期的长期股权投资、长期应收款、长期待摊费用等。

与其他更短期的投资理财产品或者货币型基金相比，一年内到期的长期投资是比较被动的投资，因为其在未到期时是不能提前支取的。

5．其他流动资产

资产负债表中的其他流动资产，是指除货币资金、交易性金融资产、应收票据、应收账款、其他应收款、存货等流动资产以外的流动资产。一般来说，企业"待处理流动资产净损益"科目在未处理转账时，应归入"其他流动资产"项目中。

对于一些确实不好归入常用科目的流动资产，企业在核算时可以自行设置科目。在填列财务报表时，这些科目就属于其他流动资产。

第4章 细说资产负债表之非流动资产

张老板公司有货币资金、存货和办公楼等资产，其中货币资金随时可以支付，存货一般会在1～3个月之内销售并转换为现金，而办公楼的使用寿命长达50年，一旦形成就会长期存在于张老板公司的资产负债表中。

以张老板公司的办公楼为例。有一类资产，它们一般支出金额较大、使用寿命很长，一旦形成该资产，就会在较长时间内发挥作用，是老板们又爱又恨的资产。下面我们就来认识一下这一类资产。

在第3章中，我们介绍了张老板公司的流动资产。流动资产是指企业可以在一年或者超过一年的一个营业周期内变现或者运用的资产，是企业资产中必不可少的组成部分，它包含货币资金、结算资产、商品资产和非商品资产等。除此之外的资产就是非流动资产。

本章我们来认识一下非流动资产。

4.1 非流动资产项目介绍

每个企业都有属于自己的资产，这些资产又分为流动资产和非流动资产两种类型。流动资产和非流动资产的主要区别就是，我们能否在一定的周期内将其转变为流动资金来使用，这个周期一般为一年。非流动资产是不能在一年之内通过某种经济运作转化为资金的资产，即为流动资产以外的资产，如企业的固定资产等，就属于非流动资产。

注意：由于这类资产具有占用资金多、周转速度慢、变现能力差、持有时间长等特点，会对企业相互联系的多个会计期间的财务状况、经营成果产生影响，因此，对这类资产的管理和核算，应按照各自不同的特点，分别采用不同的程序和方法。

例如，张老板公司的办公楼就是非流动资产，假如不转换使用目的、不对外出售，它可以使用 50 年的时间。张老板公司对其子公司的长期股权投资也是典型的非流动资产，也具有上述特点，即占用资金规模大且时间长，一旦形成该投资，就会长期影响公司多个会计期间的财务报表。另外，在长期待摊费用中核算的企业未资本化的房屋装修费，摊销时间一般为 3～10 年，受益时间较长。

非流动资产主要包括债权投资、长期应收款、长期股权投资、投资性房地产、固定资产、在建工程、无形资产、长期待摊费用、其他债权投资等，它们按照资产的类别可以进行以下分类：

- 房产/厂房/设备类，包括投资性房地产、固定资产、在建工程等。
- 商誉/无形资产。
- 长期投资类，包括债权投资、长期应收款、长期股权投资等。
- 其他资产类别，包括长期待摊费用、递延所得税资产、生产性生物资产、油气资产、其他非流动资产等。

下面我们就常用的一些项目进行介绍。

4.2　长期股权投资项目解说

什么是股权投资？股权投资是为参与或控制某一公司的经营活动而投资购买其股权的行为，包括以短期持有获利为目的的投资和长期股权投资。短期投资我们已经在第 3 章 3.8 节的“交易性金融资产”中介绍过了，本节我们来介绍长期股权投资。

4.2.1　长期股权投资的概念

长期股权投资是指通过投资取得被投资企业的股份。企业对其他企业的股权投资，通常视为长期持有，以及通过股权投资达到控制被投资企业，或对被投资企业施加重大影响，或为了与被投资企业建立密切关系，以分散经营风险。投资企业一旦成为被投资企业的股东，便依所持股份享有股东的权利并承担相应的义务，一般情况下不能随意抽回投资。

4.2.2　长期股权投资的取得方式

在我国，长期股权投资的取得方式主要有两种：

- ❑ 以资产（包括货币资金、无形资产和其他实物资产）投资于其他企业，从而成为被投资企业的股东。
- ❑ 在证券市场上以货币资金购买其他企业的股票，以成为被投资企业的股东。

【例 4.1】张老板公司于 2019 年 1 月 1 日以 1000 万元银行存款投资成立了上海子公司，占上海子公司股份总额的 100%。两个公司形成了投资关系，这就是第一种投资方式（直接投资），这时候应编制的会计分录为：

借：长期股权投资　　　　10000000

　贷：银行存款　　　　　　10000000

这只是一个最简单的例子，实际经济活动中企业投资的形式是多种多样的。

4.2.3 长期股权投资的分类

长期股权投资依据对被投资企业产生的影响，分为以下四种类型。

（1）控制

控制是指一个企业能够决定另一个企业的财务和经营政策，并能据以从另一个企业的经营活动中获取利益的权力，当两个企业之间既有投资关系又有控制关系时，应确认为母子公司关系。

【例 4.2】张老板公司为了方便在全国范围内扩展业务、完善布局，在北京、上海和广东省分别成立了子公司并不断向下延伸，形成了层层递进的控制关系。张老板公司的股权架构图，如图 4.1 所示。

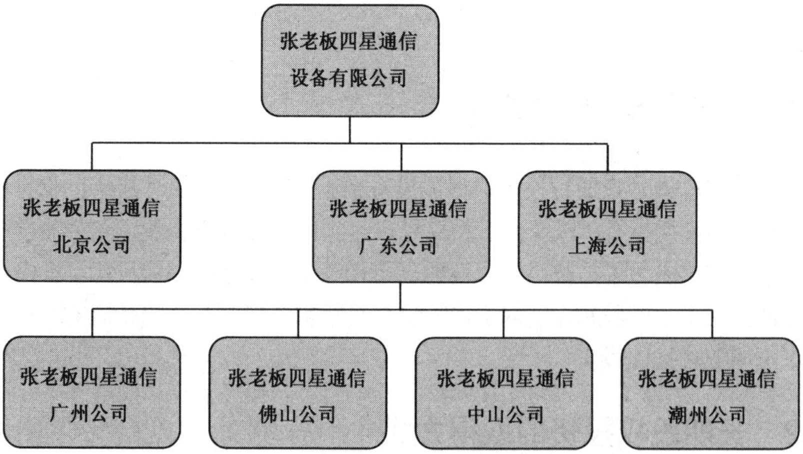

图 4.1　张老板公司的股权架构图

（2）共同控制

共同控制是指按照合同约定对某项经济活动所共有的控制，仅在与该项经济活动相关的重要财务和生产经营决策需要分享控制权的投资方一致同意时存在。

例如，张老板公司于 2019 年 1 月以 300 万元投资了一家通信公司，持股 50%，不直接参与该公司的经营决策，我们认为张老板公司与该公司就是共同控制关系。

（3）重大影响

重大影响是指对一个企业的财务和经营政策有参与决策的权力，但并不能控制或者与其他方一起共同控制这些政策的制定。投资企业直接或通过子公司间接拥有被投资企业 20%以上但低于 50%的表决权股份时，一般认为其对被投资企业具有重大影响；投资企业拥有被投资企业有表决权股份的比例低于 20%时，一般认为其对被投资企业不具有重大影响。

（4）无控制、无共同控制且无重大影响

无控制、无共同控制且无重大影响是指在活跃市场中没有报价，公允价值不能可靠地计量。如果是重大影响以下、在活跃市场中有报价、公允价值能够可靠计量的权益性投资，则应确认为交易性金融资产或其他权益工具。

4.2.4　长期股权投资的减值准备

在日常核算中，企业应当定期对长期股权投资的账面价值按项目逐个进行检查，至少于每年年末检查一次。如果由于市价持续下跌或被投资企业经营状况变化等原因导致其可收回金额低于投资的账面价值，应将可收回金额低于长期股权投资账面价值的差额，确认为当期投资损失。

4.2.5　长期股权投资的报表填列

在资产负债表中，长期股权投资应根据“长期股权投资”科目的期末借方余额，减去“长期股权投资减值准备”科目的期末余额后的金额填列。

【例 4.3】张老板公司于 2019 年 1 月 1 日以 1000 万元投资了上海子公司，上海子公司因管理层变动剧烈，亏损巨大，预计短期内不能扭亏为盈，张老板公司在 2019 年 6 月 30 日综合分析上海子公司形势后计提了 600 万元的减值准备。请问张老板公司资产负债表中的长期股权投资应该如何填列呢？

答案是 400 万元（投资原值 1000 万元−减值准备 600 万元）。

在实际经济业务中，长期股权投资的核算纷繁复杂，对于这方面研究的专题也有很多，而一般中小企业很少涉及这方面的核算，本书只介绍一些基本概念，以帮助大家了解财务报表科目，而对于具体核算内容和方法不做赘述，有兴趣的读者可以进一步学习。

4.3 在建工程项目解说

在建工程，顾名思义，就是正在建设尚未竣工投入使用的建设项目，具体核算企业固定资产的新建、改建、扩建或技术改造，设备更新和大修理工程等尚未完工的工程支出，包括交付安装的设备价值、未完建筑安装工程已经耗用的材料、工资和费用支出、预付出包工程的价款等。最常见的在建工程就是土木工程。

1. 在建工程的核算

注意：如果企业自行建造工程，则在建工程的核算工作比较烦琐，因为每一个单项工程所消耗的工程材料是不能简单、准确地归集起来的，需要通过一些管理方法汇总并分配计入成本费用；如果建造工程是外包给其他单位的，则我们可以在企业付款时，在每个单项工程下根据各个工程进度预算登记付款额，然后再依据工程决算书确定每个单项的成本。

在建工程是一个过渡性科目，它在完工并达到预定可使用状态后，即转入固定资产核算。

2. 在建工程的减值准备

一般来说，在建工程很少需要计提减值准备。如果企业在建工程预计发生减值，如长期停建且预计在 3 年内不会重新开工的在建工程，则应该根据计提原则计提资产减值准备。

3. 在建工程的报表填列

在资产负债表中，在建工程应根据“在建工程”科目的期末余额，减去“在建工程减值准备”科目的期末余额后的金额，以及“工程物资”科目的期末余额合计数填列。

4.4　固定资产项目解说

张老板公司有这样一种实物资产，它并不能直接转化为现金价值，其价值又很高、耐用性很强，如房屋和车辆等，我们将这部分资产归类管理，称之为固定资产。固定资产是企业很重要的一项资产。

4.4.1　固定资产的概念

固定资产是指企业使用期限超过一年的房屋、建筑物、机器、机械、运输工具，以及其他与生产经营有关的设备、器具、工具等。固定资产是企业的劳动资料，也是企业赖以生产经营的主要资产。

注意：根据重要性原则，一个企业把劳动资料按照使用年限和原始价值划分为固定资产和低值易耗品。对于原始价值较大、使用年限较长的劳动资料，按照固定资产来进行核算；对于原始价值较小、使用年限较短的劳动资料，按照低值易耗品来进行核算。

固定资产在取得时的成本包括买价、进口关税、运输和保险等相关费用，以及为使固定资产达到预定可使用状态所必要的支出。

固定资产的取得方式不同，有企业直接购入的、自行建造的、其他机构捐赠的投资人投入的等，取得时的成本应当根据具体情况分别确定，我们主要介绍前两种。

（1）直接购入固定资产

购置的无须经过建造过程即可使用的固定资产，按实际支付的买价、包装费、运输费、安装成本、缴纳的相关税费等，作为入账价值。

对于这种情况，实务中发票未到时，企业财务人员一般做预付账款核算，等发票到达时再计入固定资产，这样的处理会造成少计提折旧。

（2）自行建造固定资产

自行建造固定资产的成本主要包括工程用物资成本、人工成本、缴纳的相关税费、应予资本化的借款费用，以及应分摊的间接费用等。该成本由建造该项资产达到预定可使用状态所发生的必要支出构成。

所建造的固定资产已达到预定可使用状态，但尚未办理竣工决算的，应当自达到预定可使用状态之日起，根据工程预算、造价、工程实际成本等，按估计的价值转入固定资产，并按规定计提固定资产的折旧，待办理竣工决算手续后再做调整。

自行建造固定资产一般包括房屋、建筑物、大型生产线，以及其他需要安装调试的设备等。

4.4.2 固定资产的分类

企业的固定资产种类繁多，需要分类管理。

企业的管理部门可根据本企业的具体情况，规定各类固定资产的目录。一般来讲，固定资产可分为以下六大类。

（1）房屋和建筑物

房屋和建筑物，是指产权属于本企业的所有房屋和建筑物，包括办公室（楼）、会堂、宿舍、食堂、车库、仓库、油库、档案馆、活动室、锅炉房、烟囱、水塔、水井、围墙等，及其附属的水、电、煤气、取暖、卫生等设施。附属企业如招待所、宾馆、车队、医院、幼儿园、商店等房屋和建筑物，产权是企业的。

（2）办公设备

办公设备，是指企业常用的办公与事务方面的设备，如办公桌、椅、凳、橱、架、沙发、取暖和降温设备、会议室设备、家具用具等。属于通用的一般设备，包括被服装具、饮具炊具、装饰品等。

（3）运输设备

运输设备，是指后勤部门使用的各种交通运输工具，包括轿车、吉普车、摩托车、面包车、客车、轮船、运输汽车、三轮卡车、人力拖车、板车、自行车和小轮车等。

（4）机械设备

机械设备，是指后勤部门用于自身维修的机床、动力机、工具等，备用的发电机等，以及计量仪器、检测仪器和医院的医疗器械设备等。有些附属生产性企业的机械、工具设备也包括在内。

（5）电子设备

电子设备，通常认为是由集成电路、晶体管、电子管等电子元器件组成的，应用电子技术发挥作用的设备，包括电子计算机及由电子计算机控制的机器人、数控或者程控系统等。

电子设备主要包括计算机、手机、电视机、空调、冰箱、洗衣机、微波炉、打印机、传真机、一体机等。

（6）其他固定资产

其他固定资产，是指以上项目中未包括的固定资产。

管理部门可以根据具体情况适当划分，也可以将以上各类固定资产适当细化，增加种类。

4.4.3　固定资产累计折旧

注意：固定资产在生产过程中可以长期发挥作用，并长期保持原有的实物形态，由于生产产品的各项技术进步飞快，固定资产（机器、厂房等）也需要不断地完善和更新，其价值已经随着企业生产经营活动而逐渐地转移到产品成本中去，并构成产品价值的一个组成部分。

固定资产在使用过程中，因损耗而转移到产品中去的那部分价值的一种补偿方式，我们称之为折旧。影响固定资产折旧确认的因素包括固定资产原值、净残值、使用年限/折旧年限、折旧方法四个方面。

4.4.4　固定资产原值和净残值

固定资产原值就是固定资产入账价值，我们在前文中已经介绍了。

注意：固定资产报废后仍然有一部分残余价值，这部分残余价值是可以计量并收回的。比如，一辆汽车报废后，其零部件等残余价值是可以通过出售收回的。因此，收回的这部分残余价值在计提折旧时应从固定资产原值中扣除。因为事前并不知道这部分残余价值的确切金额，所以叫“预计净残值”，它可以通过确定残值率来计算。

严格地说，固定资产净残值是指固定资产使用期满后残余的价值，减去应支付的固定资产清理费用后的那部分价值。

固定资产净残值属于固定资产的不转移价值，不应计入成本、费用中去，而应在计算固定资产折旧时，采取预估的方法，从固定资产原值中扣除，在固定资产报废时直接回收。

4.4.5　固定资产使用年限/折旧年限

固定资产使用年限需要区分具体资产类别。比如，我们办公用的计算机与房屋、建筑物的使用年限完全不同。

除国务院财政、税务主管部门另有规定外，固定资产计算折旧的最低年限如下：

（1）房屋、建筑物，为 20 年。

（2）飞机、火车、轮船、机器、机械和其他生产设备，为 10 年。

（3）与生产经营活动有关的器具、工具、家具等，为 5 年。

（4）飞机、火车、轮船以外的运输工具，为 4 年。

（5）电子设备，为 3 年。

企业在对固定资产最短使用期限进行分类时，不能将不同使用年限的固定资产划为一类，以免影响固定资产折旧计提的正确性。目前，我国对于企业持有的、金额不超过 5000 元的固定资产，允许一次性计入成本费用。

另外，我们还应了解两个概念，即净残值率和年折旧率。

净残值率=净残值/原值

年折旧率=（1−净残值率）/使用年限

下面我们就来看一下张老板公司的固定资产类别、折旧年限、净残值率和年折旧率，如表 4.1 所示。

表 4.1　张老板公司的固定资产类别、折旧年限、净残值率和年折旧率

固定资产类别	折旧年限	净残值率	年折旧率
房屋建筑物	50年	5%	1.9%
办公设备	5年	5%	19%
运输工具	5年	5%	19%
电子设备	5年	5%	19%
其他	5年	5%	19%

4.4.6　固定资产折旧方法

企业资产管理部门需要根据固定资产的特点确定计提折旧的方法。

计提折旧的方法主要有平均年限法、工作量法、加速折旧法等。

1. 平均年限法

平均年限法是计算最简单也是最常用的一种方法。平均年限法又称直线法，是将固定资产的折旧均衡地分摊到各期的一种方法。采用这种方法计算的每期折旧额均是等额的。

2. 工作量法

工作量法是平均年限法的补充和延伸。工作量法是按实际工作量计提固定资产折旧额的一种方法。它一般是按固定资产所能工作的时数平均计算折旧额的，适用于那些在使用期间负担程度差异很大，提供的经济效益很不均衡的固定资产。

根据规定，企业专业车队的客运、货运汽车，大型设备，以及大型建筑施工机械等可采用工作量法计提折旧。

【例 4.4】张老板公司的一台机器设备原价为 18.56 万元，预计能生产产品 100 万件，预计净残值率为 3%。

该设备单件折旧额=185600×（1−3%）/1000000

=0.18（元/件）

实际上，本月生产产品 2 万件，则该设备的本月折旧额计算如下：

本月折旧额=20000×0.18=3600（元）

3．加速折旧法

加速折旧法依据的是效用递减规律，即固定资产的效用随着其使用寿命的缩短而逐渐降低。当固定资产处于较新状态时，其效用、产出也高，而维修费用较低，所取得的现金流量较大；当固定资产处于逐渐老旧的状态时，其效用、产出也逐渐降低，而维修费用逐渐升高，所取得的现金流量较小。那么，按照配比原则的要求，折旧费用应当呈递减的趋势。实际上，这种理论更符合经济实践业务的本质，但是因为它容易被企业操纵来控制利润，所以国家税务总局对此有严格的规定。

总体来说，企业应合理地确定固定资产估计使用年限和估计净残值，并选择合适的折旧方法，经股东大会、董事会或类似机构批准，作为计提折旧的依据。折旧方法一经确定，不得随意变更。

4.4.7　固定资产的减值准备

资产负债表日，固定资产按照账面价值与可收回金额孰低计价。若固定资产的可收回金额低于账面价值，则将差额部分确认为固定资产减值准备，计入当期损益。固定资产减值准备一经确认，在以后会计期间不再转回。

4.4.8　固定资产的报表填列

在资产负债表中，固定资产应根据“固定资产”科目的期末余额，减去“累计折旧”和“固定资产减值准备”科目的期末余额后的金额填列。

4.5　长期应收款项目解说

长期应收款是一个特殊的概念，指的是企业融资租赁产生的应收款项和采用递延方式分期收款、实质上具有融资性质的销售商品和提供劳务等经营活动产生的应收款项。

1．融资租赁业务

融资租赁是指实质上转移与资产所有权有关的全部或绝大部分风险和报酬的租赁，视同企业自有资产核算。资产的所有权最终可以转移，也可以不转移。

我们一般接触到的融资租赁企业比较少，此外不再展开介绍。

2. 分期收款业务

我们通过张老板公司的实例来学习分期收款业务。

【例 4.5】张老板公司于 2019 年年初以分期收款方式销售一批产品给赵老板公司，该批产品成本金额为 800 万元，长期应收款金额为 1000 万元，现值 900 万元，当期收回增值税 130 万元，分 5 年每年年底收取 20 万元。

（1）分期确认收入时的会计分录为：

借：长期应收款　　10000000
　　银行存款　　1300000
　贷：主营业务收入　　9000000
　　　应交税费——应交增值税（销项税额）　　1300000
　　　未实现融资收益　　1000000

（2）年底，资产负债表日应确认当年的递延收益（100 万元/5 年）对应的会计分录为：

借：未实现融资收益　　200000
　贷：财务费用　　200000

3. 长期应收款的报表填列

在资产负债表中，长期应收款应按照“长期应收款”科目的期末余额，减去“坏账准备”科目中属于长期应收款部分的期末余额后的金额填列。

4.6　商誉项目解说

人无信不立，业无信不兴，商誉是一个企业的立足之本。

商誉是指能在未来期间为企业经营带来超额利润的潜在经济价值，或一家企业预期的获利能力超过可辨认资产正常获利能力的资本化价值。商誉是企业整体价值的组成部分。在企业合并时，它是购买企业投资成本超过被合并企业净资产公允价值的差额。

1. 商誉的体现形式

商誉产生于企业的良好形象及顾客对企业的好感，这种好感可能源于企业所拥有的优越的地理位置、良好的口碑、有利的商业地位、良好的劳资关系、独占特权和管理有方等。由于这些因素都是看不见、摸不着且无法入账记录其金额的，因此商誉实际上是指企业上述各种未入账的无形资产，它们只有在企业合并过程中才能得到体现。

2．商誉的减值准备

注意：商誉难以独立于其他资产为企业单独产生现金流量，应当结合与其相关的资产组或者资产组组合进行减值测试。国际会计准则也规定商誉只能进行减值测试，不得摊销。在会计期末对包含商誉的相关资产进行减值测试时，如存在减值迹象，应计算可收回金额，并与相关账面价值进行比较，确认减值损失。商誉的减值损失一经确认，不得在以后的会计期间转回。

当商誉发生减值时，可以在该项目下设置"减值准备"明细科目进行核算，也可以单独设置"商誉减值准备"科目进行核算。

3．商誉的报表填列

在资产负债表中，商誉反映企业商誉的价值，应根据"商誉"科目的期末余额，减去"商誉减值准备"科目的期末余额后的金额填列。

4.7　无形资产项目解说

在实际经济业务中，企业除拥有实物资产外，还有一种资产，它并不具有实物形态，但是同样能创造很多价值，是企业长期存续过程中积累或者购买的一种权利或者技术，这类资产也是非流动资产的重要组成部分。

4.7.1　无形资产的概念

无形资产是指企业拥有或者控制的没有实物形态的可辨认非货币性资产。

注意：无形资产具有广义和狭义之分。广义的无形资产包括货币资金、应收账款、金融资产、长期股权投资、专利权、商标权等，因为它们没有物质实体，仅表现为某种法定权利或技术；但是，会计上通常将无形资产作狭义的理解，即将专利权、商标权等称为无形资产。

4.7.2　无形资产的核算

1．无形资产的初始计量

无形资产通常按实际成本计量，即将取得无形资产并使之达到预定用途而发生的全部支出作为无形资产的成本。

对于不同来源取得的无形资产，其初始成本构成也不尽相同。自行开发的无形资产，其成本包括自满足无形资产确认条件后至达到预定用途前所发生的支出总额，但是对于以前期间已经费用化的支出不再调整。

2. 无形资产的摊销

无形资产的应摊销金额为其成本扣除预计残值后的金额。已计提减值准备的无形资产，还应扣除已计提的无形资产减值准备累计金额。使用寿命有限的无形资产，其残值应当视为零，除非有第三方承诺在无形资产使用寿命结束时购买该无形资产或者有活跃的市场证明其价值。

无形资产的使用寿命是有限的，应当估计该使用寿命的年限或者构成使用寿命的产量等类似计量单位数量；无法预见无形资产为企业带来经济利益期限的，应当视为使用寿命不确定的无形资产。

- ❑ 企业持有的无形资产，通常来源于合同性权利或是其他法定权利，而且合同或法律规定有明确的使用年限。
- ❑ 合同或法律没有规定使用年限的，企业应当综合各方面因素判断，以确定无形资产能为企业带来经济利益的期限。

企业至少应当于每年年度终了，对使用寿命有限的无形资产的使用年限及摊销方法进行复核。无形资产的使用年限及摊销方法与以前估计不同的，应当改变摊销期限和摊销方法。

3. 无形资产的处置

企业正常出售无形资产，应当将取得的价款与该无形资产账面价值的差额计入当期损益（“资产处置损益”科目）。

无形资产预期不能为企业带来经济利益的（正常报废），应当将该无形资产的账面价值予以转销，其账面价值转作当期损益（“营业外支出”科目）；属于自然灾害等非正常原因造成无形资产报废的，我们将其记入“营业外支出”科目。

4.7.3 无形资产的减值准备

企业每年应当对使用年限不确定的无形资产进行减值测试，一旦发现减值，应当计提减值准备。

4.7.4　无形资产的报表填列

无形资产虽然也需要摊销，但是没有一个单独设置的类似“累计折旧”的抵减科目，这是无形资产与固定资产在报表填列时的不同之处。

在资产负债表中，无形资产应根据“无形资产”科目的期末余额，减去“无形资产减值准备”科目的期末余额后的金额填列。

4.8　长期待摊费用项目解说

张老板公司新租赁了一个办公场所，一次性预付了 3 年租金 600 万元，由于金额比较大，涉及时间也比较长，会计小辛拿到发票以后，不知道应该怎样处理，于是去请教杨经理。杨经理思索了一会儿，提示小辛，让他学习一下长期待摊费用的相关知识。

1．基本概念

长期待摊费用是指已经支出的、受益期限在一年以上（不含一年）的各项费用。长期待摊费用按实际支出入账，在项目受益期内平均摊销。

长期待摊费用不能全部计入当期损益，应当在以后年度内分期摊销，具体包括租入固定资产的改良支出及摊销期限在一年以上的其他待摊费用。

注意：根据新会计准则的规定，开办费和修理费均一次性计入当期损益，其中开办费计入当期“管理费用”，修理费计入“销售费用”或“管理费用”（修理费一律费用化）。开办费是指企业在筹建期间所发生的费用，包括员工薪酬、办公费用、培训支出、差旅费、印刷费、注册登记费，以及不计入固定资产价值的借款费用等。

摊销期限在一年以上的待摊费用，都在本科目按规定进行摊销。它在资产负债表中的数额，反映的是企业各项尚未摊销完的长期待摊费用的摊余价值。

2．核算原则

- 企业在筹建期间发生的费用，除购置和建造固定资产外，应先在“长期待摊费用”中归集，待企业开始生产经营起一次性计入开始生产经营当期的损益。
- 租入固定资产改良支出应当在租赁期限与预计可使用年限两者孰短的期限内平均摊销。
- 固定资产大修理支出采取待摊方法的，实际发生的大修理支出应当在大修理间隔期内平均摊销。

- 股份有限公司委托其他单位发行股票支付的手续费或佣金减去发行股票冻结期间的利息收入后的相关费用，从发行股票的溢价中不够抵销或者无溢价的，应作为长期待摊费用，在不超过两年的期限内平均摊销，计入“管理费用”。
- 其他长期待摊费用应当在受益期内平均摊销。

【例 4.6】会计小辛通过学习后，了解到受益期在一年以上的资产应该在“长期待摊费用”科目中核算，于是将租赁办公场所这个经济事项登记入账。

借：长期待摊费用　　　　6000000

　贷：银行存款　　　　　　6000000

月末计提房租费用时，会计小辛计算出来每月应摊销的房租是 166666 元（6000000 元/36 个月），对应的会计分录为：

借：管理费用——房租　　　166666

　贷：长期待摊费用　　　　　166666

通过杨经理的提示，会计小辛自学并解决了新的业务问题，觉得特别有成就感，十分感激领导对他的信任。

4.9 非流动资产的其他项目

本章我们学习了长期股权投资、在建工程、固定资产、长期应收款、商誉、无形资产、长期待摊费用，除这些项目外，资产负债表的非流动资产还有一些其他项目，因为并不常用，我们只做简单的介绍。

1．债权投资

债权投资是指企业根据其管理金融资产的业务模式和金融资产的合同现金流量特征划分的以摊余成本计量的金融资产。债权投资的业务模式是以收取合同现金流量为目标的，其合同现金流量是指在特定日期产生的合同现金流量仅以对本金和以未偿付的本金金额为基础的利息支付。

例如，企业购入的在活跃市场上有报价的股票、债券和基金等，没有划分为交易性金融资产或以公允价值计量且其变动计入其他综合收益的金融资产，可归为此类。

2．其他债权投资

其他债权投资是指企业根据其管理金融资产的业务模式和金融资产的合同现

金流量特征划分的以公允价值计量且其变动计入其他综合收益的金融资产。其他债权投资的业务模式既以收取合同现金流量为目标，又以出售该金融资产为目标，其合同现金流量是指在特定日期产生的合同现金流量仅以对本金和以未偿付的本金金额为基础的利息支付。

例如，张老板公司从二级市场中购入的固定利率国债、浮动利率公司债券等，都属于其他债权投资，因为这类金融资产的合同现金流量在一般情况下符合仅为对本金和以未偿付本金金额为基础的利息支付的要求。张老板公司管理这类金融资产的业务模式既以收取合同现金流量为目标，又以出售该金融资产为目标，因此这类金融资产归类为以公允价值计量且其变动计入其他综合收益的金融资产。

3. 投资性房地产

投资性房地产是指为赚取租金或资本增值，或两者兼有而持有的房地产。投资性房地产应当能够单独计量和出售。投资性房地产主要包括已出租的土地使用权、持有并准备增值后转让的土地使用权和已出租的建筑物。下列各项不属于投资性房地产:

（1）自用房地产，即为生产商品、提供劳务及经营管理而持有的房地产。

（2）作为存货的房地产。投资性房地产属于正常经营性活动，它形成的租金收入或转让增值收益确认为企业的“主营业务收入”；但对于大部分企业而言，它是与经营性活动相关的其他经营活动。

4. 递延所得税资产

递延所得税资产就是未来预计可以用来抵税的资产。递延所得税是时间性差异对所得税的影响，在纳税影响会计法下才会产生递延税款，它是根据可抵扣暂时性差异及适用税率计算、影响（减少）未来期间应缴纳的所得税的金额。

关于递延所得税资产的详细内容，我们会在利润表中与所得税项目一起介绍。

5. 其他非流动资产

其他非流动资产是指除资产负债表上所列的非流动资产项目以外的其他周转期超过一年的长期资产。如果企业遇到一些业务事项确实不好归入常用科目，可以将其列入其他非流动资产项目核算。

第 5 章 细说资产负债表之流动负债

举一个“借鸡生蛋”的例子。

我在年初向人家借了一只母鸡，这只母鸡在一年中生了 100 个蛋，到了年底，我将鸡还给人家的时候，把 40 个鸡蛋当作利息给他，自己留了 60 个蛋。

如果我不去借鸡，能得到这 60 个蛋吗？也许有人要问，人家有一只一年能生 100 个蛋的母鸡为什么愿意借给你呢？

问得好，理由是：那只母鸡的主人不会科学养鸡，他如果亲自喂养，一年只能收获 20 个蛋，他将鸡借给我之后，不但不需要自己喂养，而且多得了 20 个蛋，此等美事，何乐而不为呢？

“借鸡生蛋”是所有投资者应该优先选择的赚钱方式，张老板公司也不例外。

例如，张老板公司现在有 3 亿元的银行存款，但公司准备投资一个 5 亿元的项目，所以必须去银行借款 2 亿元。如果等到公司攒够 5 亿元的存款再去做项目，该项目早就被别的公司拿走了。负债的价值就在于可以换取时间效益和规模效益。

正因如此，张老板公司为了扩大生产及经营规模，需要去银行借钱。银行经审核后也非常愿意将钱借给张老板公司，因为这样做可以得到稳定的收益。

张老板公司为了平衡负债结构，充分利用有效资源并降低债务风险，将举债时长与短期债务相结合。那些需要在短期之内偿还的债务，就是流动负债。

5.1 认识一下流动负债

流动负债是指需要在一年（含一年）或者超过一年的一个营业周期内偿还的各种债务。流动负债的内容包括短期借款、应付票据、应付账款、预收款项、应付职工薪酬、应交税费、其他应付款等。

1. 流动负债的特点

流动负债具有以下主要特点:

- 偿还期短。
- 举债的目的是满足经营周转资金的需要。
- 负债数额相对较小。
- 一般以企业的流动资金来偿付。
- 偿还的利息相对于长期借款来说要少。

2. 流动负债的分类

流动负债从不同的角度来看，可以有不同的分类方式；而且，不同的行业也有不同的负债构成。

（1）按流动负债产生的原因分类:

- 借贷产生的流动负债，如向金融机构借款形成的短期借款。
- 结算过程中产生的流动负债，如采购过程中形成的未付供应商的应付票据、应付账款、预收款项、其他应付款等。
- 经营过程中产生的流动负债，如欠付的应付职工薪酬、应交税费等。
- 利润分配产生的流动负债，如应付股利等。

（2）按应付金额是否确定分类:

- 应付金额确定的流动负债。
- 应付金额视经营情况而定的流动负债，如应交税费、应付股利等，一般要按照公司经营利润规模来确定。
- 应付金额须预估的流动负债，如企业销售货物负有售后责任条款的三包费用不能提前确定的，应根据经验确认预计负债。

5.2　短期借款项目解说

短期借款是指企业为维持正常的生产经营所需的资金，或为抵偿某项债务而向银行或其他金融机构等外单位借入的、还款期限在一年以内（含一年）的各种借款。

注意：借款可以实现融资的杠杆效应，它是企业的助燃剂。当稍纵即逝的机会摆在眼前时，容不得我们进行资本的原始积累，通过借款融资可以较快地实现企业更高的目标。

5.2.1 短期借款的核算

短期借款的核算主要包括三个方面的内容。

（1）取得借款的核算

短期借款一般期限不长，通常在取得借款日，按取得的金额入账。

（2）借款利息的核算

短期借款利息支出是企业为筹集资金而发生的耗费，应作为一项财务费用计入当期损益。由于利息支付的方式不同，其会计核算也不完全一样。当短期借款的利息按月计收，或者还本付息一次进行且利息数额不大时，利息费用可直接计入当期损益；当短期借款的利息按季（或半年）计收，或者还本付息一次进行且利息数额较大时，利息费用可采用预提的方式按月预提，确认费用。

（3）归还借款的核算

到期归还借款时，应借记“短期借款”科目，期末余额反映的是企业尚未到期的借款。

【例 5.1】张老板公司于 2019 年 11 月 1 日向银行借款 800 万元，期限为 9 个月，年利率为 4.5%，该借款的利息按季支付，本金到期归还。

（1）11 月 1 日借入款项时的会计分录为：

借：银行存款　　　　　　8000000

　贷：短期借款　　　　　　8000000

（2）11 月末预提当月利息：8000000×4.5%/12=30000（元）。

借：财务费用　　　　　　30000

　贷：应付利息　　　　　　30000

12 月末预提当月利息的账务处理相同。

（3）2020 年 8 月，张老板公司如期归还该项借款时的会计分录为：

借：短期借款　　　　　　8000000

　贷：银行存款　　　　　　8000000

5.2.2 短期借款的报表填列

在资产负债表中，短期借款应根据“短期借款”科目的账面余额填列。也就是说，张老板公司应在其 2019 年 12 月 31 日的财务报表中填列 800 万元的短期借款，并且此项短期借款对应的两个月的利息（共计 6 万元）应填列“应付利息”科目中（新资产负债表填列“应付利息”及“应付股利”科目余额时，将其归入“其他应付款”项目）。

5.3　应付票据项目解说

在第 3 章流动资产中，我们已经介绍了应收票据，对于应收票据而言，客户是出票人；相对地，当公司采购商品并开出商业汇票时，该公司就是出票人。

1．应付票据的概念

应付票据是指企业在商品购销活动和对工程价款进行结算时，因采用商业汇票结算方式而发生的，由出票人出票，委托付款人在指定日期无条件支付确定的金额给收款人或者票据持票人的票据。它包括商业承兑汇票和银行承兑汇票。

应付票据与应收票据是债权和债务的两端，一方计入应收票据，另一方计入应付票据。票据结算流程图，如图 5.1 所示。

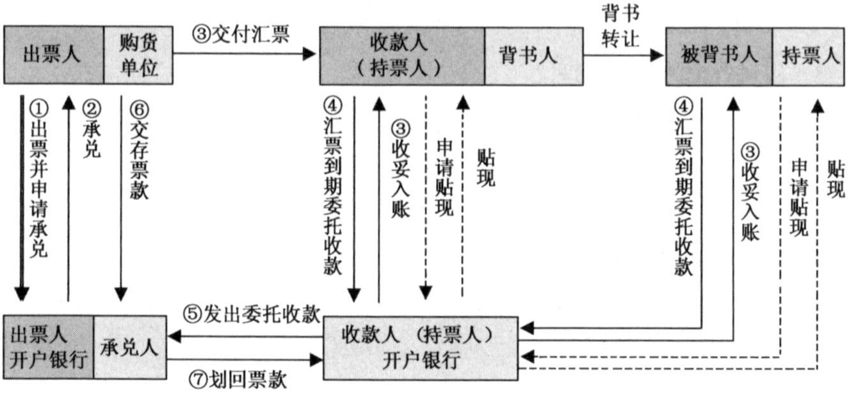

图 5.1　票据结算流程图

2．应付票据的核算

应付票据的核算主要包括三个方面的内容。

（1）签发票据的核算

企业开出、承兑商业汇票或以承兑商业汇票抵付货款、应付账款等，应借记“材料采购”“库存商品”等科目，贷记本科目。涉及增值税进项税额的，还应进行相应的处理。支付银行承兑汇票的手续费，应借记“财务费用”科目，贷记“银行存款”科目。

（2）票据利息的核算

我国目前常用的银行承兑汇票均为无息票据。

（3）票据到期承兑及到期未能承兑的核算

票据到期，企业在支付票款时，应借记本科目，贷记“银行存款”科目；票据到期，企业无力支付票款的，应按应付票据的票面金额，借记本科目，贷记“短期借款”科目。

应付票据可按债权人进行明细核算，期末贷方余额，反映企业尚未到期的商业汇票的票面金额。

【例 5.2】张老板公司购入防盗门 20 扇，每扇 600 元，按合同规定以 3 个月无息商业承兑汇票进行支付。

（1）开出商业承兑汇票时的会计分录为：

借：固定资产　　12000

　贷：应付票据　　12000

（2）3 个月到期归还票款时的会计分录为：

借：应付票据　　12000

　贷：银行存款　　12000

3．应付票据的特殊处理

企业应设置应付票据备查簿，详细登记每张应付票据的种类、号数、签发日期、到期日、票面金额、合同交易号、收款人的姓名或单位名称，以及付款日期和金额等资料。应付票据到期付清后，应当及时在备查簿中逐笔注销。

4．应付票据的报表填列

在资产负债表中，应付票据应根据“应付票据”科目的金额合计数填列。

5.4　应付账款项目解说

张老板公司除了向银行等金融机构举债，还会在经营过程中产生其他债务，“应付账款”就是典型的记录这部分债务的会计科目。

1．应付账款的概念

应付账款是指因购买材料、商品或接受劳务供应等经营活动应支付的款项。它是买卖双方在购销活动中由于取得物资与支付贷款在时间上不一致而产生的负债。应付账款产生的原因与应收账款相同，我们在流动资产章节已经进行阐述，此处不再赘述。

2．应付账款的核算

应付账款应该按照供应商单位分别设立明细账核算，本科目借方核算企业按照合同规定的已收货物金额、税款等，贷方核算实际付款金额。

【例 5.3】张老板公司于 2019 年 2 月 15 日从李老板公司购入一批手机，价值为 200 万元，增值税税额为 26 万元，货款暂未支付。

该批手机入库时，应记录应付账款贷方金额 226 万元（200 万元+26 万元）。

借：库存商品　　　　　　　　　　　　　　　2000000
　　应交税费——应交增值税（进项税额）　　　260000
　贷：应付账款　　　　　　　　　　　　　　　2260000

由于张老板公司和李老板公司合作频繁，杨经理授意会计小辛一次性支付款项 300 万元，这时候应付账款的余额为 74 万元，款项的实质性质为预付款项。

借：应付账款　　　　　　　　　　　　　　　3000000
　贷：银行存款　　　　　　　　　　　　　　　3000000

注意：企业的应付账款和预付款项经常会发生转换。企业对于供应商的欠款未支付之前，形成企业的应付账款；提前支付或者多支付之后，又形成企业的预付款项。对于货款的支付与核算，有些企业分别采用这两个科目核算，有些企业只采用应付账款一个科目，大家需要了解这一点。

3. 应付账款的特殊处理

企业应该定期检查应付账款金额，如果有确凿证据证明该笔款项无须支付，应该收集相关证据核销该笔款项，并将其转入“营业外收入”。

4. 应付账款的报表填列

与应收账款相同，应付账款在报表的填列时也要进行分析填列。

在资产负债表中，应付账款应根据“应付账款”和“预付款项”科目所属各明细科目的期末贷方余额的合计金额填列。

【例 5.4】张老板公司 2019 年 12 月 31 日的应付账款明细科目余额，如表 5.1 所示。

表 5.1　应付账款明细科目余额

报表科目	余额（元）
应付账款——A公司	600000
应付账款——B公司	-100000
应付账款——C公司	200000

我们可以从表 5.1 中计算出，应付账款的借方余额为 10 万元，贷方余额为 80 万元。

另外，张老板公司 2019 年 12 月 31 日的预付款项明细科目余额，如表 5.2 所示。

表 5.2 预付款项明细科目余额

报表科目	余额（元）
预付款项——D公司	1000000
预付款项——E公司	-500000
预付款项——F公司	50000

同样，我们可以从表 5.2 中计算出，预付款项的借方余额为 105 万元，贷方余额为 50 万元。

因此，本期 “应付账款” 科目填列金额为 130 万元（应付账款贷方 80 万元+预付款项贷方 50 万元）；“预付款项” 科目填列余额为 115 万元（应付账款借方 10 万元+预付款项借方 105 万元）。

5.5 预收款项项目解说

张老板公司是做手机经销的，由于一些热销的潮流机型往往供不应求，客户需要预付货款才能预订到一定批量的货物，这部分款项张老板公司作为预收款项进行核算。

预收款项是核算企业按照合同规定或交易双方的约定，向购买单位或接受劳务的单位在未发出商品或提供劳务时预收的款项。

预收款项属于会计要素中的负债，是对方获得货物前的预付款项，如果交易未完成，此款项应当返还对方。

1. 预收款项的核算

对于预收款项，借方登记企业预收客户的货款，贷方登记企业发出商品时应结转的预收货款。期末贷方余额，反映企业已收客户货款但尚未发货的预收款项；期末借方余额，反映企业已发货但尚未收款的金额，实际上是企业的应收账款。

【例 5.5】 iPhone 手机在中国大陆地区的销售异常火爆，一度成为时尚街机。张老板公司作为苹果公司的特许经销商，可以拿到相对较为稳定的货源。张老板公司的客户为了购买到一批 iPhone 手机，几乎踏破了公司的门槛，纷纷主动交纳定金预订该款手机。该手机均价 6000 元左右，有一个客户准备向张老板公司预订 500 部手机，并积极地以银行存款支付了 300 万元的预付款。

（1）张老板公司收到预付款时的会计分录为：

借：银行存款　　　　3000000

　贷：预收款项　　　　3000000

（2）张老板公司将该批手机发出后的会计分录为：

借：预收款项　　3000000
　　应收账款　　390000
　贷：库存商品　　3000000
　　　应交税费——应交增值税（销项税额）　　390000

预收货款业务不多的企业，也可以通过“应收账款”科目核算预收货款业务。企业在预收货款时，应借记“应收账款”科目，待发出商品后再予以冲销；但是在这种处理方法下，“应收账款”的某些明细账可能会出现贷方余额。在期末，应收账款明细账的借方余额应在资产负债表中列为资产，而各明细账的贷方余额列为负债。预收货款业务较多的企业，需要为每一个客户设置明细账。

2. 预收款项的报表填列

在资产负债表中，预收款项应根据“预收款项”和“应收账款”科目所属各明细科目的期末贷方余额的合计金额填列。

5.6　应付职工薪酬项目解说

应付职工薪酬，顾名思义，是企业根据有关规定应付给职工的各种薪酬，包括工资、奖金、职工福利、社会保险费、住房公积金等。

注意：严格地说，职工薪酬是指企业为获得职工提供的服务而给予其各种形式的报酬及其他相关支出。职工薪酬不仅包括企业一定时期支付给全体职工的劳动报酬总额，也包括按照工资的一定比例计算并计入成本费用的其他相关支出。

5.6.1　应付职工薪酬的核算

企业应设置“应付职工薪酬”科目，核算企业应付职工薪酬的提取、结算、使用等情况；本科目可按“工资”“职工福利”“社会保险费”“住房公积金”“工会经费”“职工教育经费”“非货币性福利”“辞退福利”“股份支付”等科目进行明细核算。

企业对应付职工薪酬的主要账务处理有以下几个方面。

1. 日常工资发放

生产部门人员的职工薪酬，借记“生产成本”“制造费用”“劳务成本”等科目，贷记本科目。由在建工程、研发支出负担的职工薪酬，借记“在建工程”“研发支出”等科目，贷记本科目。

管理部门人员、销售人员的职工薪酬，借记“管理费用”“销售费用”科目，贷记本科目。

2. 自产产品福利发放

企业以其自产产品发放给职工作为职工薪酬的，借记“管理费用”“生产成本”“制造费用”等科目，贷记本科目。

3. 其他福利

无偿向职工提供住房等固定资产使用的，按应计提的折旧额，借记“管理费用”“生产成本”“制造费用”等科目，贷记本科目；同时，借记本科目，贷记“累计折旧”科目。

租赁住房等资产供职工无偿使用的，按每期应支付的租金，借记“管理费用”“生产成本”“制造费用”等科目，贷记本科目。

4. 因解除与职工的劳动关系给予的补偿

因解除与职工的劳动关系给予的补偿，借记“管理费用”科目，贷记本科目。

【例 5.6】张老板公司 2019 年 3 月的工资薪酬情况：销售人员为 40 万元，管理人员为 28 万元。费用分配对应的会计分录为：

借：销售费用　　　　　　400000

　　管理费用　　　　　　280000

　贷：应付职工薪酬　　　　　　680000

5.6.2 应付职工薪酬的报表填列

应付职工薪酬的报表填列比较简单，按照“应付职工薪酬”科目的期末余额填列即可。

注意：非结算类负债科目的填列都较为简单，直接按照科目的期末余额填列即可。这是因为会计核算需要遵循谨慎性原则，资产类项目一旦出现坏账的可能或者减值的迹象，就应该执行谨慎性的原则提取减值准备；而对于负债类科目，应当有确凿证据证明该款项确实不用支付时，才可以转作“营业外收入”，但这种情况很少出现，执行条件也比较严格。

5.7 应交税费项目解说

张老板公司是一家遵纪守法的企业，按照国家的相关法规计提、缴纳各种税款，并在“应交税费”科目中核算。应交税费是指企业根据在一定时期内取得的营业收入、实现的利润等，按照现行税法的规定，采用一定的计税方法计提的应缴纳的各种税费，这些应缴纳的税费在尚未缴纳之前暂时留存于企业，形成一项负债。

企业应通过“应交税费”科目，总括反映各种税费的缴纳情况，并按照应交税费项目进行明细核算。该科目的贷方登记应缴纳的各种税费，借方登记已缴纳的各种税费。期末贷方余额，反映尚未缴纳的税费；期末借方余额，反映多缴纳或尚未抵扣的税费。

应交税费包括企业依法缴纳的增值税、消费税、所得税、资源税、土地增值税、城市维护建设税、房产税、土地使用税、车船税、教育费附加、矿产资源补偿费等税费，以及在上缴国家之前，由企业代扣代缴的个人所得税等。

应交税费核算的基本要求主要有以下三个方面：

- 按照税法规定正确计算各种应缴纳的税费。
- 按照规定的列支渠道记入有关科目。
- 正确反映各种应缴纳的税费，并按规定的时间纳税。

注意：应交税费的核算内容很多，除所得税外，常常伴随其他经济业务的发生而产生，就像在前面章节很多例子中我们都提到的“应交税费——应交增值税（进项税额）”“应交税费——应交增值税（销项税额）”科目，我们会在本书中穿插介绍它的核算内容。

5.8　其他应付款项目解说

张老板公司有一些非经营结算类款项不方便归类，最典型的就是收取的租赁办公区的押金。张老板公司租赁了两层办公楼，并将其中半层分租给两家小型公司。除租赁费外，另收取租赁押金款合计 48 万元，这部分款项不是在购买货物和销售货物过程中产生的款项，我们应当用其他应付款来核算。其他应付款也是企业流动负债的一个重要组成部分。

1. 其他应付款的概念

其他应付款是指企业在商品交易业务以外发生的应付和暂收款项。它是企业除应付票据、应付账款、应付职工薪酬、应付利润等以外的应付、暂收其他单位或个人的款项。

通常情况下，其他应付款核算的内容包括应付租入固定资产和包装物的租金、存入保证金、应付职工统筹退休金、职工未按期领取的工资等。由于“其他应收款”“其他应付款”包含的项目十分广泛，我们通常把它们称为企业财务会计的“百宝箱”和“杂物箱”。

2．其他应付款的核算

“其他应付款”科目属于负债类科目，其贷方反映企业发生的应付、暂收款项，借方反映企业支付的应付、暂收款项。月末贷方余额，反映企业应付、暂收的结存金额。本科目按应付、暂收等款项的类别和单位或个人设置明细账。

【例 5.7】张老板公司将一部分办公楼分租给了两家公司，这两家公司准备装修之前需要按照合同规定支付 10 万元装修保证金。待装修完毕，经验收，如果没有违反规定，则装修保证金如数退还；如果发现破坏主体结构，则要扣除部分或者全部保证金。张老板公司于 2019 年 8 月收到了这笔保证金。

（1）收取装修保证金时的会计分录为:

借：银行存款　　100000

　贷：其他应付款——装修保证金　　100000

（2）装修完毕验收时，发现一家公司没有违反合同约定，可以退还全部装修保证金；另外一家公司破坏了部分主体结构需要进行修复，扣除装修保证金 2 万元，对应的会计分录为:

借：其他应付款　　100000

　贷：银行存款　　80000

　　营业外收入　　20000

3．其他应付款的特殊处理

如果其他应付款的一部分款项有确凿证据证明确实无须再支付，应该核销该款项，并将其转入“营业外收入”。

4．其他应付款的报表填列

在资产负债表中，其他应付款应根据“其他应付款”和“其他应收款”科目所属各明细科目的期末贷方余额的合计数及“应付利息”和“应付股利”科目余额的合计数填列。

5.9　预计负债项目解说

预计负债是一项特殊的负债，它的发生金额不能准确地确定。

预计负债核算企业根据或有事项等相关准则确认的各项负债，包括对外提供担保、未决诉讼、产品质量保证、重组义务，以及固定资产和矿区权益弃置义务等产生的预计负债。

注意：对于因或有事项而确认的负债，企业应在资产负债表中单独列示，并在财务报表附注中做相应披露；与所确认负债有关的费用或支出应在扣除确认的补偿金额后，在利润表中与其他费用或支出金额合并反映。

【例 5.8】 按照国家相关规定，张老板公司销售手机时均附有售后条款，即主要核心部件一年之内保修，因此，公司至少要在每年年末预提一部分售后维修费，这项费用的具体金额并不确定，应当按照以往经验计提。如果该公司 2018 年全年手机销售金额约为 1500 万元，发生售后维修相关支出约为 58 万元，相关费率约为 4%，那么它在 2019 年也需要按照 4%的费率计提售后维修费。

对于预计负债，企业应当在财务报表附注中披露如下内容：

- 预计负债形成的原因。
- 预计产生的财务影响（若无法预计，应当说明理由）。
- 该义务执行后，是否有获得补偿的可能性。

5.10　流动负债的其他项目

本章我们学习了短期借款、应付票据、应付账款、预收款项、应付职工薪酬、其他应付款、预计负债，除这些项目外，资产负债表中的流动负债还有一些其他项目，因为并不常用，我们只做简单的介绍。

1．应付利息

应付利息是指企业按照合同约定应支付的利息，包括吸收存款、分期付息到期还本的长期借款、企业债券等应支付的利息。

应付利息可按存款人或债权人进行明细核算，期末贷方余额，反映企业应付未付的利息。

2．应付股利

应付股利是指企业经董事会、股东大会，或类似机构决议确定分配的现金股利或利润。

注意：获得投资收益是出资者对企业进行投资的初衷。企业在宣告给投资者分配股利或利润时，一方面会冲减企业的所有者权益，另一方面会形成“应付股利”这样一笔负债。随着企业向投资者实际支付股利或利润，该项负债即行消失。

应付股利应当按照投资者进行明细核算。企业根据股东大会或类似机构通过的利润分配方案，按应支付的现金股利或利润，借记“利润分配”科目，贷记“应付股利”科目；实际支付现金股利或利润，借记“应付股利”科目，贷记“银行存款”“现金”等科目。本科目期末贷方余额，反映企业尚未支付的现金股利或利润。

【例 5.9】张老板公司于 2019 年 5 月 2 日宣布对股东分配股利 300 万元，并于 5 月 17 日支付该笔股利。

（1）宣布分配股利时的会计分录为：

借：利润分配　　　　　　　3000000

　贷：应付股利　　　　　　　3000000

（2）实际支付股利时的会计分录为：

借：应付股利　　　　　　　3000000

　贷：银行存款　　　　　　　3000000

注意：企业董事会或类似机构通过的利润分配方案中拟分配的现金股利或利润，可不做账务处理，但应在财务报表附注中披露，并通过“应付股利”科目核算企业分配的现金股利或利润。企业分配的股票股利，不通过本科目核算。

新的资产负债表删除了“应付股利”和“应付利息”两个报表项目，目前我们将“应付股利”和“应付利息”两个会计科目的期末余额填列在资产负债表的“其他应付款”项目中。

3．交易性金融负债

交易性金融负债是指企业采用短期获利模式进行融资所形成的负债，如应付短期债券。作为交易双方来说，甲方的金融债权就是乙方的金融负债，由于融资方需要支付利息，所以就形成了金融负债。交易性金融负债是企业承担的交易性金融负债的公允价值。

4．一年内到期的长期负债

一年内到期的长期负债是指反映企业长期负债中自编表日起一年内到期的长期负债，形式上是在“长期负债”科目中反映，本质上是一种流动负债，应在资产负债表流动负债中单独列示。本项目应根据“长期借款”“应付债券”“长期应付款”等科目所属有关明细科目的期末余额分析填列。

5．其他流动负债

其他流动负债是指不能归属于短期借款、应付票据、应付账款、应交税费、其他应付款、预收款项这些项目的流动负债。在实际工作中很少用到这个科目，大家了解一下即可。

第 6 章 细说资产负债表之非流动负债

"贪心不足蛇吞象"，多少老板和公司都梦想着借鸡生蛋、借钱生钱、以小博大，最后因为太贪心，无力偿还债务而破产。

张老板深深了解这一点。为了降低债务风险，他既要平衡负债结构，又要控制债务规模。除了必须在短期之内偿还的负债，还有一些可以在一年以后偿还的负债，这些负债就是非流动负债。

张老板公司有一个新项目的投资计划，总投资额为 5 亿元，现有资金空缺 2 亿元，该项目建设期为一年，预计回报期为 5 年，每年净利润为 1.8 亿元。这个项目利润率较高，很值得投资。正所谓"机不可失，时不再来"，张老板公司不可能等到资本积累到足够的投资额时再开工，因此，张老板决定通过举借债务来尽快实施该项目。

注意：这个时候，张老板公司应该考虑两个问题。第一，债务的规模可以满足项目需要；第二，由于这个项目在短期之内不能实现盈利，如果筹措短期负债就会面临近期偿债的压力，因此只能筹措长期负债，也就是我们说的非流动负债。

6.1 认识一下非流动负债

第 5 章我们学习了流动负债的内容。流动负债是指需要在一年（含一年）或者超过一年的一个营业周期内偿还的各种债务，包括短期借款、应付票据、应付账款、预收款项、应付职工薪酬、应交税费、其他应付款等。本章讲到张老板公司新项目的资金需求时间较长、规模较大，涉及偿还期在一年以上的非流动负债，下面我们就来认识一下非流动负债。

6.1.1 非流动负债的概念

非流动负债是指偿还期在一年以上或者超过一年的一个营业周期以上的

负债。

如果张老板公司举借这种偿还期较长的负债，就不会为短期还贷而出现资金周转困难的情况了。另外，由于经营风险下降了，公司便可以将更多的精力投入到实施项目中去。

6.1.2 非流动负债的特点

让我们先来回忆一下短期负债的特点：偿还期短；举债的目的是满足经营周转资金的需要；负债数额相对较小；一般以企业的流动资金来偿付。

非流动负债的特点主要是与流动负债相比较而言的，两者除了偿还期不同，还有一些其他方面的区别，如表 6.1 所示。

表 6.1 流动负债与非流动负债的区别

区别	流动负债	非流动负债
偿还时间	短	长
债务规模	小	大
资本成本	低	高
举债目的	补充流动资金需要	重要投资需要
筹资速度	快（容易取得）	慢（不容易取得）

6.1.3 非流动负债的分类

非流动负债包含很多内容，可以通过银行等金融机构筹资，也可以通过公开发行债券筹资，我们按照筹资方式的不同进行分类：

- ❑ 从银行筹资的长期借款。
- ❑ 公开发行的应付债券。
- ❑ 从政府申请的有专门用途的专项应付款。
- ❑ 其他长期应付款等。

注意：非流动负债由于金额较大、周期较长，可能会遇到无法预料的宏观经济形势变化和企业自身经济状况变化，比如大多数负债会到期偿还，有些负债可能提前偿还，有些负债可能滞后偿还，且不仅偿还时间可能发生变化，偿还方式也可能发生变化。

非流动负债的相关会计科目主要是按照筹措方式来设置的，包括长期借款、应付债券、长期应付款、其他非流动负债等，我们将逐项进行介绍。

6.2　长期借款项目解说

张老板公司为了快速扩张，需要外部资金的支持，优先选择的就是银行借款，银行借款按照期限的不同，分为一年内到期的短期借款和一年以上到期的长期借款。长期借款是最常见的非流动负债，它的筹资速度较快，且不存在短期偿债压力。长期借款的使用情况关系到企业的生产经营规模和效益，是企业长期投资项目和工程设施建设最重要的资金来源。

6.2.1　长期借款的概念

长期借款是指企业向银行或其他金融机构借入的期限在一年以上（不含一年）的各项借款，一般用于固定资产的购建、改扩建工程、大修理工程、对外投资，以及保持长期经营能力等方面。长期借款是企业长期负债的重要组成部分，必须加强对它的管理与核算。

注意：由于长期借款的使用情况关系到企业的生产经营规模和效益，企业除了要遵守有关的借款规定、制订借款计划、有不同形式的担保，还应监督借款的使用、按期支付借款的利息，以及按规定的期限归还借款本金等；因此，长期借款账务处理的基本要求是反映和监督企业长期借款的借入、借款利息的结算和借款本息的归还情况，促使企业遵守信贷纪律、提高信用等级，同时也要确保长期借款发挥效益。

6.2.2　长期借款的核算

企业应通过“长期借款”科目，核算长期借款的借入、归还等情况。企业借入长期借款，应按实际收到的金额借记“银行存款”科目，贷记“长期借款——本金”科目。

长期借款的利息费用通过计算确定。如果该借款是用于购建固定资产的，在固定资产尚未达到预定可使用状态前发生的应当资本化的利息支出，计入“在建工程”成本；在固定资产达到预定可使用状态后应当资本化的利息支出，以及按规定不予资本化的利息支出，计入“财务费用”；属于筹建期间的，计入“管理费用”；属于生产经营期间的，计入“财务费用”。

长期借款按合同利率计算确定的应付未付利息，记入“应付利息”科目，分别借记“在建工程”“制造费用”“财务费用”“研发支出”等科目，贷记“应付利息”

科目。

企业归还长期借款的本金时，应按归还的金额，借记“长期借款”科目，贷记“银行存款”科目；按归还的利息，借记“应付利息”科目，贷记“银行存款”科目。

我们通过下面的例子来说明。

【例 6.1】张老板公司于 2018 年 7 月 1 日从银行借入一笔长期借款 1000 万元用于扩大经营规模，利率为 6%，借款期限为 3 年，每季度偿还利息，到期偿还本金，到期日为 2021 年 6 月 30 日；该公司于 2019 年 5 月 1 日偿还一笔长期借款 800 万元，该款项是 2014 年 5 月 2 日借入的，借款利率为 7%，同样按季度偿还利息，到期偿还本金。对于这两笔业务，该公司应做哪些账务处理？

（1）2018 年 7 月 1 日借入款项时的会计分录为：

借：银行存款　　　　　　　10000000

　贷：长期借款　　　　　　　　10000000

（2）2018 年 7 月计提长期借款利息时的会计分录为：

每月应计提的利息=10000000×6%/12+8000000×7%/12=96666.67（元）

借：财务费用　　　　　　　96666.67

　贷：应付利息　　　　　　　　96666.67

8 月、9 月计提同样的利息。

（3）2018 年 9 月偿还长期借款利息时的会计分录为：

借：应付利息　　　　　　　290000

　贷：银行存款　　　　　　　　290000

（4）2019 年 5 月 1 日归还借款时的会计分录为：

借：长期借款　　　　　　　8000000

　贷：银行存款　　　　　　　　8000000

由此可知，张老板公司在 2018 年 12 月 31 日的长期借款总账金额为 1800 万元。

6.2.3 长期借款的报表填列

在资产负债表中，长期借款应根据总账余额减去长期借款中一年内到期的金额的余额填列，长期借款中一年内到期的金额填列在一年内到期的非流动负债项目里。

【例 6.2】承例 6.1，在张老板公司 2018 年 12 月 31 日的长期借款账目中有两笔款项：一笔是 2018 年 7 月 1 日借入的款项，金额为 1000 万元，借款期限为 3 年，到期日为 2021 年 6 月 30 日；另外一笔是 2014 年 5 月 2 日借入的款项，金额为 800 万元，借款期限为 5 年，到期日为 2019 年 5 月 1 日。

那么我们来分析一下，从 2018 年 12 月 31 日这个时间角度来看，这两笔借款应该怎样在资产负债表中列示呢?

很明显，第二笔款项的举借到期日只有 4 个月，属于一年内到期的款项，应填列在一年内到期的长期负债中，金额为 800 万元。

资产负债表中的长期借款=长期借款总账金额-一年内到期的长期负债=1800-800=1000（万元）。

6.3　应付债券项目解说

债券是政府、金融机构、工商企业等直接向社会借债筹措资金时，向投资者发行，同时承诺按一定利率支付利息并按约定条件偿还本金的债权债务凭证。债券的本质是债的证明书。债券购买者与发行者之间是一种债权债务关系，债券发行者即债务人，购买者即债权人。债券是一种有价证券，由于债券的利息通常是事先确定的，所以债券是固定利息证券的一种。在金融市场发达的国家和地区，债券可以上市流通。

6.3.1　应付债券的概念

债券是一种金融工具，须由买卖双方达成交易共识才能实现。对于买方而言，购入债券是一种投资方式；对于卖方而言，销售债券是为了融入资本，这部分融资款项就用应付债券来核算。

应付债券是指企业为筹集（长期）资金而发行的债券。债券发行有面值发行、溢价发行和折价发行三种情况。

6.3.2　应付债券的核算

企业应设置“应付债券”科目，并在该科目下设置“面值”“利息调整”“应计利息”等明细科目，核算应付债券发行、计提利息、还本付息等情况。

企业按面值发行债券时，应按实际收到的金额，借记“银行存款”等科目；按债券票面金额，贷记“应付债券——面值”科目；存在差额的，还应借记或贷记“应付债券——利息调整”科目。

对于按面值发行的债券，在每期采用票面利率计提利息时，应当按照与长期借款相一致的原则计入有关成本费用，借记“在建工程”“制造费用”“财务费用”“研发支出”等科目；对于分期付息、到期一次还本的债券，其按票面利率计算确定的应付未付利息通过“应付利息”科目核算；对于一次还本付息的债券，其按票面利率计算确定的应付未付利息通过“应付债券——应计利息”科目核算。

应付债券按实际利率（实际利率与票面利率差异较小时也可按票面利率）计算确定的利息费用，应当按照与长期借款相一致的原则计入有关成本费用。

【例 6.3】2014 年 12 月 31 日，张老板公司经批准发行 5 年期一次还本、分期付息的公司债券 1000 万元，债券利息在每年 12 月 31 日支付，票面利率为年利率 6%。假定债券发行时的市场利率为 5%，张老板公司该批债券实际发行价格为 10432700 元。

张老板公司根据上述资料，采用实际利率法和摊余成本计算确定的利息费用。利息费用计算表，如表 6.2 所示。

表 6.2　利息费用计算表

单位：元

付息日期	支付利息	利息费用	摊销的利息调整	应付债券摊余成本
	①	②=④×5%	③	④
2014年12月31日				10432700.00
2015年12月31日	600000.00	521635.00	78365.00	10354335.00
2016年12月31日	600000.00	517716.75	82283.25	10272051.75
2017年12月31日	600000.00	513602.59	86397.41	10185654.34
2018年12月31日	600000.00	509282.72	90717.28	10094937.06
2019年12月31日	600000.00	505062.94	94937.06	10000000.00

根据例 6.3 中表 6.2 的资料，张老板公司应做哪些账务处理？

（1）2014 年 12 月 31 日发行债券时的会计分录为：

借：银行存款　　10432700

　贷：应付债券——面值　　10000000

　　　应付债券——利息调整　　432700

（2）2015 年 12 月 31 日计算利息费用时的会计分录为：

借：财务费用等　　521635

　　应付债券——利息调整　　78365

　贷：应付利息　　600000

2016 年、2017 年、2018 年确认利息费用的账务处理同 2015 年。

（3）2019 年 12 月 31 日归还债券本金及最后一期利息费用时的会计分录为：

借：财务费用等　　505062.94

　　应付债券——面值　　10000000

应付债券——利息调整　　　　　　94937.06

贷：银行存款　　　　　　　　　　　10600000

对于一次还本付息的债券，应于资产负债表日按摊余成本和实际利率计算确定的债券利息费用，借记“在建工程”“制造费用”“财务费用”等科目；按票面利率计算确定的应付未付利息，贷记“应付债券——应计利息”科目；按其差额，借记或贷记“应付债券——利息调整”科目。

6.3.3 应付债券的报表填列

在资产负债表中，应付债券反映企业尚未偿还的长期债券摊余价值，应根据“应付债券”科目的期末余额减去一年内到期部分的金额填列。

6.4 长期应付款项目解说

从广义上来说，长期应付款是在较长时间内应付的款项，而会计业务中的长期应付款是指除长期借款和应付债券以外的其他多种长期应付款。长期应付款主要包括应付补偿贸易引进设备款和应付融资租入固定资产租赁费等。

企业除了通过借款和发行中长期债券取得货币资金购建长期资产，还可以采用补偿贸易方式引进国外设备或融资租赁方式租入固定资产。

6.4.1 补偿贸易

补偿贸易是指企业从国外引进设备，再用以该设备生产的产品归还设备价款。我们举一个有趣的例子：米老鼠作为国外企业的典型代表，喜羊羊作为国内企业的典型代表，两者有合作交流。米老鼠作为拥有先进技术的一方，为中方提供机器设备；喜羊羊作为拥有廉价劳动力的一方，为外方提供生产的产品，双方友好合作，互惠互利。

一般债务行为是以货币资金偿还债务的，而补偿贸易有点“投桃报李”的意思，其偿还方式不一样。改革开放初期，我国需要大规模引进外资和国外先进设备，而我们的优势是人力成本较低，于是产生了这种贸易形式。国家相当支持这种经济行为，为了鼓励企业开展补偿贸易，规定开展补偿贸易的企业，在补偿期内免交引进设备所生产的产品的流转税。

注意：一般情况下，这种贸易形式为固定资产使用在前，款项支付在后。比如，以补偿贸易方式引进设备时，企业可先取得设备，将设备投入使用，再用这些设备生产的产品偿还设备价款。因此，一般情况下，设备的引进和偿还设备价款是没有现金的流入和流出的。

在会计核算时，一方面，引进设备的资产价值及相应的负债作为企业的一项资产和一项负债，在资产负债表中，分别记入“固定资产”和“长期应付款”项目中；另一方面，企业在用产品归还设备价款时，视同产品销售。

我们通过实例来认识补偿贸易这种业务形式。

【例 6.4】2019 年年初，张老板公司从日本引进一套设备，用以生产最新板材的手机壳。公司采用补偿贸易方式引进该设备，设备价款为 500 万元，随同设备一起进口的零配件价款为 50 万元，支付的国外运杂费（设备运费）为 2 万元，另以人民币支付进口关税 11 万元，国内运杂费为 2 万元。设备在一周内即安装完毕。设备投入使用后，前 3 年生产出来的一半产品给国外设备商，以产品应收款抵偿长期应付款。

由于补偿贸易并不是十分常见的业务，会计小辛以前只从书本上了解过一些相关知识，这次可以亲自处理这种形式的业务，喜不自禁。

会计小辛是这样处理这项业务的。

（1）引入设备时的会计分录为：

借：在建工程　　　　5020000（5000000+20000）

　　原材料——修理用备件　　　　500000

　贷：长期应付款——应付引进设备款　　　　5520000

（2）支付进口关税、国内运杂费时的会计分录为：

借：在建工程　　　　130000（110000+20000）

　贷：银行存款　　　　130000

（3）将安装完毕的设备及进口零配件交付使用时的会计分录为：

借：固定资产　　　　5150000

　贷：在建工程　　　　5150000

会计小辛通过自己的努力完成这么复杂的核算工作，很有成就感。杨经理也非常欣赏会计小辛这种理论结合实践、独立处理新业务的能力，并在部门例会上当众表扬了他。

6.4.2 融资租赁

融资租赁实质上是一种分期付款购入固定资产的方式。通过这种方式可以先取得企业生产经营所需的设备，它是非金融企业间融资的一种合法方式。从银行筹资和从公开市场筹资对于企业的要求较高，审核事项较多，相比较而言，融资租赁更加便捷。

融资租入的固定资产在租赁有效期内，虽然资产的所有权尚未归租入方所有，但是租赁资产上的所有权风险及相应的融资作为一项资产和负债，应纳入租入方的资产负债表。

融资租入的固定资产应该视同租入方的固定资产由租入方进行管理，在“固定资产”科目下单独设置“融资租入固定资产”明细科目；同时，融资租入的固定资产的融资租入费，形成了一笔长期负债，这笔负债应在“长期应付款”科目下设置“融资租入固定资产应付款”明细科目进行核算。

【例 6.5】张老板公司于 2019 年 1 月 1 日采用融资租赁方式租入生产设备一台，按照租赁合同的规定，双方确定的租赁资产公允价值为 1600 万元，租赁期限为 5 年，最低租赁付款额为 2400 万元。

（1）生产设备入账时的会计分录为：

借：在建工程　　16000000

　　未确认融资费用　　8000000

　贷：长期应付款——应付融资租赁款　　24000000

（2）公司支付了生产设备的运输费、保险费、安装调试费等，共计 30 万元，对应的会计分录为：

借：在建工程　　300000

　贷：银行存款　　300000

（3）公司在采用融资租赁方式租入生产设备时，支付手续费、公证费、印花税等各项费用共计 50 万元，对应的会计分录为：

借：在建工程　　500000

　贷：银行存款　　500000

（4）融资租入固定资产在安装调试完工后投入使用时的会计分录为：

借：固定资产——融资租入固定资产　　16800000

　贷：在建工程　　16800000

（5）根据规定，未确认的融资费用应当在租赁期内各个期间进行合理分摊，每年分摊的金额为 160 万元，每年分摊时的会计分录为：

借：财务费用　　1600000

　贷：未确认融资费用　　1600000

（6）按照租赁合同的规定，租金应于每年年初支付，金额为 480 万元，在支付租金时的会计分录为：

借：长期应付款——应付融资租赁款　　4800000

　贷：银行存款　　4800000

6.4.3 长期应付款的报表填列

在资产负债表中，长期应付款应根据“长期应付款”和“专项应付款”两个科目的合计金额填列，其中“长期应付款”科目的期末余额，应减去“未确认融资费用”科目的期末余额和一年内到期部分的长期应付款后的余额填列。

由例 6.5 可知，张老板公司 2019 年 12 月 31 日的“长期应付款”科目的期末余额为 1920 万元（2400-480），未确认融资费用为 640 万元（800-160），一年内到期部分为 0。如果不考虑专项应付款的余额，那么计入资产负债表中“长期应付款”项目的金额应该为 1280 万元（1920-640）。

6.5 非流动负债的其他项目

非流动负债是指偿还期在一年以上或者超过一年的一个营业周期以上的负债，前面几节我们介绍了长期借款、应付债券、长期应付款，本节我们来介绍专项应付款和其他非流动负债，因为一般公司很少涉及这方面的业务，我们只做简单的介绍。

1. 专项应付款

专项应付款是指企业接受国家拨入的具有专门用途的款项，如新产品试制费拨款、中间试验费拨款和重要科学研究补助费拨款等，专项用于技术改造、技术研究，以及从其他来源取得的款项。

专项应付款有以下三个特点：

- 该款项未核销前，属于企业的负债，待项目达到要求，须核销部分应在报批后冲销该项拨款，无须上交原拨款部门的款项应转作企业的“资本公积”。
- 该科技专题项目必须独立核算，专款专用。
- 无须以资产或新的负债偿还。

一般来说，一些科研机构、事业单位由于常常承担国家相关课题的研究工作，并接受相关部门的资金监管，因此这类款项比较常见。

【例 6.6】张老板公司因为要投产新产品，收到政府拨入的新产品试制费 3 万元。

（1）试制费入账时的会计分录为：

借：银行存款　　　　　　　　　　30000

　贷：专项应付款　　　　　　　　　　30000

（2）支付该项目所发生的准备工作费用 3800 元，对应的会计分录为：

借：专项应付款　　3800

　贷：银行存款　　3800

（3）公司用新产品试制费拨款购入一台无须安装的设备，价税合计为 9200 元，对应的会计分录为：

借：固定资产　　9200

　贷：银行存款　　9200

借：专项应付款　　9200

　贷：资本公积　　9200

（4）试制新产品的成本为 1 万元，新产品试制成功，作为样品处理，经批准核销时的会计分录为：

借：专项应付款　　10000

　贷：生产成本　　10000

（5）新产品试制项目完成，经批准核销专项拨款 2.3 万元，结余款项 7000 元转作资本公积，对应的会计分录为：

借：专项应付款　　7000

　贷：资本公积　　7000

注意：“专项应付款”科目余额应填列在资产负债表中的“长期应付款”项目里。

2. 其他非流动负债

其他非流动负债是反映企业除长期借款、应付债券等项目以外的其他非流动负债。除本章我们介绍的项目外，如果遇到实在不好归类的非流动负债项目，则在此填列；如果无此类数据，则以空白表示。一般而言，企业很少有此类数据，大家可根据经济业务需要填列。

第 7 章 老板享有多少权益

2003 年，张老板以 100 万元的现金注册成立了四星通信设备有限公司，张老板本人就是该公司的所有者，这初始的 100 万元就是张老板的权益，也就是所有者权益。

经过数年的发展，如今张老板公司的员工过百人，资产上亿元，但这些资产并不属于张老板一人，它们形成的渠道各有不同，有些是原始资本，有些是经营累计所得，有些是从金融机构借来的……那么，张老板到底享有多少权益呢？

张老板公司的资产包括货币资金、存货、手机壳生产设备、汽车、办公楼等，这些资产的来源并不相同，有些是股东初始投入的，有些是经营期间逐渐积累的，有些是举债购入的……那么，对于张老板公司的股东而言，有多少资产是他们真正享有的权益呢？这就需要我们认识一下所有者权益变动项目。

7.1 认识一下所有者权益

所有者权益项目也是资产负债表的重要组成部分，它与资产、负债的逻辑关系是：资产−负债=所有者权益。前几章我们已经详细介绍了资产和负债的概念、组成和报表填列，本章我们来认识一下所有者权益。

1. 所有者权益的概念

资产负债表中的所有者权益是企业资产扣除负债后的剩余权益，反映企业在某一特定日期股东（投资者）拥有的净资产的总额，是一个企业真正具备的偿债能力。所有者权益由实收资本、资本公积、盈余公积和未分配利润等部分构成。

2. 所有者权益的特征

所有者权益有一些独有的特征，下面我们来逐项进行说明。

（1）剩余权益

所有者权益是企业投资人对企业净资产的所有权，它包括所有者对投入资产的所有权、使用权、处置权和收益分配权；但是，所有者权益是一种剩余权益，即只有负债的要求权得到清偿后，所有者权益才能够被清偿。它受到总资产和总负债变动的影响而发生增减变动。

（2）风险与收益并存

所有者权益包含所有者以其出资额的比例分享企业利润；与此同时，所有者也必须以其出资额承担企业的经营风险。

（3）掌控权

所有者权益还意味着所有者有法定的管理企业和委托他人管理企业的权利，但这种权利来自投资者投入的可供企业长期使用的资源。

（4）不定期的特性

所有者权益具有不定期的特性。所有者权益作为剩余权益，并不存在确切、约定的偿付期限。

（5）间接性

所有者权益的计量具有间接性。所有者权益除了投资者投入资本能够直接计量，在企业存续期内任一时点都不是直接计量的，而是通过计量资产和负债来间接计量的。

3. 所有者权益的内容

所有者权益的内容包括实收资本、资本公积、盈余公积、未分配利润、其他权益工具、其他综合收益等，下面我们就来对它们进行介绍。

7.2　实收资本项目解说

企业的实收资本是指投资者按照企业章程，或者合同、协议的约定，实际投入企业的资本。投资者向企业投入的资本，在一般情况下无须偿还，并且可以长期周转使用。投资者可以用货币出资，也可以采用实物、工业产权、非专利技术、土地使用权等折合为一定数额资金的出资方式。

实收资本是投资者实际投入企业经济活动的货币资金及其他各种财产物资，这里的投资者的身份各有不同，包括国家投资、法人投资、外商投资和个人投资。本书中的张老板公司属于个人投资的企业，投资者就是张老板本人。

1. 实收资本的管理规定

关于实收资本的管理规定，各个国家均不相同。我国目前实行的是注册资本制度。我国《企业法人登记管理条例》规定，除国家另有规定外，企业的注册资本应当与实收资本一致。注册资本以企业在工商行政管理部门注册的资本为限。

《中华人民共和国公司法》对各类公司注册资本的最低限额有明确的规定。企业在其经营期内，注册资本只能增加、转让，不得减少，以保证债权人的合法权益。当企业注册资本的增加、转让超过20%时，应按资金使用证明或验资证明，向原登记主管机关申请变更登记。如果擅自改变注册资本或抽逃资金，将受到工商行政管理部门的处罚。

2. 实收资本的核算

企业收到投资者投入的资金，应以实际收到并存入开户银行的金额，借记“银行存款”科目，贷记“实收资本”科目；收到投资者投入的实物，应按照评估确认的价格或者合同、协议约定的价格，借记“固定资产”等科目，贷记“实收资本”科目；收到投资者的无形资产，应按确认的价值，借记“无形资产”等科目，贷记“实收资本”科目。投资者不止一方时，可按投资者设置明细账进行核算。

【例 7.1】2003 年，张老板以 100 万元的现金注册成立了四星通信设备有限公司，这初始的 100 万元就是张老板的权益，也是所有者权益中的实收资本，对应的计分录为：

借：银行存款　　　　1000000

　贷：实收资本　　　　1000000

3. 实收资本的报表填列

一个企业的实收资本不会经常发生变化，除非有特殊的融资需求，所有者一般不会轻易放弃对企业的掌控权。在资产负债表中，实收资本应根据“实收资本”科目的期末余额填列，该项目中的金额常常几年都不会发生变动。

7.3 资本公积项目解说

资本公积是资本本身升值或其他原因而产生的投资者的共同权益，是企业非营业利润所增加的净资产，以及将这些净资产直接计入所有者权益的利得和损失。资本公积虽然不是经营活动产生的，但是因净资产增加，所有者权益也会随之增加；资本公积也是企业的一种储备资本，必要的时候可以转增资本。

1. 资本公积的内容

资本公积并不是由企业的经营活动产生的，它的内容具体包括资本溢价、接受捐赠、法定财产重估增值等。

- 资本溢价，是指企业投资者投入的资金超过其在注册资本中所占份额的部分，包括股份有限公司发行股票的溢价净收入、可转换债券转换为股本的溢价净收入等。
- 接受捐赠，是指企业因接受其他部门或个人的现金或非现金捐赠而增加的资本公积。
- 法定财产重估增值，是指企业因分立、合并、变更和投资时资产评估或者合同、协议约定的资产价值与原账面净值的差额等。
- 其他资本公积。

2. 资本公积的核算

资本公积是一个比较特殊的会计科目，核算内容庞杂，犹如“聚宝盆”科目。资本公积通常按照其内容项目设置明细账核算，当发生上述经济事项时，借记“银行存款”“固定资产”等相关资产科目，贷记“资本公积——资本溢价”“资本公积——股本溢价”“资本公积——接受捐赠资产”“资本公积——其他资本公积”等科目。

资本公积的内容有些枯燥，我们通过实例来加以理解。

【例 7.2】张老板公司于 2019 年 5 月接受客户单位捐赠的一套设备，原始价值为 2.8 万元，经评估确定其价值为 1.9 万元，对应的会计分录为：

借：固定资产　　19000

　贷：资本公积——接受捐赠资产　　19000

我们再看下一个实例。

【例 7.3】某股份有限公司发行股票 1000 万股，票面金额为每股 10 元，注册资本为 1 亿元，溢价 5 元出售，融资总额为 1.5 亿元，对应的会计分录为：

借：银行存款　　150000000

　贷：实收资本　　100000000

　　资本公积——股本溢价　　50000000

3. 资本公积的报表填列

资本公积的报表填列与实收资本有共同的特点，即变动比较少，不像经营业务科目一样变动频繁，其填列方式也很简单，应根据“资本公积”科目的期末余额填列。

7.4　盈余公积项目解说

大部分老板在进行各项投资后，都希望尽快收回现金，因为如果不能及时收回现金，会导致企业的资金逐步减少和短缺，企业就无法长久地发展。

盈余公积就是企业按照规定从税后净利润中提取的、留存于企业内部的、具有特定用途的收益积累。盈余公积包括法定盈余公积和任意盈余公积。

1. 盈余公积的核算

企业应设置“盈余公积”科目核算盈余公积的提取和使用等增减变动情况，然后再分别设置“法定盈余公积”“任意盈余公积”科目进行明细核算。

（1）企业按规定提取的盈余公积，借记“利润分配——提取法定盈余公积”“利润分配——提取任意盈余公积”科目，贷记“盈余公积——法定盈余公积”“盈余公积——任意盈余公积”。

（2）经股东大会或类似机构决议，用盈余公积弥补亏损或转增资本，借记本科目，贷记“利润分配——盈余公积补亏”“实收资本”科目。

（3）经股东大会决议，用盈余公积派送新股，按派送新股计算的金额，借记本科目；按股票面值和派送新股总数计算的股票面值总额，贷记“股本”科目。

（4）本科目期末贷方余额，反映企业的盈余公积。

下面我们来举例说明提取盈余公积的核算方法。

【例 7.4】张老板公司于 2019 年实现净利润 3265990.2 元，依据法律规定按照 10%的比例提取法定盈余公积，应计提 326599.02 元，对应的会计分录为：

借：利润分配——提取法定盈余公积　　326599.02

　贷：盈余公积——法定盈余公积　　　　326599.02

假如张老板公司用法定盈余公积转增资本 100 万元，则对应的会计分录为：

借：盈余公积——法定盈余公积　　　　1000000

　贷：实收资本　　　　　　　　　　　　1000000

注意：盈余公积按规定可用于弥补企业亏损，也可按法定程序转增资本。法定盈余公积转增资本后的金额比例不得低于注册资本的 25%。当法定盈余公积累计金额达到企业注册资本的 50%以上时，企业可以不再提取。

2. 盈余公积的报表填列

在资产负债表中，盈余公积反映企业“盈余公积”科目的期末余额，应根据“盈余公积”科目的期末余额填列。

7.5 未分配利润项目解说

未分配利润是企业本年度实现的净利润经过利润分配后剩余的利润，等待以后分配。当未分配利润出现负数时，表示年末未弥补的亏损，应由以后年度的利润或盈余公积来弥补。

从金额上来看，企业进行当年度利润分配之后剩余的就是当年度尚未分配利润，再加上以前年度未分配利润，最后剩下的就是年末未分配利润。未分配利润是财务报表中最为综合和复杂的科目。

7.5.1　未分配利润的使用顺序

企业当年实现的利润总额在缴纳所得税后，其净利润的分配应该按照国家的规定逐项进行，即:

- 弥补以前年度亏损。
- 提取法定盈余公积。
- 提取任意盈余公积。
- 分配优先股股利。
- 分配普通股股利。

注意：企业财务报表中的“未分配利润”明细科目的余额，反映企业累计未分配利润或累计未弥补亏损。由于各种原因，如平衡各会计年度的投资回报水平、以丰补歉、留有余地等，该企业实现的净利润不予全部分配，剩下一部分留待以后年度进行分配。这些净利润一年年地滚存下来，结余在“未分配利润”明细科目上，反映的是历年累计的未分配利润或历年累计的亏损。

除当年实现的净利润有限额外，相对于所有者权益的其他部分来说，企业对于未分配利润的使用有较大的自主权。

7.5.2　未分配利润的核算

在账务处理上，未分配利润是通过“利润分配”科目进行核算的，“利润分配”科目应当分别以“提取法定盈余公积”“提取任意盈余公积”“应付现金股利或利润”“转作股本的股利”“盈余公积补亏”“未分配利润”等科目进行明细核算。

未分配利润与本年利润、实收资本、盈余公积等的结转是对应的，未分配利润流转图，如图 7.1 所示。

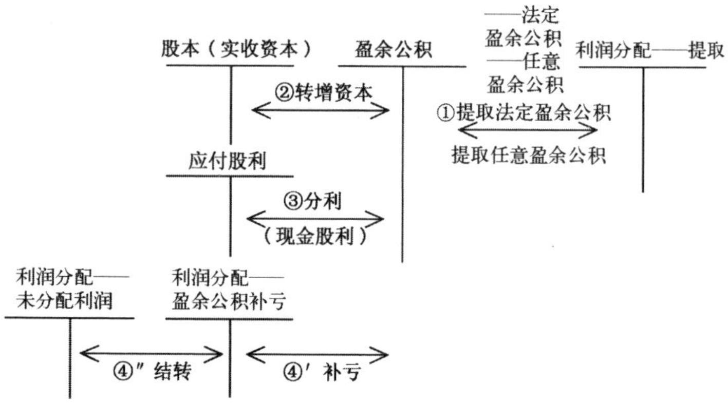

图 7.1 未分配利润流转图

【例 7.5】假如张老板公司 2019 年年末未分配利润为 15055991.2 元，公司管理层决定用未分配利润转增资本 300 万元，则对应的会计分录为：

借：利润分配——未分配利润　　　　3000000
　贷：实收资本　　　　　　　　　　　3000000

7.5.3 未分配利润的报表填列

在资产负债表中，未分配利润应根据“本年利润”和“利润分配”科目的期末余额计算填列，如为未弥补的亏损，在本项目内以“–”号填列。

资产负债表中的未分配利润是一个综合性项目，反映了企业权益经营项目的积累成果，并且这个科目还与利润表有重要的钩稽关系，我们会在后续章节中进行重点介绍。

7.6 资产、负债、所有者权益的变动关系

至此，我们介绍了资产负债表中所有的项目，任何经济业务的发生都不会改变“资产=负债+所有者权益”的平衡关系，它是会计恒等式，也是会计的理论框架基础之一。

注意：在日常的经济业务中，资产、负债、所有者权益这些会计要素之间不断发生着变化，有时会引起两个会计要素之间同增同减或相同数额一增一减，有时会引起一个会计要素内部转化的增减变化，但每一个会计科目的变化都不是单独的，必然成对出现。

我们归纳了九种基本类型，大家可以通过下面的实例来理解。

1．资产和负债相同数额增加，即同增

【例 7.6】 2019 年 2 月 15 日，张老板公司购入手机 1 万部，暂不考虑税金，货款合计 70 万元，货物已入库，货款暂未支付，对应的会计分录为：

借：库存商品　　　　700000
　贷：应付账款　　　　700000

【例 7.7】 2019 年 2 月 20 日，张老板公司从银行贷款 8000 万元，准备购买机器设备，对应的会计分录为：

借：银行存款　　　　80000000
　贷：短期借款　　　　80000000

2．资产和所有者权益相同数额增加，即同增

【例 7.8】 2019 年 4 月 6 日，张老板公司接受王老板公司投资 5000 万元，对应的会计分录为：

借：银行存款　　　　50000000
　贷：实收资本　　　　50000000

【例 7.9】 2019 年 4 月 12 日，李老板公司赠送给张老板公司一台全新的设备，折合货款 70 万元，对应的会计分录为：

借：固定资产　　　　700000
　贷：资本公积　　　　700000

3．资产和负债相同数额减少，即同减

【例 7.10】 2019 年 2 月 24 日，张老板公司用银行存款归还货款 70 万元，对应的会计分录为：

借：应付账款　　　　700000
　贷：银行存款　　　　700000

【例 7.11】 2019 年 5 月 20 日，张老板公司用银行存款归还贷款 8000 万元，对应的会计分录为：

借：短期借款　　　　80000000
　贷：银行存款　　　　80000000

4．资产和所有者权益相同数额减少，即同减

【例 7.12】 2019 年 11 月 10 日，王老板公司撤回投资 3000 万元，张老板公司用银行存款支付，对应的会计分录为：

借：实收资本　　　　30000000
　贷：银行存款　　　　30000000

5．负债增加，所有者权益相同数额减少

【例 7.13】2019 年 12 月 30 日，张老板公司经研究决定，再退回王老板公司投资 2000 万元，款项尚未支付，对应的会计分录为：

借：实收资本　　　　　　　　　　20000000

　贷：其他应付款——王老板公司　　　20000000

6．负债减少，所有者权益相同数额增加

【例 7.14】2019 年 6 月 20 日，银行决定以张老板公司的贷款 2000 万元作为投资，对应的会计分录为：

借：短期借款　　　　　　20000000

　贷：实收资本　　　　　　20000000

7．资产类内部相互转化，相同数额一增一减

【例 7.15】2019 年 7 月 8 日，张老板公司从银行提取现金 3000 元，对应的会计分录为：

借：库存现金　　　　　　3000

　贷：银行存款　　　　　　3000

【例 7.16】2019 年 8 月 18 日，杨经理上交欠款 300 元，对应的会计分录为：

借：库存现金　　　　　　300

　贷：其他应收款　　　　　300

8．负债类内部相互转化，相同数额一增一减

【例 7.17】2019 年 8 月 20 日，经与银行协商，张老板公司将 6 个月的贷款 3000 万元延长为 2 年，对应的会计分录为：

借：短期借款　　　　　　30000000

　贷：长期借款　　　　　　30000000

9．所有者权益类内部相互转化，相同数额一增一减

【例 7.18】2019 年 12 月 31 日，经公司决策层研究决定，张老板公司将盈余公积中的 1000 万元转作资本，对应的会计分录为：

借：盈余公积　　　　　　10000000

　贷：实收资本　　　　　　10000000

我们通过以上实例讲解了这些会计要素之间的关系，表明了它们的重要性。大家要牢记“资产=负债+所有者权益”的会计恒等式，因为复式记账、资产负债表结构、会计分录等都是以这个等式作为基础的。

第8章 资产负债表综合分析

杨经理的工作职责包括对张老板公司的财务情况进行分析和评价，即从公司的财务风险入手，评价公司面临的资金风险、经营风险、市场风险、投资风险等，从而对公司风险进行监测、评价，根据其形成原因及过程，制定相应的、切实可行的长短风险控制策略，降低直至解除风险，使企业健康地发展。

那么，什么是财务分析？涉及资产负债表的财务分析又该如何进行呢？

实际经济业务中，为了对企业期末的财务状况进行评价和考核，财务人员常常需要对资产负债表进行分析，那么到底该如何分析资产负债表呢？本章我们将结合张老板公司的财务报表，对资产负债表进行综合分析。

8.1 资产负债表分析的内容

资产负债表分析，是指基于资产负债表的数据金额大小或结构等而进行的财务分析。资产负债表反映了企业在特定时点的财务状况，是企业的经营管理活动结果的集中体现。通过分析企业的资产负债表，能够了解企业偿还短期债务的能力、企业经营稳健与否和经营风险的大小，以及企业经营管理总体水平的高低等。

我们分析一般事物的方法通常都是从宏观到微观、层层递进、抓住重点直达本质的，财务报表分析也不例外。资产负债表分析的内容一般包括以下三个方面：

（1）资产负债表水平分析，是关于资产、负债、所有者权益总额变动情况的分析，主要可以了解企业的整体经济状况。

（2）资产负债表结构分析，是关于资产、负债、所有者权益内部结构变动情况的分析，主要可以了解企业的经营管理方向和偿还债务能力。

（3）资产负债表项目分析，是关于报表项目变动情况的分析，目的是找出变动原因，进一步为企业经济决策服务。

下面我们就对这三个方面的内容进行详细的介绍。

8.2 资产负债表水平分析

资产负债表水平分析也称为总体分析，是将分析期的资产负债表各项目数值与基期（如上年同期）数据进行比较，计算出变动额、变动率，以及该项目对资产总额、负债总额和所有者权益总额的影响程度。

这种分析方法是假定基期数据是合理、准确的，再结合两个期间的不同经济形势与经营规模，据以判断分析报表期间的数据变动是否正常的一种分析方法。

8.2.1 资产负债表水平分析表的编制

资产负债表水平分析表就是将上述语言描述表格化，分别列示基期数据和报表期间数据，并将两者做差计算出两个期间的变动额及变动率，变动较大的项目要重点分析。我们一般通过资产负债水平分析表来确定分析重点，做到有的放矢，如表 8.1 所示。

表 8.1 资产负债表水平分析表

编制单位：四星通信设备有限公司　　2019年12月31日　　单位：元

项目	基期金额	报表期间金额	变动额	变动率
货币资金	10060800.00	22894100.00	12833300.00	128%
应收账款	11047500.00	22255000.00	11207500.00	101%
其他应收款	3803800.00	12089500.00	8285700.00	218%
总资产合计	118095600.00	191794800.00	73699200.00	62%
负债合计	63694099.00	83194010.00	19499911.00	31%
实收资本	40000000.00	90000000.00	50000000.00	125%
所有者权益合计	54401501.00	108600790.00	54199289.00	100%

8.2.2 资产负债表变动情况的分析评价

（1）分析总资产规模的变动状况及各类、各项资产的变动状况。

从表 8.1 中我们可以看出，截至 2019 年年末，张老板公司总资产规模较上一年度翻了一倍多，原因是：为了确立行业领先地位，张老板公司从 2019 年起加快了扩张的步伐，通过一年的努力，到 2019 年年末实现总资产规模翻番的骄人业绩，各类指标基本按比例平行增长。

（2）分析权益总额的变动状况及各类、各项筹资的变动状况。

从表 8.1 中我们看到，张老板公司所有者权益金额增长较大，主要是因为实收资本增长了 5000 万元。张老板公司为了保证扩张规模需要足够的资金支持，因此从李老板公司融资了 5000 万元。双方洽谈成功后实现了双赢：张老板公司在资金方面如虎添翼，再无后顾之忧；李老板公司看好通信行业却苦于没有经营经验，通过投资方式顺利地进入这个行业。

（3）考察资产规模变动与所有者权益总额变动的适应程度，进而评价企业财务结构的稳定性和安全性。

张老板公司总资产规模较上年翻一番，增加了约 7369 万元，由净利润产生的部分很少，其中约 1949 万元由举债产生，5000 万元由融资产生。由于融资资金无须偿还，因此企业的财务结构基本稳定健康，不存在短期偿债风险。

（4）分析会计政策变动的影响。

会计政策变动的影响是指国家会计准则变动或者企业采用的会计政策变化对财务报表产生的影响，这部分影响不是企业的经营状况导致的。张老板公司 2019 年度财务报表变动没有受到会计政策变动的影响。

8.3　资产负债表结构分析

资产负债表结构分析就是通过计算资产负债表中各项目占总资产或权益总额的比重或各项目之间的比例关系，来分析评价企业资产结构、负债结构和权益结构变动的合理程度。资产负债表结构分析主要包括短期偿债能力分析和长期偿债能力分析两方面。

8.3.1　短期偿债能力的分析

短期偿债能力的分析是对企业流动资产偿付流动负债的能力进行分析，因而不太强调盈利能力的重要性；长期偿债能力的分析主要是为了确定该企业偿还债务本金与支付债务利息的能力，它不仅强调企业盈利能力的重要性，还必须将企业的负债总额与企业的规模、资本金数额结合起来进行比较。

注意：在市场经济条件下，偿债能力的大小在很大程度上反映企业经营的风险程度。对于财务报表的使用者来说，更为关心的是企业的短期偿债能力，因为即使是一个盈利不错的企业，有时也会因资金调度不灵无法偿还短期债务而导致破产。

反映企业短期偿债能力的指标主要有营运资本、流动比率、速动比率、现金比率等。为了方便说明，我们以张老板公司 2019 年度资产负债表为例，如表 8.2 所示，表中涉及的数据均从该公司资产负债表中而来。

表 8.2 张老板公司 2019 年度资产负债表

编制单位：四星通信设备有限公司 2019年12月31日 单位：元

资产	期末余额	期初余额	负债和所有者权益	期末余额	期初余额
流动资产：			**流动负债：**		
货币资金	22894100.00	10060800.00	短期借款	33570000.00	5040000.00
交易性金融资产	466200.00	422400.00	交易性金融负债		
衍生金融资产			衍生金融负债	1867400.00	7251200.00
应收票据			应付票据		
应收账款	22255000.00	11047500.00	应付账款	9553900.00	15813200.00
预付款项	7127300.00	1428200.00	预收款项	812600.00	1003800.00
其他应收款	12089500.00	3803800.00	合同负债		
存货	50184900.00	36015300.00	应付职工薪酬	3141700.00	3877500.00
合同资产			应交税费	2944100.00	2732700.00
持有待售资产			其他应付款	21181709.80	28821699.00
一年内到期的非流动资产			持有待售负债		
其他流动资产	7186400.00	2617000.00	一年内到期的非流动负债		
流动资产合计	122203400.00	65395000.00	其他流动负债		
非流动资产：			流动负债合计	71204009.80	57288899.00
债权投资			**非流动负债：**		
其他债权投资			长期借款	9840000.00	5855200.00
长期应收款			应付债券		
长期股权投资	15860000.00	7860000.00	其中：优先股		
其他权益工具投资			永续债		
其他非流动金融资产			长期应付款	2000000.00	400000.00
投资性房地产			预计负债		
固定资产	45033000.00	39841800.00	递延收益		
在建工程			递延所得税负债		

续表

资产	期末余额	期初余额	负债和所有者权益	期末余额	期初余额
生产性生物资产			其他非流动负债	150000.00	150000.00
油气资产			非流动负债合计	11990000.00	6405200.00
无形资产	1878400.00	1408800.00	负债合计	83194009.80	63694099.00
开发支出			**所有者权益：**		
商誉			实收资本	90000000.00	40000000.00
长期待摊费用	6820000.00	3590000.00	其他权益工具		
递延所得税资产			其中：优先股		
其他非流动资产			永续债		
非流动资产合计	69591400.00	52700600.00	资本公积	2399499.00	1466200.00
			减：库存股		
			其他综合收益		
			盈余公积	1145300.00	818701.00
			未分配利润	15055991.20	12116600.00
			所有者权益合计	108600790.20	54401501.00
资产总计	191794800.00	118095600.00	负债和所有者权益总计	191794800.00	118095600.00

1. 营运资本分析

营运资本是指可供企业经营周转使用的净流动资产，即企业的流动资产超过流动负债的部分。营运资本的计算公式为：

营运资本=流动资产−流动负债

【例 8.1】根据表 8.2 中的数据，张老板公司 2019 年 12 月 31 日资产负债表中“流动资产合计”项目期初余额为 65395000 元，期末余额为 122203400 元；“流动负债合计”项目期初余额为 57288899 元，期末余额为 71204009.8 元。计算该公司的营运资本。

营运资本（2019 年）=122203400−71204009.8=50999390.2（元）

营运资本（2018 年）=65395000−57288899=8106101（元）

营运资本是衡量企业短期偿债能力的重要指标。具有营运资本，表明企业有能力偿还短期负债，否则表明企业无力还债，资金周转困难；但是，这并不意味着营运资本越多越好。

注意：过多地持有营运资本，说明企业利用外来资本扩大经营规模的潜在能力没有充分发挥，没有把握扩大经营、获取更多利润的机会。可见，流动资产与流动负债之间，应当保持适当的比例。

此外，由于流动资产和流动负债的数据都来自账面资料，而账面的流动资产价值往往低于现时价值，特别是短期证券和存货两项更是如此，因而我们更容易低估营运资本，这是我们在运用营运资本指标衡量企业短期偿债能力时应该注意的。

2．流动比率分析

流动比率是流动资产除以流动负债的比值。流动比率的计算公式为：

流动比率=流动资产/流动负债

【例 8.2】根据表 8.2 中的数据，张老板公司 2019 年 12 月 31 日资产负债表中“流动资产合计”和“流动负债合计”两项期初余额分别为 65395000 元和 57288899 元，而期末余额分别为 122203400 元和 71204009.8 元，则流动比率为：

流动比率（2019 年）=122203400/71204009.8 =1.72

流动比率（2018 年）=65395000/57288899 =1.14

注意：一般来说，流动比率为 2 比较合适，但是在分析一个企业的流动比率时，有必要与该企业的历史水平和同行业水平相比，以判断这个企业的流动比率是高还是低。

通过计算我们可以得出，张老板公司 2019 年的流动比率为 1.5～2，属于正常范围，并且 2019 年的流动比率大于 2018 年的流动比率，说明该企业的短期偿债能力有所提高。

在计算流动比率的时候，还应当计算出应收账款周转率指标和存货周转率指标，它们有助于说明流动比率高或低的原因。营业周期也与流动比率有关。一般来说，营业周期越短，流动比率就越低；营业周期越长，流动比率就越高。

与营运资本相比，流动比率更能反映短期偿债能力。这是因为营运资本是绝对数，而流动比率是相对数，不受流动资产与流动负债规模的影响，更适用于企业间的比较，也更适用于不同历史时期的比较。

3．速动比率分析

速动比率也称酸性实验比率，是先从流动资产中扣除存货部分，再除以流动负债的比值。这样做是因为在流动资产中，存货的变现能力最差，而且在变现时极有可能发生损失，将其扣除后，可以使变现能力较好的流动资产与流动负债相比，比较的结果更加令人信服。速动比率的计算公式为：

速动比率=（流动资产−存货）/流动负债

除存货外，还可以从流动资产中扣除其他一些可能与当期变现能力无关或关系不大的项目，如预付款项、代售资产及其他杂项；但由于这些项目往往数额不大，也可以不考虑它们的影响。

【例 8.3】根据表 8.2 中的数据，张老板公司的速动比率计算如下：

速动比率（2019 年）=（流动资产−存货）/流动负债

=（122203400−50184900）/71204009.8

= 1.01

速动比率（2018 年）=（流动资产−存货）/流动负债

=（65395000−36015300）/57288899

= 0.51

注意：一般而言，企业的速动比率不能低于 1，否则说明其偿债能力较弱。相对而言，张老板公司 2018 年的速动比率偏低，2019 年的速动比率正常，但从整体上来说，都不算高，由于扩大规模的需要，存货占用了比较多的资金。不过，这个标准不是绝对的。速动比率多高为好，还必须视企业的性质和其他因素综合评价而定。比如：零售店大量采用现金销售，应收账款较少，因此允许保持低于 1 的速动比率；一些应收账款较多的企业，则应保持较高的速动比率。

在分析企业的速动比率时，应同时考虑应收账款周转指标，以便说明速动比率的变化情况。

4. 现金比率分析

现金比率是现金与短期证券之和除以流动负债的比值。这是一项对短期变现能力要求较高的指标，适用于那些应收账款和存货的变现都存在问题，并将预付款项等项目排除于流动资产之外的企业。现金比率的计算公式为：

现金比率=（货币资金+交易性金融资产+一年内到期的非流动资产）/流动负债

【例 8.4】根据表 8.2 中的数据，张老板公司的现金比率计算如下：

现金比率（2019 年）=（22894100+466200+0）/71204009.8=0.33

现金比率（2018 年）=（10060800+422400+0）/57288899=0.18

从债权人的角度来看，将现金类资产与流动负债进行对比计算现金比率具有十分重要的意义。它比流动比率、速动比率更真实、更准确地反映企业的短期偿债能力。特别是在债权人发现企业的应收账款和存货的变现能力存在问题的情况下，该比率更具有实际意义。

显然，张老板公司 2019 年的现金比率比 2018 年有较小幅度的上升，相应地，企业短期偿债能力有所提高；但是也不能把现金比率看得过重，因为在大多数情况下，作为债权人不可能要求企业保持足够还债的现金类资产，企业也不会同意这样做，因为它会降低企业的获利能力。现金比率最大的作用在于反映企业在最坏情况下的偿债能力，在正常情况下，它只是债权人从稳健原则出发考察企业偿债能力的一项指标。

8.3.2 长期偿债能力的分析

长期偿债能力的分析是指对企业偿还债务本金和支付债务利息的能力进行分析。进行长期偿债能力的分析应该注意两个方面：一方面要与企业的盈利能力分析结合起来，因为从长远来看，利润是企业货币资金的基本来源，货币资金的变动最终取决于企业利润的形成；另一方面要将企业的负债总额与企业的规模、资本金数额结合起来，因为在企业资金总额中，如果负债比例大，意味着企业的大部分经营风险由债权人负担，负债比例越大，企业无力偿还债务本息的可能性就越大。

分析长期偿债能力有两种方法，一种是通过资产负债表分析，另一种是通过利润表分析。这里我们讲述通过资产负债表分析企业长期偿债能力，主要指标有资产负债率、产权比率等。

1. 资产负债率分析

资产负债率也称负债比率，是指企业的负债总额占资产总额的比率，用于衡量企业利用债权人提供资金进行经营活动的能力和债权人提供资金的安全程度。资产负债率的计算公式为:

资产负债率=（负债总额/资产总额）×100%

资产负债率是反映企业长期偿债能力的重要指标。它可以反映企业在总资产中通过举债而筹集资产的比例，也可以衡量企业在清算时保护债权人利益的程度。

❑ 长期稳定的流动负债约等于长期负债。

就企业的流动负债而言，单项的短期债务基本上是与长期性资金来源无关的，但流动负债作为一个整体总是被企业长期地支配和占用着，因此，我们可以把短期债务作为长期性资金来源的一部分。比如，某个应付账款明细账户可能是短期性的，但企业总是长期地保持着一个相对稳定的应付账款总额，这个相对稳定的应付账款总额就可以成为长期性资金来源的一部分。

❑ 长期负债需要用企业的全部资产作为保证。

就企业的偿债责任来看，流动资产用于偿还短期债务一般不会发生破产危机，而用于偿还长期负债要以企业的全部资产作为保证，一旦企业因经营不善而难以为继，债权人可以依法要求企业申请破产还债，这时企业用于还债的不仅有流动资产，还有长期资产，因此，在考核企业长期偿债能力时应该用负债总额与资产总额相比较。

资产负债率也是评价企业财务结构是否合理的一项重要指标。通过资产负债率，可以了解企业负债在全部资产中所占的比重，从而判断企业在财务上的支撑能力。一般来说，资产负债率小于 100%较为理想；从长期偿债能力的角度看，资产负债率越低越好。

【例 8.5】 根据表 8.2 中的数据，张老板公司的资产负债率计算如下：

资产负债率（2019 年）=（83194009.8/191794800）×100%=43%

资产负债率（2018 年）=（63694099/118095600）×100%=53%

从计算结果可以看出，张老板公司 2019 年、2018 年的负债约占全部资产的一半，其负债比例基本持平，说明企业的债务政策比较稳定，企业有序发展。

资产负债率的最大特点是可以揭示企业的负债规模是否合理。在社会主义市场经济下，企业进行负债经营是必要的，它从一个侧面反映了企业管理层的进取心，说明了企业运用债权人资金进行经营活动的能力，但负债比例不能过大，负债比例越大，企业的财务风险就越大，企业的财务状况就越不稳定。企业发展过于莽撞贪心，必被反噬；相反，如果企业根本不对外举债，或者举债经营比例很小，则说明企业畏缩不前，对前途信心不足，缺乏活力。

注意：一般而言，在经济处于衰退时期，资产负债率低的企业遭受损失的风险较小，但获得的预期利润也较少；相反，在经济繁荣时期，资产负债率高的企业承受着较大的财务风险，但赚取利润的机会也较多。可见，风险与机遇同在，企业在利用资产负债率制定借入资金决策时，必须充分估计预期利润和增加的风险，在二者之间权衡利害得失，尽量降低企业的财务风险程度。

在进行资产负债率指标分析时，还应该与行业平均指标结合起来进行对比，以便进一步揭示资产负债率指标的高低。

2. 产权比率

产权比率也是衡量长期偿债能力的指标。这个指标是负债总额与所有者权益总额之比，表明由债权人提供的资本与股东提供的资本的相对关系、企业基本财务结构的强弱，以及债权人投入的资本受到股东权益保障的程度，或者说企业在清偿债务时对债权人利益的保护程度。从企业长期偿债能力的角度来讲，产权比率越低越好。产权比率的计算公式为:

产权比率=负债总额/所有者权益×100%

【例 8.6】 根据表 8.2 中的数据，张老板公司的产权比率计算如下:

产权比率（2019 年）=83194009.8/108600790.2×100%=76%

产权比率（2018 年）=63694099/54401501×100%=117%

从计算结果可以看出，张老板公司 2019 年的产权比率比 2018 年略有下降，说明该公司 2019 年所有者权益负担的负债比 2018 年要少，长期偿债能力有所提高。

资产负债率指标与产权比率指标相比，其公式里的分子为同一数字，只不过比较的对象（分母）不同，两个指标可以相互补充使用。

8.3.3 营运能力的分析

对企业营运能力分析的目的在于揭示企业经营水平和管理水平的高低，主要通过流动资产的周转状况来体现。这是因为，企业的资金运动从货币资产开始，经购进过程，货币资产转化为存货；经销售过程，存货又转化为应收账款；应收账款再转化为货币资产，这样周而复始，循环往复。可见，流动资产周转速度的快慢，体现着企业经营管理水平的高低，加快企业资产的周转速度不但可以节约资产的投入，而且可以大大增强企业的获利能力。正所谓，“资金千千万，不如勤周转”。

企业营运能力的分析应结合存货的销售状况来进行，我们在此只做简单介绍，详细内容等到学习完利润表之后再一起介绍。

8.4 资产负债表项目分析

8.2 和 8.3 节我们从宏观角度分析了资产负债表，那么资产负债表的各要素又有什么样的变化和特点呢？哪些是积极的因素，哪些是需要避免的情况呢？下面我们就来逐项进行分析。

8.4.1 货币资金

1. 分析货币资金发生变动的原因

影响货币资金变动的原因一般包括销售规模变动、信用政策变动、为大笔现金支出做准备、资金调度、所筹资金尚未使用等。

2. 分析货币资金规模及变动情况与货币资金比重及变动情况是否合理

一般应结合以下因素分析：货币资金的目标持有量、资产规模与业务量、企业融资能力、该公司运用货币资金的能力、行业特点等。

【例 8.7】通过观察张老板公司的资产负债表我们发现，该公司货币资金持有量较大。2019 年 12 月 31 日，该公司的货币资金为 2289.41 万元，总资产为 19179.48 万元，货币资金约占资产总额的 12%，表明企业的货币资金持有规模偏大。过大的货币资金持有量会浪费企业的投资机会，增加企业的筹资资本、企业持有现金的机会成本和管理成本。

8.4.2　应收款项

应收款项包含应收账款、应收票据和其他应收款，对于这部分款项，需要分析以下要点。

1．应收款项原值变动原因

- ❑ 分析企业应收款项的规模及变动情况。
- ❑ 分析企业会计政策变更和会计估计变更的影响。
- ❑ 分析企业是否利用应收账款进行利润调节。
- ❑ 关注企业是否有应收账款巨额冲销行为。
- ❑ 关注企业是否存在违规拆借资金的现象。

2．坏账准备的分析

- ❑ 分析企业坏账准备的提取方法、提取比例是否合理。
- ❑ 比较企业前后会计期间坏账准备提取方法、提取比例是否改变。
- ❑ 区别企业坏账准备提取数变动的原因。

3．应收账款比例较高

【例 8.8】根据表 8.2 中的数据，张老板公司 2019 年 12 月 31 日的应收账款为 2225.5 万元，其他应收款为 1208.95 万元，即应收款项为 3434.45 万元，资产总额为 19179.48 万元，应收款项占资产总额的比例约为 17.91%，比例较高；应付账款为 955.39 万元，其他应付款为 2118.17 万元，即应付款项为 3073.56 万元。由此我们可以看出，应收账款高于应付账款数倍，全部的应收款项也高于全部的应付款项，表明其对外融资（短期借款）获得的资金完全被外部占用，这说明企业对应收账款的管理出现了问题，企业的信用政策可能过于宽松，即赊销过多或者到期债权没有及时收回。

8.4.3　存货

1．存货规模与变动情况分析

存货的规模通常与企业近期的发展政策紧密相关，企业处于经营扩张阶段，就会充分备货，大力促销；企业处于稳定或者收缩阶段，就会精细化管理，控制存货规模。

2．存货结构与变动情况分析

企业经常会根据对市场的预期调整存货结构，如 2011 年春天“H7N9”来袭，羽绒服企业预感到原材料价格会逐渐上涨，有可能囤积大量羽绒材料，这样存货中的原材料、半成品、产品结构就会发生很大的变化。

3. 分析企业对存货计价方法的选择与变更是否合理

4. 分析存货的盘存制度对确认存货数量和价值的影响

存货盘存制度分为永续盘存制和实地盘存制。永续盘存制严格记录存货的入库、出库和结存，期末盘点存货时如有差异，应调整存货数量；实地盘存制只记录存货的入库，期末通过实地盘点确定结存数量，并倒挤出存货发出数量及金额，完成账簿记录，使账实相符。

企业在不同期间改变存货盘存制度，会对存货的价值产生较大的影响。

5. 存货比率较大

【例 8.9】根据表 8.2 中的数据，张老板公司 2019 年 12 月 31 日的存货净值为 5018.49 万元，占流动资产的比例约为 41%，占资产总计的比例约为 26%，存货项目在资产中所占比重较大。

注意：过多的存货会带来一系列不利的影响。首先，一次性大量采购存货商品不仅会增加企业保管、整理费用，还会增加存货损耗、丢失、被盗的风险；其次，大量存货会占用过多的资金，造成企业资金周转困难，增加利息，降低资金使用效率；再次，在市场经济环境下，新材料、新产品层出不穷，更新换代非常迅速，拥有大量存货不利于应对复杂多变的市场。

8.4.4 固定资产

1. 固定资产规模与变动情况分析

固定资产是短期不能变现的资产，企业应当进一步控制该项资产的支出与形成的规模。如果固定资产规模发生较大的变动，应该分析该变动是否与经营规模的变动成正比。

2. 固定资产结构与变动情况分析

分析生产用固定资产与非生产用固定资产之间的比例的变化情况，考察未使用和不使用固定资产比率的变化情况，查明企业在处置闲置固定资产方面的工作是否具有效率，结合企业的生产技术特点，分析生产用固定资产内部结构是否合理。

3. 固定资产折旧分析

固定资产折旧分析包括分析企业固定资产折旧方法的合理性，观察固定资产折旧政策是否前后一致，分析企业固定资产预计使用年限和预计净残值确定的合理性。

4．固定资产减值准备分析

固定资产减值准备分析包括分析固定资产减值准备变动对固定资产的影响，固定资产可收回金额的确定方法，固定资产发生减值对生产经营的影响。

固定资产减值准备分析是对实物形态资产进行的分析。资产负债表所列的各项固定资产数字，仅表示在持续经营的条件下，各项固定资产尚未折旧、折耗的金额并预期于未来各期间陆续收回，因此，折旧、损耗是否合理将直接影响资产负债表、利润表和其他各种报表的准确性。显然，少计提折旧就会增加当期利润，多计提折旧就会减少当期利润，有些公司常常在此埋下伏笔。

5．固定资产比率较低

【例 8.10】根据表 8.2 中的数据，张老板公司 2019 年 12 月 31 日的固定资产合计为 4503.3 万元，占资产总计的比例约为 23%。企业的固定资产比重与行业特征有关，我们一般认为，工业企业固定资产比重为 40%、商业企业固定资产比重为 30%较为适宜。张老板公司的固定资产比重过低，其固定资产结构如表 8.3 所示。

表 8.3　张老板公司的固定资产结构

单位：元

项目	金额	比例
固定资产原值	57833000.00	100%
减：累计折旧	12800000.00	22%
固定资产净值	45033000.00	78%
减：固定资产减值准备		
固定资产净额	45033000.00	78%

进一步分析张老板公司的固定资产结构，我们可以得到以下两个结论：

第一，公司固定资产折旧程度较低。公司固定资产折旧总计为 1280 万元，占固定资产原值的比例约为 22%，折旧金额较低，这说明公司固定资产老化率并不严重。

第二，公司固定资产减值为 0。这说明公司现有固定资产的公允价值或现值较高，固定资产不存在更新换代的压力。

8.4.5　短期借款

短期借款因为要在一年之内偿还，具有较高的财务风险，应时刻关注其变动的规模及原因，控制短期借款的规模。

短期借款的变动原因一般包括：

- 流动资金需要。
- 节约利息支出。
- 调整负债结构和财务风险。
- 增加企业资金弹性。

下面我们来进行实例分析。

【例 8.11】根据表 8.2 中的数据，张老板公司 2019 年 12 月 31 日的短期借款为 3357 万元，2018 年同期短期借款为 504 万元，同比增长 2853 万元，短期借款的增加是为了满足流动资金的需要，同时因为公司整体财务状况较好，没有短期偿债风险，所以为了节约利息支出，主要增加了短期借款的融资方式，较少考虑长期借款。

8.4.6 应付款项

应付款项包含应付账款、应付票据和其他应付款，面对应付款项的变动，我们需要分析这些变动形成的原因：销售规模的变动、充分利用无成本资金、供应商商业信用政策的变动、企业资金的充裕程度等。

【例 8.12】根据表 8.2 中的数据，张老板公司 2019 年 12 月 31 日的应付账款为 955.39 万元，其他应付款为 2118.17 万元，即 2019 年的应付款项为 3073.56 万元；2018 年同期应付账款为 1581.32 万元，其他应付款为 2882.17 万元，即 2018 年的应付款项为 4463.49 万元，下降了 1389.93 万元。由此我们可以看出，随着张老板公司的扩张，各项资产占用资金比例均有上升，而应付款项却呈下降趋势，表明该公司没有充分利用供应商的信用政策，或者说该公司面对供应商缺少更多的话语权。

8.4.7 应交税费

缴纳税款是每个公民、单位及法人主体应该承担的义务和责任，如果应交税费发生变动，需要分析其主要原因：

（1）有无拖欠税款现象。

（2）对企业支付能力的影响。

【例 8.13】根据表 8.2 中的数据，张老板公司 2019 年 12 月 31 日的应交税费为 294.41 万元，2018 年同期应交税费为 273.27 万元，近两年间应交税费基本没有发生变动。

8.4.8 长期借款

影响长期借款变动的因素有:

（1）银行信贷政策及资金市场的供求情况。

（2）企业长期资金需要。

（3）保持权益结构稳定性。

（4）调整负债结构和财务风险。

【例 8.14】 根据表 8.2 中的数据，张老板公司 2019 年 12 月 31 日的长期借款为 984 万元，2018 年同期长期借款为 585.2 万元，增长了近 400 万元，增长比例较高，但是相较于短期借款而言，变动额并不算大，结合该公司整体财务状况来看，基本不存在偿债风险。

8.4.9 股东权益分析

股东权益分析包括股本、资本公积、盈余公积和未分配利润等方面。分析股东权益，主要是了解股东权益中投入资本的不同形态及股权结构，了解股东权益中各要素的优先清偿顺序等。

【例 8.15】 根据表 8.2 中的数据，张老板公司 2019 年年末的实收资本较上一年度增加了 5000 万元，这种股权融资没有偿债风险，可以无限期使用。

8.4.10 管理建议

1. 降低货币资金比例

货币资金拥有量过多会降低企业资金利用效率，增加企业成本，因此，张老板公司应当在 2020 年注意根据自身需求，确定一个最佳货币资金持有量，以合理调度货币资金余缺，避免货币资金持有量的不适当给企业造成不良后果。

2. 加强应收账款管理，减少坏账损失

企业应收账款管理不力，在造成应收款项过高的同时，还会使坏账损失大量增加，降低应收账款的质量。从 8.4.2 节的分析中我们可以看出，张老板公司对应收账款的管理出现了问题。

注意：张老板公司在 2020 年应该加强对应收账款的管理。加强对应收账款的管理首先要建立科学的信用政策，树立公司的赊销门槛。也就是说，要通过对客户进行信用评估，将客户分为不同的信用等级，相应的等级给予不同的信用额度。其

次，张老板公司应当做好应收账款的日常监控工作。通过对各项债权进行账龄分析，为企业制定或调整信用政策、组织催账工作、估计坏账损失提供依据。

3．加强存货管理，降低流动资产比例

流动资产过多会占用大量资金，降低企业资金利用效率，因此，张老板公司在2020 年应该尽量减少流动资产的比重。从前面的分析中我们可以看出，该公司流动资产中有很大一部分是存货项目，占到了流动资产的41%，过多的存货增大了流动资产的比重。

存货是企业收益形成的直接基础或直接来源，保持适量的存货是企业维持生产经营活动必需的条件；但是存货过多将会占用大量资金，产生大量储存、管理费用，因此，公司应该尽可能地采用各种管理手段来降低存货规模，减少资金占用和仓储费用，降低市场变化可能带来的风险。

4．提高负债比率，合理运用财务杠杆利益

与权益资本相比，债务资本成本较低，又可以给企业带来财务杠杆利益，因此，虽然债务资本具有一定风险，但是张老板公司还是应该适度拥有债务资本，以降低总的资本成本，获得财务杠杆利益。该公司在 2020 年应该适度增加债务资本，提高负债比率，从而获得较低的资本成本，充分利用财务杠杆利益。

8.5 资产负债表内容回顾

本章主要从方法上为大家讲解了如何看懂资产负债表。事实上，看懂资产负债表并不是一件容易的事情，首先要了解资金是如何出入公司的。公司的每笔交易要么是现金流入，要么是现金流出。大多数现金流入来源于销售，有些来自贷款；多数现金流出来自费用，如公司购买原材料、付工资、付贷款利息等。总之，公司拥有的每一样东西都可以列为资产，如家具、库存、设备、建筑物、银行的现金和公司的小额现金等。资产有一个共性，就是能够产生现金，如果资产不能产生现金，就不属于资产，不能记入资产项目。

资产也包括应收账款，即以信用方式购货的客户欠公司的货款。负债是公司欠别的公司或个人的款项，必须在某个固定日期前，以某种理由进行偿还。大多数负债是公司欠供货商和金融机构的，而应交税费是公司欠政府的。

简单地说，股东拥有资产并欠债，从所拥有的资产当中扣除所欠的款项，就是所有者在公司的实际权益，也就是公司的实际价值。

本章我们已经介绍了一些财务指标，还有一些财务指标须结合利润表及现金流

量表进行分析，我们在后面章节会逐项进行介绍。财务指标说明，如表 8.4 所示。

表 8.4 财务指标说明

财务指标	指标描述	计算公式
流动性财务指标		
流动比率	衡量公司支付其短期债务的能力	流动资产/流动负债
速动比率	衡量公司支付其短期债务的能力	（流动资产–存货净额）/流动负债
经营现金流比率	衡量公司支付其流动负债的能力	经营活动产生的现金流量净额/流动负债
资产管理财务指标		
存货周转率	衡量公司存货的管理水平和流动性	营业成本 / ［（期初存货净额+期末存货净额）/ 2］
应收账款周转率	衡量公司从获得应收账款的权利到收回款项、变成现金所需要的时间	营业收入 / ［（期初应收账款净额+期末应收账款净额）/ 2］
总资产周转率	衡量使用总资产生成销售的效率	营业收入 / ［（期初资产总额+期末资产总额）/ 2］
偿债能力财务指标		
资产负债率	衡量企业总资产中有多少是通过负债筹集的，是评价企业偿债能力和经营风险的重要指标	负债总额/资产总额×100%
已获利息倍数	衡量公司支付利息的能力	息税前利润/利息费用
盈利能力财务指标		
毛利率	衡量每一元销售收入中毛利所占的百分比	（营业收入–营业成本） / 营业收入×100%
净利率	衡量每一元销售收入中净利所占的百分比	净利润/营业收入×100%
总资产报酬率	衡量公司总体资产生成利润的有效性	息税前利润 / ［（期初资产总额+期末资产总额）/2］ ×100%
净资产收益率	衡量投资者投入企业的自有资本获取净收益的能力	（净利润/平均净资产）×100%
投入资本回报率	衡量所有者在公司投资的回报率	归属于母公司股东的净利润 / ［（期初全部投入资本+期末全部投入资本）/2］ ×100%
营业收入现金含量比	衡量销售商品或提供劳务创造现金流的能力	经营活动产生的现金流量净额 / 营业收入×100%
成长能力财务指标		
营业收入增长率	衡量营业收入的增减变动情况	（本期营业收入/上期同期营业收入–1）×100%
净资产收益率增长率	衡量净资产收益率的增减变动情况	（本期摊薄净资产收益率/上年同期摊薄净资产收益率–1）×100%

第9章 利润表

年终岁末，公司大盘点，张老板想知道一年辛苦下来，公司到底赚了多少钱，都有哪些项目获利，耗费的成本是多少，分别耗费在哪些项目上……其中，房屋租赁费、人员开支分别为多少，与去年对比变动额是怎么样的，下一年的经营计划该如何制订和执行等。

张老板公司到底赚了多少钱，利润表说了算。下面我们就来看看张老板公司的利润表。

9.1 什么是利润表

年底了，张老板把一班经理集结起来召开年度总结会，想知道公司这一年到底赚了多少钱。销售部经理介绍了公司这一年一共签了多少订单，收到多少货款；物流部经理介绍了本年度一共发货多少批，每批多少部手机；采购部经理介绍了公司全年采购了多少物资产品及设备……最后，杨经理站起来先给大家讲述了两个概念——权责发生制和利润表。

1. 权责发生制

在会计主体的经济活动中，经济业务的发生和货币的收支不是完全一致的，即存在着现金流动与经济活动分离的情况。由此产生了两个确认和记录会计要素的标准：一个标准是根据货币收支与否作为收入和费用确认的依据，称为收付实现制；另一个标准是以取得收款权利、付款责任作为记录收入或费用的依据，称为权责发生制。

权责发生制是最重要的一种记账基础，建立在该基础之上的会计模式可以正确地将收入与费用配合、正确地计算损益，因此，张老板公司的销售部经理当年签订的合同不一定都能确认为本年度的收入，采购部经理当年采购的物资也不一定都被确认为本年度的成本费用。

2. 利润表

利润表是基于权责发生制的重要理论编制的、反映企业一定会计期间（月度、季度、半年度或年度）生产经营成果财务报表。例如，年度利润表就是反映 1 月 1 日至 12 月 31 日经营成果的报表。

企业一定会计期间的经营成果既可能表现为盈利，也可能表现为亏损，因此，利润表也被称为损益表。它全面揭示了企业在某一特定时期实现的各种收入，发生的各种费用、成本或支出，以及企业实现的利润或发生的亏损情况。

利润表是根据“收入-费用=利润”的基本关系来编制的，其具体内容取决于收入、费用、利润等会计要素及其内容。利润表项目是收入、费用和利润要素内容的具体体现。从反映企业经营资金运动的角度看，它是一种反映企业经营资金动态表现的报表，主要提供有关企业经营成果方面的信息，属于动态报表，而资产负债表是典型的静态报表。

9.2　利润表的作用

编制利润表的主要目的是将企业经营成果的信息提供给各种财务报表使用者。这些信息作为依据或参考数据，协助财务报表使用者进行各项有效决策。具体来说，利润表的主要作用有以下几点。

1. 可据以解释、评价和预测企业的经营成果和获利能力

经营成果通常指以营业收入、其他收入抵扣成本、费用、税金等的差额所表示的收益信息。经营成果是一个绝对值指标，可以反映企业财富增长的规模。获利能力是一个相对值指标，是指企业运用一定经济资源（人力、物力）获取经营成果的能力。

注意：张老板公司利润表的使用者很多，当一些股东（如李老板公司）对张老板公司有投资意向时，需要解释、评价和预测该公司的获利能力，在做出是否投资或追加投资、投向何处、投资多少等决策时，李老板公司可以以利润表所提供的经营成果信息和获利信息作为依据。

2. 可据以解释、评价和预测企业的偿债能力

偿债能力是指企业以资产清偿债务的能力。利润表本身并不提供偿债能力的信

息，但企业的偿债能力不仅取决于资产的流动性和资本结构，也取决于获利能力。企业在个别年份获利能力不足，不一定影响其偿债能力；但如果一家企业长期丧失获利能力，则其资产的流动性必然由好转坏，资本结构也将逐渐由优变劣，陷入资不抵债的困境。

注意：张老板公司的债权人通过分析和比较利润表的有关信息，可以间接地解释、评价和预测企业的偿债能力，尤其是长期偿债能力，并揭示偿债能力的变化趋势，进而做出各种信贷决策和改进企业管理工作的决策，如维持、扩大或收缩现有信贷规模，提出信贷条件等；管理部门可据以找出偿债能力不强的原因，努力提高企业的偿债能力，改善企业的公众形象。

3. 企业管理人员可据以做出经营决策

张老板和其他管理人员可以通过比较和分析利润表中的各项构成要素，知悉各项收入、成本、费用与收益之间的消长趋势，发现各方面工作存在的问题，找出差距，改善经营管理，努力增收节支，杜绝损失的发生，做出合理的经营决策。

4. 可据以评价和考核管理人员的绩效

张老板公司有很多优秀的中高层管理人员，他们承担着把握企业发展方向、制定营销规划的重大责任，这些人的绩效直接影响着公司业绩的好坏；反过来说，公司业绩的好坏也是检验他们绩效的一个标准。

张老板公司通过比较前后期利润表上各项收入、费用、成本及收益的增减变动情况，并考查其增减变动的原因，可以较为客观地评价各职能部门、生产经营单位的绩效，以及这些部门和人员的绩效与整个企业经营成果的关系，以便评判各部门管理人员的功过得失，及时做出采购、生产销售、筹资和人事等方面的调整，使公司各项活动趋于合理。

9.3 利润表标准表样

利润表一般有表首、正表两部分。表首说明报表名称、编制单位、编制日期、报表编号、货币名称、计量单位等；正表是利润表的主体，反映形成经营成果的各个项目和计算过程。我们也可以将利润表称为损益计算表。利润表的标准表样，如表 9.1 所示。

表 9.1　利润表的标准表样

编制单位：　　　　　　　　　　　　年度　　　　　　　　　　　　单位：元

项目	本期金额	上期金额
一、营业收入		
减：营业成本		
税金及附加		
销售费用		
管理费用		
研发费用		
财务费用		
其中：利息费用		
利息收入		
资产减值损失		
信用减值损失		
加：其他收益		
投资收益（损失以“–”号填列）		
其中：对联营企业和合营企业的投资收益		
净敞口套期收益（损失以“–”号填列）		
公允价值变动收益（损失以“–”号填列）		
资产处置收益（损失以“–”号填列）		
二、营业利润（亏损以“–”号填列）		
加：营业外收入		
减：营业外支出		
三、利润总额（亏损总额以“–”号填列）		
减：所得税费用		
四、净利润（净亏损以“–”号填列）		
（一）持续经营净利润（净亏损以“–”号填列）		
（二）终止经营净利润（净亏损以“–”号填列）		
五、其他综合收益的税后净额		
六、综合收益总额		

注意：在利润表中，企业通常按各项收入、费用及构成利润的各个项目分类分项列示。也就是说，收入按其重要性进行列示，主要包括营业收入（主营业务收入、其他业务收入）、投资收益、其他收益、营业外收入等；费用按其性质进行列示，主要包括营业成本（主营业务成本、其他业务成本）、税金及附加、销售费用、管理费用、财务费用、营业外支出、所得税等；利润按营业利润、利润总额和净利润等利润的构成分类分项列示。

整个报表的排列按照损益类项目与企业相关收入费用的紧密关系，按照利润形成的逻辑逐项排列。从表 9.1 中我们可以看出，利润表主要反映以下三方面的内容：

（1）构成营业利润的各项要素

从利润表中我们可以看出，营业利润是营业收入减去营业成本和相关费用，加上其他收益、投资收益等收入计算出来的。营业收入包括主营业务收入和其他业务收入；营业成本包括主营业务成本和其他业务成本，需要扣减的费用类项目我们可以从表中看出来，其中研发费用指的是列示在管理费用中的没有形成无形资产的，即费用化部分的研发支出费用；其他收益是指计入其他收益的政府补助等；资产处置损益指计入资产处置损益的企业出售划分为持有待售的非流动资产（金融工具、长期股权投资和投资性房地产除外）或处置组（子公司和业务除外）时确认的处置利得或损失，以及处置未划分为持有待售的固定资产、在建工程、生产性生物资产及无形资产而产生的处置利得或损失。

（2）构成利润总额的各项要素

利润总额是在营业利润的基础上，加营业外收入、减营业外支出后得出的。

（3）构成净利润的各项要素

净利润是在利润总额的基础上，减去本期计入损益的所得税费用后得出的。

对于利润表的详细介绍，我们会按照利润表的顺序进行，个别项目会有所调整。我们将首先介绍收入成本类项目，再介绍费用类项目及其他项目。

9.4 张老板公司的三把“斧头”

张老板公司的收入来源分为三类：第一类是营业执照中规定的主营业务，即手机通信产品的销售；第二类是次要业务，即房屋租赁业务；第三类是与企业生产经营没有直接关系、不可预期的业务，它也会形成公司的收益或损失。

这三类收入构成了张老板公司开拓疆土的三把“斧头”，对应相应的成本支出，让我们分别来认识一下它们。

9.4.1 第一把“斧头”——主营业务收支

1. 主营业务收入

不同行业企业的主营业务收入所包括的内容不同。比如：工业企业的主营业务收入主要包括销售商品、自制半成品、提供工业性劳务等实现的收入；商业企业的主营业务收入主要包括销售商品实现的收入；咨询公司的主营业务收入主要包括提供咨询服务实现的收入；安装公司的主营业务收入主要包括提供安装服务实现的收入。

张老板公司属于商业企业，以手机及其配件等通信产品的经销为主营业务，因此，这部分销售收入就是该公司的主营业务收入。

2．主营业务成本

主营业务成本是指公司生产和销售与主营业务有关的产品或服务所必须投入的直接成本，主要包括原材料、人工成本（工资）和固定资产折旧等。

对于张老板公司而言，主营业务成本就是手机及其配件的采购成本。主营业务成本是与主营业务收入相伴而生的，只有在确认主营业务收入时才会结转主营业务成本。

3．税金及附加

税金及附加反映企业经营活动应负担的相关税费，如消费税、城市维护建设税、资源税、土地增值税、教育费附加、印花税、房产税、车船税等。本部分项目按照税法的规定计提缴纳。

9.4.2 第二把“斧头”——其他业务收支

1．其他业务收入

不同行业企业的其他业务收入所包括的内容不同。比如，工业企业的其他业务收入主要包括对外销售材料，对外出租包装物、商品或固定资产，对外转让无形资产使用权，提供非工业性劳务等实现的收入，一般是指企业除计入主营业务收入以外的其他经营收入。

对于张老板公司而言，手机产品的销售是其主营业务，其他相关服务，如售后维修、软件升级等属于主营业务以外的业务，记入“其他业务收入”科目核算。

2．其他业务成本

其他业务成本是指除主营业务以外的其他销售或其他业务所发生的支出，是指企业取得其他业务收入相应发生的成本，是其他业务收入的对称。它包括其他业务的销售成本，提供劳务所发生的相关成本、费用、税金及附加等。

9.4.3 第三把“斧头”——营业外收支

1. 营业外收入

营业外收入是指与企业生产经营活动没有直接关系的各种收入。营业外收入并不是由企业经营资金耗费所产生的，无须企业付出代价。它实际上是一种纯收入，不可能也不需要与有关费用进行配比，因此，在会计核算上，应当严格区分营业外收入与营业收入的界限。

例如，张老板公司到法院起诉某一客户违约，胜诉后取得 200 万元赔偿款，这项收入就属于营业外收入。

2. 营业外支出

营业外支出是指不属于企业生产经营费用，与企业生产经营活动没有直接的关系，但应从企业实现的利润总额中扣除的支出，包括固定资产盘亏、正常报废和毁损的净损失（固定资产正常出售的净损失计入资产处置损益），非季节性和非修理性期间的停工损失，非常损失，公益救济性的捐赠，赔偿金，违约金等。

营业外支出的例子有很多。例如：张老板公司败诉，须支付对方赔偿款；运输途中货物受到损失；向地震灾区捐款……这些非生产经营费用都应计入营业外支出核算。

9.5 张老板公司的主营业务利润

主营业务利润，顾名思义，是主营业务收入减去主营业务成本和税金及附加得来的。

9.5.1 主营业务利润的作用

由于主营业务利润还未减去销售费用、管理费用、财务费用等期间费用，尚不能完整地反映公司主营业务的盈利状况，只是受主营业务成本和税金、销售单价、销量变动的影响。不过在大多数情况下，主营业务利润都是营业利润的主要构成部分。

注意：通常情况下，企业的主营业务利润应是其利润总额最主要的组成部分，其比重应当是最高的，其他业务利润、投资收益和营业外收支相对来讲比重不应很高。如果出现不符合常规的情况，则应多加分析和研究。

9.5.2　主营业务利润率的作用

对于把握公司盈利能力更有用的指标是主营业务利润率。主营业务利润率是主营业务利润与主营业务收入的百分比，其作用有以下两点。

（1）通过对公司主营业务利润率的纵向对比，可以看出公司盈利的变动趋势，如图 9.1 所示。

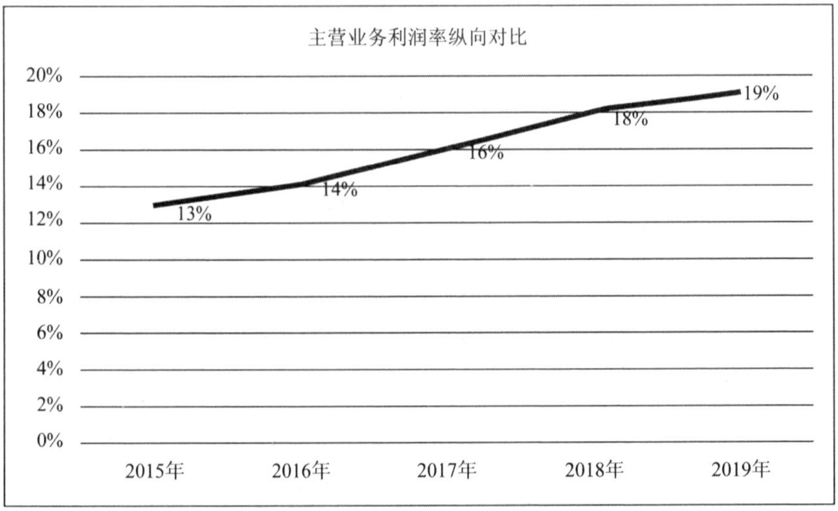

图 9.1　主营业务利润率纵向对比图

例如，张老板公司最近 5 年的主营业务利润率分别为 13%、14%、16%、18%、19%，这是因为从 21 世纪初开始，通信终端行业经过十几年的蓬勃发展，已经走向了巅峰，我国民众几乎人手一机，手机市场基本饱和。从 2010 年开始，苹果手机经过几代锤炼逐渐风靡世界，在我国几乎发展到街机的程度。随着苹果手机的革命性胜利，智能手机走入了人们的视线，通信终端行业迎来了新的春天。智能手机的单价更高、更新换代更频繁，张老板公司的主营业务利润率跟着它的普及而逐年上升。

（2）通过与同行业其他企业主营业务利润率的横向对比，可以看出公司的相对盈利能力，如图 9.2 所示。

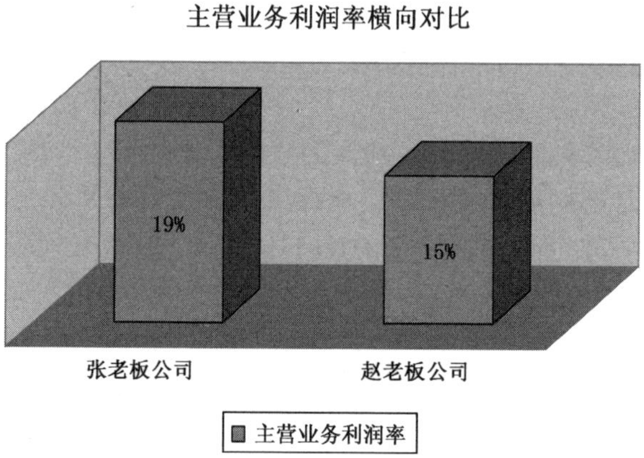

图 9.2 主营业务利润率横向对比图

2019 年度，张老板公司的主营业务利润率为 19%，而处于同行业的赵老板公司的利润率仅为 15%，这是因为张老板公司处于行业的上游，能够直接与手机厂商合作，并做进一步分销；另外，由于张老板公司积累了十几年的通信产品销售经验，其管理更加科学，更了解终端客户，对手机品牌和型号的把握也更加全面和准确，滞销品较少。

9.6 张老板公司的其他业务利润

我们已经在前文中分别介绍了“其他业务收入”与“其他业务成本”，它们具有金额较小、收入不稳定、服务对象不固定等特点，其对企业的作用是不容忽视的。二者存在配比关系，对于某一个项目而言，需要对比分析才能了解该项目真正为企业带来的业绩及做出的贡献，这就引出了其他业务利润的概念。

9.6.1 其他业务利润的概念

其他业务利润是指企业除主营业务以外的其他业务收入扣除其成本、费用、税金后的利润。期末，其他业务收入减去其他业务成本的差额，即为本期其他业务的净损益额。它是构成本期其他业务利润的重要因素之一。

9.6.2 其他业务利润的特点

（1）规模上的不确定性

一般而言，其他业务利润作为企业主营业务之外的贡献，并不是企业建立之初就预想到的业务模块，其业务规模和服务对象具有不确定性。

例如，张老板公司为三星等手机厂商进行促销支持活动的收入，是企业在发展过程中自然而然发展起来的业务，虽然也有逐渐做大的趋势，但它并不是张老板公司成立的初衷，也并没有为公司做出超越手机销售利润的贡献。

（2）暂时性

随着经济的发展，企业在经营过程中的业务也开始多元化发展。大多数企业不再只经营单一的“主营业务”，越来越多的其他业务出现在企业的经营活动中。市场经济瞬息万变，企业转型势在必行，主营业务和其他业务之间的转换是随时可能发生的。

注意：现代商业社会业态众多，随着竞争的日益激烈，许多公司的主营业务利润增幅同比下降。相比主营业务利润，一些公司的其他业务利润受到的关注较少，但年报数据显示，部分公司的其他业务利润在利润总额中的比重已非常之高，增幅也远远超过主营业务利润的增幅。其他业务利润这个曾经的“配角”，已抢了“主角”（主营业务利润）的“戏份”。

虽然绝大多数公司的其他业务利润远远少于主营业务利润，但是其他业务利润的增幅却超过了主营业务利润的增幅。例如，苏宁电器已成为家电连锁的“双寡头”之一，其 2006 年年报披露的其他业务利润高达 12.68 亿元，占利润总额的比例为 11.3%。供应商向其支付的广告促销费、进场费、展示费等连锁服务费达 12.61 亿元，对应的其他业务支出仅为 6964 万元。

9.6.3 其他业务利润的报表填列

正是由于企业在经营过程中的这种业务多元化的发展，有一种观点认为，没有必要再区分主营业务与其他业务，认为主营业务和其他业务都是企业的经营业务，都会发生可以预见的收入和成本、费用、税金及附加等，二者合并后更容易看出其与营业外业务的本质区别。我们可以对营业收入与营业外收入，对营业成本、费用、税金及附加与营业外支出进行比较和概括：营业收入是要有与之配比的支出才能获得的收入，而营业外收入是没有任何支出与之配比的纯收入；营业成本、费用、税金及附加是为了获得收入才发生的支出，而营业外支出是没有任何收入与之配比的净支出。

我们平时在报送利润表时，使用的模板是不一样的，如税务局和统计局要求报送的利润表就有各自的模板；企业自身为了管理需要，也会细分利润表项目。大家可以根据各级管理部门的填报要求和企业自身的需要，灵活掌握。

利润表一般有以下三种典型的格式。

（1）利润表样表一，如表 9.2 所示。

表 9.2　利润表样表一

利润表（部分）	
项目	填列要求
一、主营业务收入	根据“主营业务收入”科目贷方发生额填列
减：主营业务成本	根据“主营业务成本”科目借方发生额填列
税金及附加	根据“税金及附加”科目借方发生额填列
二、主营业务利润	以上计算得来
加：其他业务收入	根据“其他业务收入”科目贷方发生额填列
减：其他业务成本	根据“其他业务成本”科目借方发生额填列

（2）为了简化报表，可以将“其他业务收入”和“其他业务成本”合并为“其他业务利润”列示。利润表样表二，如表 9.3 所示。

表 9.3　利润表样表二

利润表（部分）	
项目	填列要求
一、主营业务收入	根据“主营业务收入”科目贷方发生额填列
减：主营业务成本	根据“主营业务成本”科目借方发生额填列
税金及附加	根据“税金及附加”科目借方发生额填列
二、主营业务利润	以上计算得来
加：其他业务利润	根据“其他业务收入”科目贷方发生额减去“其他业务成本”借方发生额填列

（3）我们在 9.3 节里列示的利润表（表 9.1），不再区分主营业务与其他业务，将“主营业务收入”与“其他业务收入”合并，将“主营业务成本”与“其他业务成本”合并。利润表样表三，如表 9.4 所示。

表 9.4　利润表样表三

利润表（部分）	
项目	填列要求
一、营业收入	根据“主营业务收入”科目与“其他业务收入”科目贷方发生额之和填列
减：营业成本	根据“主营业务成本”科目借方发生额与“其他业务成本”借方发生额之和填列
税金及附加	根据“税金及附加”科目借方发生额填列

以上这三种利润表的格式大家了解即可，实际上，它们之间的差别对于企业会计科目的核算与理解没有本质上的区别。本书主要按照传统理论与观点讲解，也就是利润表样表三的格式。

9.7　张老板公司的期间费用

期间费用是指企业本期发生的、不能直接或间接归入某个特定产品成本的费用。它是随着时间推移而发生的与当期产品的管理、产品的销售直接相关，而与产品的产量、产品的制造过程无直接关系，即容易确定其发生的期间，而难以判断其归属的产品。它不能列入产品制造成本，而应在发生的当期从损益中扣除。

9.7.1　期间费用的内容

期间费用包括直接从企业的当期产品销售收入中扣除的销售费用、管理费用和财务费用。

1. 销售费用

销售费用是企业在销售过程中所发生的费用。对工业企业而言，销售费用是指企业在销售产品、自制半成品和提供工业性劳务等过程中发生的各项费用，以及为销售本企业产品而专设销售机构支出的各项费用。它具体包括应由企业负担的运输费、装卸费、包装费、保险费、展览费、销售佣金、委托代销手续费、广告费、租赁费和销售服务费用。

例如，张老板公司销售部门的相关支出全部计入销售费用，包括人员工资、福利费、差旅费、办公用品费、折旧费、修理费、材料消耗、低值易耗品摊销及其他费用等。

2. 管理费用

管理费用是企业管理和组织生产经营活动所发生的各项费用。管理费用包括的内容较多，以工业企业为例，具体包括企业管理人员的工资、福利费、差旅费、办公用品费、折旧费、修理费、物料消耗、低值易耗品摊销、房租及其他经费等。

例如，张老板公司的财务人员就是典型的管理人员，包括杨经理、会计小辛等，他们在工作过程中发生的相关工资、福利费、办公用品费、差旅费等都在管理费用中列支。

3. 财务费用

财务费用是企业为进行资金筹集等理财活动而发生的各项费用。

财务费用主要包括利息净支出、汇兑净损失、金融机构手续费和其他因资金而发生的费用。

9.7.2 期间费用的特点

期间费用的特点主要与生产成本比较而言，它有以下三个特点：

（1）与生产产品的关系不同

期间费用的发生是为生产产品提供正常的条件，加强对生产经营和销售的管理，而与产品的生产本身并不直接相关。产品成本是指能够明确与生产产品有关的直接生产费用和间接生产费用，它们会被直接或分配计入产品中去。

（2）与会计期间的关系不同

期间费用只与费用发生的当期有关，不影响或不分摊到以后会计期间。产品成本中当期完工部分当期转为产成品，未完工部分则结转到下一期继续加工，与前后会计期间都有联系。

（3）与财务报表的关系不同

期间费用直接列入当期利润表，抵扣当期损益。产品成本完工部分转为产成品，已销售产成品的销售成本再转为主营业务成本，主营业务成本也直接列入当期利润表，但是未销售的产成品和未完工的在产品都列入资产负债表。由于期间费用不能提供明确的未来收益，因此按照谨慎性原则，应对期间费用在其发生时予以立即确认。

9.8 张老板公司的所得税

注意：我们通常在财务报表中所讲的所得税是企业所得税，每个人超过纳税限额缴纳的个人所得税不在这里体现。企业所得税是指对中华人民共和国境内的企业和其他取得收入的组织以其生产经营所得为课税对象所征收的一种所得税。

想要理解所得税，必须先了解所得税的三要素，那就是所得税纳税人、征税对象和税率。下面我们就来分别进行介绍。

1. 所得税纳税人

作为企业所得税纳税人，应依照《中华人民共和国企业所得税法》缴纳企业所得税。个人独资企业及合伙企业除外。

企业所得税纳税人，即所有实行独立经济核算的中华人民共和国境内的内资企业或其他组织，包括以下六类：

- ❑ 国有企业。

- ❑ 集体企业。
- ❑ 私营企业。
- ❑ 联营企业。
- ❑ 股份制企业。
- ❑ 有生产经营所得和其他所得的其他组织。

张老板公司就是典型的私营企业，主要投资方是私人，也就是张老板本人。

2. 所得税征税对象

企业所得税的征税对象是纳税人取得的所得。它包括销售货物所得、提供劳务所得、转让财产所得、利息所得、租金所得、特许权使用费所得、接受捐赠所得及其他所得。

3. 所得税税率

企业所得税采用税率为 25%的比例税率。最新所得税法规定法定税率为 25%，内资企业和外资企业一致，国家重点扶持的高新技术企业为 15%，小型微利企业为 20%，非居民企业为 20%。当然，在每年的汇算清缴中，国家会出台一些所得税优惠政策。

注意：税法与会计准则是两个完全不同的体系，涉及税金的项目，一般而言，应按照会计准则的规定计提并记入财务报表相关项目，按照税法的规定及时缴纳。我们会在后面的章节中单独介绍。

9.9　利润表的其他项目

我们在前文中已经介绍了利润表的主要内容，包括主营业务收入和支出、其他业务收入和支出、营业外收入和支出、三项期间费用和所得税。除这些项目外，还有一些其他项目，一般较少发生或者可以随同其他部分内容一起介绍，我们只做简单介绍。

1. 资产减值损失

资产减值损失是指因资产的账面价值高于其可收回金额而造成的损失。新会计准则规定资产减值对象一般包括固定资产、无形资产、存货等，也包括除特别规定以外的其他资产减值。

关于张老板公司的资产减值损失，我们已经在资产负债表部分随同资产科目进行了介绍，这里不再单独介绍。

2. 信用减值损失

信用减值损失是根据2017年修订的《企业会计准则第22号——金融工具确认和计量》的要求计提的各项金融工具减值准备所形成的预期信用损失。

3. 公允价值变动损益

公允价值变动损益是指企业以各种资产，如投资性房地产、债务重组、非货币交换、交易性金融资产等公允价值变动形成的应计入当期损益的利得或损失，即公允价值与账面价值之间的差额。该项目反映了资产在持有期间因公允价值变动而产生的损益，也是新利润表上的“公允价值变动收益”项目填列的依据。

4. 投资收益

投资收益是对外投资所取得的利润、股利和债券利息等收入减去投资损失后的净收益。

例如，张老板公司从证券市场购买了上市公司的股票1万股，每股15元，3个月后以18元每股的价格全部出售，实现了净利润3万元，这部分收入就是投资收益。

9.10 本章回顾

利润表是企业财务核算中最重要的报表之一。利润表可以反映企业一定会计期间的收入实现情况，即实现的营业收入、投资收益、其他收益、营业外收入等；可以反映一定会计期间的费用支出情况，即营业成本、税金及附加、销售费用、管理费用、财务费用、营业外支出等；可以反映企业生产经营活动的成果，据以判断资本保值、增值情况。

将利润表中的信息与资产负债表中的信息相结合，可以提供进行财务分析的基本资料。比如：将赊销收入净额与应收账款平均余额进行比较，可以计算出应收账款周转率；将销货成本与存货平均余额进行比较，可以计算出存货周转率；将净利润与资产总额进行比较，可以计算出资产收益率……它还可以反映企业资金周转情况及企业的盈利能力和水平，便于财务报表使用者判断企业未来的发展趋势，做出经济决策。

后面几章我们将围绕利润表的具体内容一一展开。

第 10 章 细说利润表之营业收入

张老板公司的经营范围是从事手机及其配件的销售与推广，这也是该公司的主要盈利点。

公司成立于 2003 年，在十几年的发展过程中经历了两个辉煌的时期：一是 21 世纪初以来，手机产品从大型化发展为小型化，从高端化走向平民化，迅速进入千家万户，几乎人手一部，在这个时期内，通信行业急速扩张；二是 2011 年以来，智能手机销售的爆发式增长为平稳发展中的通信行业带来了新的契机。

营业收入包括主营业务收入和其他业务收入两部分内容。下面我们就来详细介绍。随着对营业收入项目的学习，大家将进一步了解张老板公司的发展历程和核算内容。

10.1 主营业务收入解说

从第 9 章的利润表样表中，我们可以看出，营业收入排在首位。毫无疑问，它是利润表中最重要的项目，是凝聚了整个企业全体职工汗水的劳动结晶。在营业收入中，主营业务收入占据主要地位，其在全部收入中的比重如图 10.1 所示。

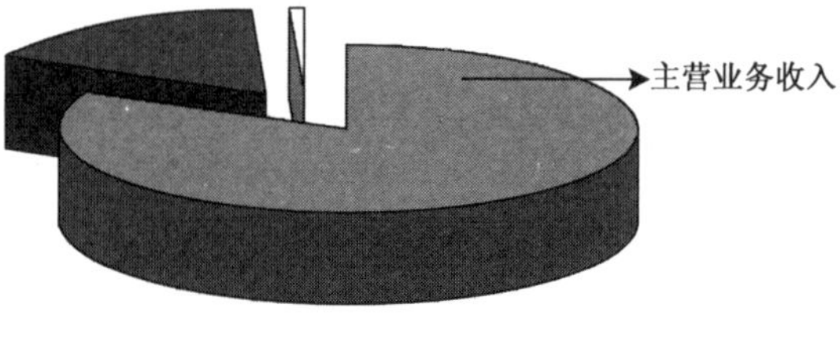

图 10.1 主营业务收入在全部收入中的比重

10.1.1 主营业务收入的概念

主营业务收入是指企业经常性的、主要的业务所产生的基本收入。例如，制造业的销售产品、产成品和提供工业性劳务作业的收入，商品流通企业的销售商品收入，旅游服务业的门票收入、客户收入、餐饮收入等。

本书主要介绍常用的销售商品收入。新会计准则对销售商品进行收入的确认和计量分为以下五步：

（1）识别与客户订立的合同。

（2）识别合同中的单项履约义务。

（3）确定交易价格。

（4）将交易价格分摊至各个单项履约义务中。

（5）履行各单项履约义务时确认收入。

其中，第一步、第二步和第五步与收入的确认有关，第三步和第四步与收入的计量有关。假如企业单位与客户签订了合同，则只有合同同时满足以下五个条件，企业在取得相关商品的控制权时才能够确认收入：

（1）合同各方已批准该合同，并承诺将履行各自义务。

（2）该合同明确了合同各方与所转让的商品相关的支付条款。

（3）该合同具有商业实质，即履行该合同将改变企业未来现金流量的风险、时间分布或金额。

（4）该合同明确了合同各方与所转让的商品相关的权利和义务。

（5）企业因向客户转让商品而有权取得的对价很可能收回。

10.1.2 主营业务收入的核算

“主营业务收入”账户用于核算企业在销售商品、提供劳务等日常活动中所产生的收入。主营业务收入的核算有以下两个特点。

1．按类别明细核算

在“主营业务收入”科目下，应按照主营业务不同的项目或者种类设置明细账，进行明细核算，以便区分不同项目对于会计主体的贡献，辅助管理层做出决策。

例如，张老板公司主要做手机及其配件的经销，为了考察不同产品的销售情况，应按照产品类别和型号进行明细核算，如表 10.1 所示。

表 10.1　张老板公司主营业务收入明细核算项目

主营业务收入项目	数量	金额
三星P3108	—	—
三星S7530E	—	—
三星Galaxy1	—	—
三星Galaxy2	—	—
三星Galaxy3	—	—
三星Galaxy4	—	—
三星W999	—	—
三星Note1	—	—
电池	—	—
耳机	—	—
手机壳	—	—
……		

如表 10.1 所示，根据重要性原则，张老板公司把每一款手机均做单独核算，而对于其他配件，如电池、耳机、手机壳等，则按照类别核算，体现了经济效益原则。每个行业、每家公司都有自己的特点，应根据实际情况和管理需要来具体分析设置。

2．期末无余额

主营业务收入在发生时记入贷方，每到月末由借方转入本年收入。主营业务收入月末没有余额，其丁字账如图 10.2 所示。

	主营业务收入	
发生额		**①确认收入 50000** **②确认收入 100000** **③确认收入 200000**
……		**……**
期末合计	**期末结转 350000**	**收入合计 350000**

图 10.2　主营业务收入的丁字账

10.1.3　销售收入的主要形式

张老板公司的主营业务收入指的是手机及其配件的销售收入。企业销售收入的确定，应遵循权责发生制的原则，按照收入确认计量五步法来确认销售收入的实现。下面我们来举例说明如何根据合同中的履约义务来分别确认和计量销售收入。

（1）单项履约合同的交易价格确认和销售收入确认

【例 10.1】张老板公司于 2019 年 9 月 1 日与赵老板公司签订销售合同，合同约定张老板公司销售给赵老板公司手机 500 部，共计 50 万元，增值税税率为 13%。2019 年 9 月 15 日，赵老板公司付款并开具增值税专用发票，其中商品价款为 442477.88 元，增值税税额为 57522.12 元。商品已经发出，同时收到赵老板公司的转账支票并办妥进账手续，对应的会计分录为:

借：银行存款 500000

贷：主营业务收入 442477.88

应交税费——应交增值税（销项税额） 57522.12

若此例中，张老板公司收到的是赵老板公司开出的商业汇票，则对应的会计分录为:

借：应收票据 500000

贷：主营业务收入 442477.88

应交税费——应交增值税（销项税额） 57522.12

注意：由例 10.1 可知，销售合同中只有一项履约义务，且合同中明确了交易价格及相关的支付条款，双方也都按照合同约定履行了各自的义务。因此，我们在计量合同中履约义务的收入金额时，只需要直接按照合同不含税价格全额计入合同的单项履约义务收入金额；当张老板公司收到赵老板公司支付的货款并按时发货时，赵老板公司就已经取得了手机的控制权，此时张老板公司应该及时确认销售收入。

（2）多项履约合同的交易价格确认和销售收入确认

【例 10.2】张老板公司于 2019 年 9 月 20 日与客户签订合同，向其销售智能手机 100 部和平板电脑 100 台，手机单独售价为 6000 元每部，平板电脑单独售价为 5000 元每台，合同合计价款为 100 万元。合同约定，手机于合同生效日交付，平板电脑在一个月之后交付，只有当两项商品全部交付之后，张老板公司才有权收取 100 万元的合同对价款。上述商品均不含增值税，增值税税率为 13%，不考虑其他因素，请编制会计分录。

分析：本例中的合同里有两项履约义务，即手机交付和平板电脑交付，因此，我们需要将合同价款分摊至手机和平板电脑中，即手机分摊合同价款 545454.55 元 [6000/（6000+5000）×1000000]，平板电脑应分摊合同价款 454545.45 元（1000000-545454.55）；手机和平板电脑的控制权都是在其交付时转移给客户的。

①手机交付时，对应的会计分录为:

借：合同资产 616363.64

贷：主营业务收入 545454.55

应交税费——应交增值税（销项税额） 70909.09

②交付平板电脑时，对应的会计分录为:

借：应收账款 1130000

贷：合同资产　　616363.64

　　主营业务收入　　454545.45

　　应交税费——应交增值税（销项税额）　　59090.91

注意：例 10.2 中的“合同资产”科目反映企业已经向客户转让商品而有权收取对价的权利，但是该权利取决于时间流逝之外的其他因素。本例中的其他因素就是必须交付平板电脑以后才能够收取手机货款。它与应收账款的不同点就在于收取对价权利是否取决于时间流逝。

10.1.4　主营业务收入的报表填列

利润表的填列与资产负债表的填列有本质区别，因为利润表项目只有发生额没有余额，应根据发生额填列。

利润表中的“营业收入”项目，反映企业主要经营业务和其他经营业务所取得的收入总额。“主营业务收入”和“其他业务收入”科目的累计发生额应合并填列在本项目中。本期金额应当填写当月发生累计数，上期金额为当年 1 月到填列报表期间的累计数。

10.2　其他业务收入解说

其他业务收入也是“营业收入”项目当中的一部分，它是张老板公司的副业。其他业务收入在全部收入中的比重，如图 10.3 所示。主业和副业只是相对一个时期而言的，经过市场不断的洗礼变迁，有时候两者的地位会发生根本性的变化。例如，对于一个农场而言，以前种植粮食是主业，种植蔬菜和水果是副业，随着人们物质生活水平的提高，慢慢地，种植蔬菜和水果变成主业，种植粮食反而变成副业，相应的管理机构建设、人员投入、时间物质成本等都会有所调整。可见，任何能够给企业带来盈利的业务我们都不能轻视。

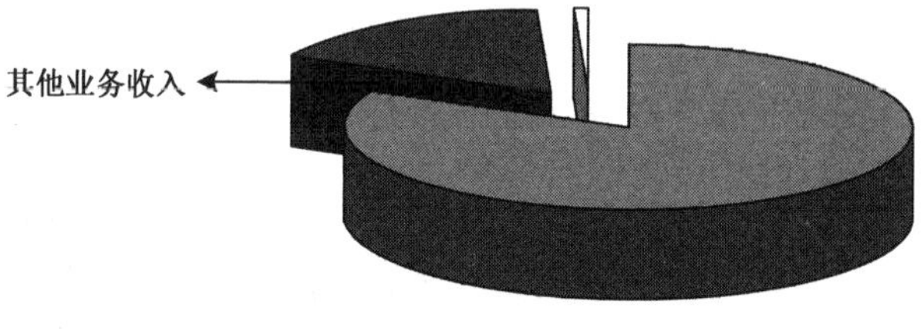

图 10.3　其他业务收入在全部收入中的比重

10.2.1 其他业务收入的概念

其他业务收入是指企业确认的除主营业务活动以外的其他经营活动实现的收入，包括出租房屋和设备等固定资产、出租无形资产、出租包装物和商品、销售材料、用材料进行非货币性交换、债务重组等实现的收入。

10.2.2 其他业务收入的核算

（1）其他业务收入科目可按收入种类进行明细核算

例如，张老板公司除了进行手机及其配件的经销，还有出租房屋、出租展柜等设备、市场推广（帮助手机厂商做各种宣传推广活动）等业务，为了考察这些业务类别的业绩，必须分类进行核算，如表 10.2 所示。

表 10.2 张老板公司其他业务收入明细核算项目

其他业务收入项目	金额
出租房屋	—
出租展柜	—
市场推广	—
……	—

随着业务的变化，应随时调整这些明细核算项目以适应当前的业务形式和规模。

（2）日常核算

其他业务收入的日常账务处理较为简单，即企业在确认该收入时，借记“银行存款”“其他应收款”等科目，贷记本科目。

【例 10.3】三星公司 2019 款最新手机即将上市，需要进行预热推广活动，张老板公司承担了北京三个展区的推广任务，取得推广收入共计 300 万元，已经用支票进行结算。

该笔收入对应的会计分录为：

借：银行存款　　　　　　　　　　　　3000000

　贷：其他业务收入——市场推广收入　　　　3000000

（3）期末损益结转

会计上的损益结转，是指期末损益类科目的余额将全部结转到“本年利润”科目中，结转后，损益科目余额为零。

注意：所有损益类科目均有需要进行期末损益结转这个特点。在日常记账时，

收入类科目贷方记录增加值，期末从借方结转损益；成本费用类科目借方记录增加值，期末从贷方结转损益。期末，损益类科目余额为零。

其他业务收入也不例外，也需要进行损益结转，应将本科目余额转入“本年利润”科目，结转后，本科目应无余额。

10.2.3 其他业务收入账务处理的常见错误

“其他业务收入”与“主营业务收入”相比，其在企业全部收入中的比重较低或处于次要地位，正因为如此，它更容易出现差错给企业带来财务或税务风险。因此，我们在对其他业务收入进行账务处理时，应注意以下几个方面的查证。

（1）账外账

企业生产销售的残次品、附产品、废产品和下脚废料收入不入账，形成该负责人、部门或企业的账外账。

企业销售废产品、下脚料、附产品等产生的收入属于其他业务收入范畴，如果不入账，就会少计增值税销项税额，少缴纳所得税，给企业带来税务风险。因此，各级管理人员应当了解企业的生产特点，掌握是否会产生附产品等，以及企业在生产过程中产生的废品废料、下脚料是否记入了“原材料”科目。如果发现账上无记录，可能是将产生的余料、附产品收入记入了账外账，管理人员应当追问其去向，查清问题所在。

（2）少缴纳相关流转税

混淆“其他业务收入”和“营业外收入”的概念，将本应记入“其他业务收入”科目的事项记入“营业外收入”科目，从而少缴纳相关流转税，给企业带来税务风险。比如，企业销售原材料的收入本应计入其他业务收入，如果计入营业外收入，就会少计提增值税销项税额。对此，管理人员应检查营业外收入明细账，再通过账户调阅记账凭证、原始凭证加以审核。

（3）劳务收入等不能及时结转收入

企业非独立核算的运输部门的对外运输收入，以及代购代销、固定资产出租、包装物出租收入等均属于其他业务收入的核算范畴。由于这些收入不是企业经常性的收入，所以应注意有无收入不入账、收入挂往来账或少记收入的问题，管理人员可以通过审查企业提供的劳务价值与入账的劳务收入是否相符来分析是否存在少记收入的情况。管理人员应定期审阅合同，了解收取劳务款的时间和数额，再查看其他收入明细账有无收入记录；如果无记录，应检查银行存款日记账或现金日记账，根据日记账记载的该笔业务的日期、凭证号码，找出会计凭证，进一步审查原始凭证，查证企业有无及时结转收入。

（4）对包装物押金的检查

税法规定，对逾期未收回的包装物不再退还的和已收取一年以上的押金，应并入应税货物的销售额，按照应税货物的适用税率征收增值税等流转税。对此，管理人员应通过其他应付款明细账贷方发生额结合出借合同，确认包装物的出借时间，这样就可查证有无到期无法归还的包装物押金没有列入其他业务收入而挂在其他应付款中的情况。

（5）直接冲销成本费用

符合收入确认条件后，未确认其他业务收入，而直接冲销其他业务成本、管理费用、销售费用等。

（6）多记其他业务收入

将属于产品或商品销售收入、营业外收入、投资收益的收入误计入其他业务收入。

【例 10.4】会计小辛将处理正常报废固定资产的净收益 3.6 万元做出如下账务处理:

借：固定资产清理　　　　　　　　36000

　贷：其他业务收入　　　　　　　　36000

例 10.4 中的问题在于，此项净收益应计入营业外收入，而被错误地计入其他业务收入，这样会造成多纳税的情况。

（7）未结转相应成本

其他业务收入实现后，只将其记入了“其他业务收入”科目，没有相应结转成本和支出，违背了配比原则。

第 11 章 细说利润表之营业成本

张老板公司的经营范围是从事手机及其配件的销售与推广，但张老板并不是容易满足的人，只要有能够增加公司收入或减少开支的机会，他都不会放过。张老板要求员工积极配合杨经理控制相关成本的工作，从而降低营业 成本。

利润表中的第二大项目就是营业成本。对于一个企业来说，首先要保证收入增长，其次就是要控制成本。如果只考虑收入而不顾及成本的控制，企业的盈利就得不到保障，企业的发展就会受到阻碍。利润表中的“营业成本”项目包括主营业务成本和其他业务成本，本章我们就来学习一下。

11.1 主营业务成本解说

没有付出就没有收获，企业取得主营业务收入是垫付了相当多的人力成本、时间成本和资金成本的，我们将这些成本统称为主营业务成本。下面我们就来综合介绍主营业务成本。

1. 主营业务成本的概念

主营业务成本是指公司生产和销售与主营业务有关的产品或服务所必须投入的直接成本，主要包括原材料、人工成本（工资）及固定资产折旧等。

2. 主营业务成本的核算

对主营业务成本的理解须结合主营业务收入进行，二者关系紧密，总是同时出现，在确认主营业务收入时必然会随之确认相应的成本。

“主营业务成本”科目下应按照主营业务的种类设置明细科目，进行明细核算。期末，应将本科目的余额转入“本年利润”科目，结转后，本科目应无余额。

3. 主营业务成本的结转

主营业务成本的结转比较简单，随着收入的确认而结转即可。

【例 11.1】张老板公司于 2019 年 9 月 15 日销售给赵老板公司手机 500 部，增值税专用发票上注明商品价款为 442477.88 元，增值税税额为 57522.12 元，共计 50 万元。商品已经发出，这批商品的成本价为 370530 元，该公司结转成本的会计分录为:

借：主营业务成本　　　　370530

　贷：库存商品　　　　　　370530

4. 主营业务成本的分析

主营业务收入多多益善，而主营业务成本就不是越多越好了。对于大多数行业来说，主营业务成本是损益表中冲减利润最大的一项，因此要重点分析把握。投资者首先要明确公司主营业务成本的构成和各部分比例，其次要逐项判断主要成本构成的变化趋势。比如，对于制造行业而言，人工和折旧成本通常变化不大，原材料和零部件采购成本是重点分析对象。例如，占电缆行业主营成本近 2/3 的精铜价格即便波动很小也会对利润产生重大影响。公司可以通过规模效应和内部控制来有效降低主营业务成本。

5. 主营业务成本的报表填列

利润表中的“营业成本”项目，反映企业主要经营业务和其他经营业务所支出的成本费用总额。“主营业务成本”和“其他业务成本”科目的累计发生额应合并填列在本项目中。

11.2　其他业务成本解说

我们已经学习了其他业务收入的概念及核算，相应地，这些业务的成本费用也需要记录下来，计入其他业务成本。

11.2.1　其他业务成本的概念

其他业务成本是指除主营业务以外的其他销售或其他业务所发生的支出，是企业取得其他业务收入相应发生的成本，是其他业务收入的对称。它包括其他业务的销售成本、提供劳务所发生的相关成本、费用等。

11.2.2　其他业务成本的核算

1. 日常核算

其他业务成本可根据其他业务的种类，分设“固定资产出租”“劳务活动（如市场推广收入）”“材料销售”“技术转让”“包装物出租”“运转业务”等明细科目，基本上与其他业务收入的设置一致。企业发生的其他业务支出，借记本科目，贷记“原材料”“包装物及低值易耗品”“累计折旧”“累计摊销”“应付职工薪酬”“银行存款”等科目。

【例 11.2】张老板公司承担了三星公司市场推广的工作，取得推广收入共计 300 万元，已经用支票进行结算，该收入应缴纳增值税、城市维护建设税、教育费附加、地方教育费附加，税率分别为 6%、7%、3%、2%。

另外，该活动还发生了以下成本：使用公司原有的低值易耗品 15 万元，场地费 20 万元，本公司人力资源成本 5 万元，专门为此次活动购买的顾客小礼品 3 万元。

会计小辛经过计算，做出了这样的账务处理：

应缴纳的增值税=300 /（1+6%）×6%=16.98（万元）

应缴纳的城市维护建设税=16.98×7%=1.19（万元）

应缴纳的教育费附加=16.98×3%=0.51（万元）

应缴纳的地方教育费附加=16.98×2%=0.34（万元）

应缴纳的税金及附加=1.19+0.51+0.34=2.04（万元）

借：税金及附加	20400	
贷：应交税费——应交城市维护建设税		11900
——应交教育费附加		5100
——应交地方教育费附加		3400
借：其他业务成本——市场推广活动	430000	
贷：低值易耗品		150000
应付账款——某公司（场地费）		200000
应付职工薪酬		50000
银行存款		30000

注意：企业除主营业务活动以外的其他经营活动发生的相关税费，也在“税金及附加”科目核算，不在“其他业务成本”科目核算。

2. 期末结转损益

期末，应将“其他业务成本”科目的余额转入“本年利润”科目，结转后，本科目应无余额。

11.2.3 其他业务成本账务处理的常见错误

其他业务成本同其他业务收入一样比较容易发生错误，像杨经理这类的管理及复核人员，应该多加关注这方面的账务核算，并重点检查以下三个方面：

（1）配比原则

检查其他业务支出是否符合配比原则，有无虚列、多列的情况。注重对企业对外运输、劳务支出的审查，看其是否有随意扩大其他业务支出范围的情况。管理人员通过对比，若发现支出大于收入，则企业很可能存在乱列其他业务支出的情况，此时可调阅相关记账凭证、原始凭证加以核实，也可直接以“其他业务支出”明细账为依据，审查原始凭证。

（2）账外账

出租包装物经周转使用后，因不能继续使用而报废的，其残料价值应入账并冲减“其他业务支出”。如果账上没有残料价值的反映，则很可能被转作他用，管理人员应进一步追查其去向，看企业是否有账外账的行为发生。

（3）税费风险

对有出租收入、运输业务收入的企业，应检查其是否按税法规定缴纳了增值税。管理人员应查看“应交税费——应交增值税”科目贷方有无相应记载，同时注意计税金额和纳税义务发生时间，检查企业的出租合同，查明租金收取日期、金额等，检查运费结算单据等原始凭证，结合“其他业务收入”明细账计算应纳税额，然后与“其他业务成本”科目记录的增值税税额相核对，看企业计提税额是否正确。

11.3 税金及附加解说

人不能脱离社会而存在，公司亦然。公司的各项经济活动与国家和地方各级政府的大部分工作息息相关。国家负责外交、社会基础设施建设、经济政策制定等与整个国家相关的工作；地方各级政府负责福利、教育、保健卫生、消防等以生活环境为中心、与各区域紧密相关的工作；公司则以缴纳税款的形式负担着以上各项工作的所需费用，这些税金构成了企业的一部分费用支出项目。

11.3.1 税金及附加的概念

税金及附加反映企业经营主要业务应负担的消费税、城市维护建设税、资源税、土地增值税和教育费附加等。这些税金及附加，一般根据当月销售额或税额，按照规定的税率计算，于下月初缴纳。

注意：会计上规定应交增值税不记入“税金及附加”科目，无论是一般纳税人还是小规模纳税人均应在“应交税费——应交增值税”中直接反映，这是因为增值税的最终承担者是消费者，企业只是承担代收代付的义务，因此不计入该企业的损益。目前，房产税、车船税、印花税等也计入该科目。

11.3.2 区别主要税种与附加税种

主要税种是税法规定按照应纳税所得额的一定比例征收的税。附加税种是相对于主要税种而言的，是随正税按照一定比例征收的税。附加税的纳税义务人与独立税相同，但是税率另有规定。附加税以正税的存在和征收为前提和依据，不单独征收。

城市维护建设税和教育费附加是最典型的附加税。城市维护建设税简称城建税，是我国为了加强城市的维护建设，扩大和稳定城市维护建设资金的来源，对有经营收入的单位和个人征收的一个税种。

教育费附加是对缴纳增值税、消费税的单位和个人征收的一种附加税，用于发展地方性教育事业，扩大地方教育经费的资金来源。

11.3.3 税金及附加的核算

本书注重实践，因此，数据核算是我们讲解的重点。税金及附加的核算包括税金及附加的计算、账务处理、期末结转、报表填列等内容，下面我们就来一一展开。

1. 税金及附加的计算

【例 11.3】张老板公司 2019 年度出租办公楼的租金收入为 122.1 万元，租赁收入的增值税税率为 9%，需随同增值税一并缴纳城市维护建设税、教育费附加和地方教育费附加。城市维护建设税按增值税 7%的税率计算缴纳，教育费附加按增值税 3%的税率计算缴纳，地方教育费附加按增值税 2%的税率计算缴纳。

张老板公司应缴纳的税金及附加计算如下:

增值税=含税销售额 /（1+9%）×9%

=1221000 /（1+9%）×9%=100816.51（元）

城市维护建设税 =（消费税+增值税）× 城市维护建设税税率

=（0+100816.51）×7%=7057.16（元）

教育费附加=（消费税+增值税）× 教育费附加税率

=（0+100816.51）×3%=3024.50（元）

地方教育费附加=（消费税+增值税）×地方教育费附加税率

=（0+100816.51）×2%=2016.33（元）

2. 税金及附加的账务处理

企业应当按照规定计算出应由日常销售业务负担的税金及附加，借记本科目，贷记“应交税费——应交城市维护建设税”“应交税费——应交教育费附加”“应交税费——应交地方教育费附加”等科目。税金及附加后面无须跟明细科目。

承例 11.3，上述张老板公司应缴纳的税金及附加对应的会计分录为:

借：税金及附加　　12097.99

　贷：应交税费——应交城市维护建设税　　7057.16

　　　　　　　——应交教育费附加　　3024.50

　　　　　　　——应交地方教育费附加　　2016.33

3. 税金及附加的期末结转

税金及附加同其他损益类科目一样，期末应将其余额转入“本年利润”科目，结转后，本科目应无余额。

4. 税金及附加的报表填列

对于“税金及附加”项目，我们只要按照该科目的发生额填列即可。

第 12 章 细说利润表之营业外收支

张老板公司一共有三把“斧头”，它们为公司规模的扩大及业务指标的成长做出了很多贡献。第一把“斧头”是从事手机及其配件的销售；第二把“斧头”是房屋出租、设备租赁、活动推广等，这些都是与企业的经营相关的，是张老板及其员工主动去从事的经济活动；还有这么一类收入，它与企业生产经营没有直接关系，但是按照法律法规或者企业规章制度的规定，也会形成收益或损失的业务，是完全不可预期的业务，即张老板公司的第三把“斧头”——营业外收支。

通过对第 10 章和第 11 章的学习，我们了解了营业收入和营业成本。那么，营业外收支又有什么特点呢？下面我们以张老板公司为例来学习。

12.1 营业外收入

从收入的贡献来看，主营业务收入占据主导地位，其他业务收入也不可忽视，而营业外收入所占比重很低，如图 12.1 所示。它形象地显示出营业外收入的规模。

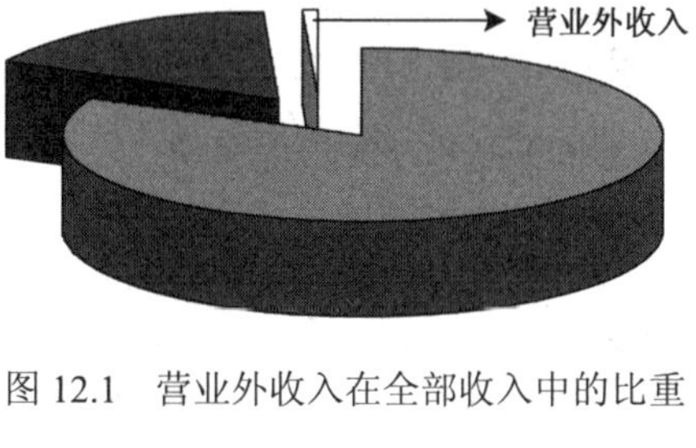

图 12.1 营业外收入在全部收入中的比重

12.1.1 营业外收入的概念

营业外收入是指与企业生产经营活动没有直接关系的各种收入。营业外收入并不是由企业经营资金耗费所产生的，无须企业付出代价，实际上是一种纯收入。它不可能也不需要与有关费用进行配比，因此，在会计核算上，应当严格区分营业外收入与营业收入。

12.1.2 营业外收入的主要内容

注意：营业外收支项目是一个“杂物箱”，所有不能准确归类的业务内容都可以放到这个箱子里核算，因此，它的内容比较琐碎杂乱，大家要给予足够的重视，做到数据清晰，归类明确。

营业外收入的项目主要包括固定资产正常报废等相关收益、罚款收入、租金收入、没收逾期未退包装物的押金收入、应补产品价外补贴和无法支付的应付款项等。

下面我们来认识一下营业外收入常见的项目。

（1）逾期未退包装物的押金收入

它是指客户没有按照规定的期限将商品里包含的包装物退回，因此，企业将其交纳的包装物押金没收而产生的收入。

（2）正常处理固定资产净收益

它是指固定资产正常报废或者遇到不可抗力因素造成毁损，从而将处置固定资产所获得的收入扣除处置费用及该项固定资产账面净值与所计提的减值准备相抵差额后的余额。

注意：如果固定资产还在折旧年限中，企业便将其出售，则应将所取得的损益记入“资产处置损益”科目。

（3）罚款收入

它是指对方违反国家有关行政管理法规或企业管理制度，按照规定支付给本企业的罚款，主要包括合作商违约罚款和员工罚款。

例如，张老板公司员工管理制度规定，一个月允许迟到三次、每次 10 分钟以内，超过规定次数每次按每小时 50 元罚款，会计小辛这个月就因为多迟到了两次被罚款 100 元，小辛在记账的时候满含辛酸，将这 100 元计入公司的罚款收入。

（4）因债权人原因确实无法支付的应付款项

它主要是指因债权人单位变更登记或撤销等而无法支付的应付款项等。

（5）教育费附加返还款

它是指自办职工子弟学校的企业，在缴纳教育费附加后，教育部门返还给企业的所办学校经费补贴费。

（6）非货币性交易中发生非货币性交易收益

非货币性交易是指交易双方以非货币性资产进行的交换，这种交换不涉及或只涉及少量的货币性资产（即补价）。在非货币性交易中，对发生的非货币性交易收益，应计入营业外收入。

12.1.3　营业外收入的核算

企业取得的各项营业外收入，在“营业外收入”科目核算，我们通过两个简单的例子来理解。

【例 12.1】张老板公司于 2019 年 12 月 31 日对一批放在仓库被雨水浸湿不能够使用的办公计算机进行清理，该批计算机账面原值为 5 万元，已计提累计折旧为 4.5 万元，账面净值为 5000 元，取得清理收入为 8000 元，清理该批计算机的净收益为 3000 元。

（1）将该批计算机转入固定资产清理时，对应的会计分录为：

借：固定资产清理　　5000

　　累计折旧　　45000

　贷：固定资产　　50000

（2）取得清理收入时，对应的会计分录为：

借：库存现金　　8000

　贷：固定资产清理　　8000

（3）转入处置固定资产净收益时，对应的会计分录为：

借：固定资产清理　　3000

　贷：营业外收入——处置固定资产净收益　　3000

【例 12.2】会计小辛因为迟到次数过多被罚款 100 元，小辛含泪入账，对应的会计分录为：

借：库存现金　　100

　贷：营业外收入——罚款收入　　100

12.2　营业外支出

营业外支出是独立于营业外收入存在的，二者没有配比关系，这点与主营业务成本和其他业务成本有本质的不同。

12.2.1 营业外支出的概念

营业外支出是指不属于企业生产经营费用，与企业生产经营活动没有直接关系，但应从企业实现的利润总额中扣除的支出。

12.2.2 营业外支出的主要内容

营业外支出的项目主要包括固定资产盘亏、报废、毁损和出售的净损失，非季节性和非修理性期间的停工损失，非常损失，公益救济性的捐赠，赔偿金，违约金等。

下面我们来认识一下常见的营业外支出项目。

（1）固定资产盘亏

它是指在财产清查盘点中，因实际固定资产实有数低于固定资产账面数而发生的固定资产净值损失。

（2）处理固定资产净损失

它是指企业处置已丧失使用功能或因自然灾害发生毁损等而报废清理固定资产时产生的损失。

（3）罚款支出

它是指企业因违反法律或未履行经济合同、协议而支付的赔偿金、违约金、罚息、罚款、滞纳金等，以及因违法经营而被没收财物的损失。

（4）捐赠支出

它是指企业对外捐赠的各种财产的价值。

（5）非常损失

它是指自然灾害造成的各项资产净损失，还包括由此造成的停工损失和善后清理费用。

（6）债务重组损失

它是指按照债务重组会计处理的有关规定应计入营业外支出的债务重组损失。

12.2.3 营业外支出的核算

虽然我们已经讲过很多次，营业外收入与营业外支出没有配比关系，但是或许大家还会有疑问，比如营业外收入中有“固定资产清理”等科目，营业外支出中也有相同的一些科目，这些科目是否有配比关系？答案是否定的。

虽然营业外收支的核算内容有一些类似的项目，但是它们是不相关的业务。

【例 12.3】承例 12.1，张老板公司 2019 年 12 月 31 日处理一批被雨水浸湿的计算机取得了 3000 元的收益，计入营业外收入（会计分录详见例 12.1）；当日该公司又处理了一台已经计提完折旧且没有用途的设备，该设备资产原值为 8.2 万元，累计折旧为 7.75 万元，资产净值为 4500 元，清理收入为 4000 元，清理亏损了 500 元。固定资产清理丁字账，如图 12.2 所示。

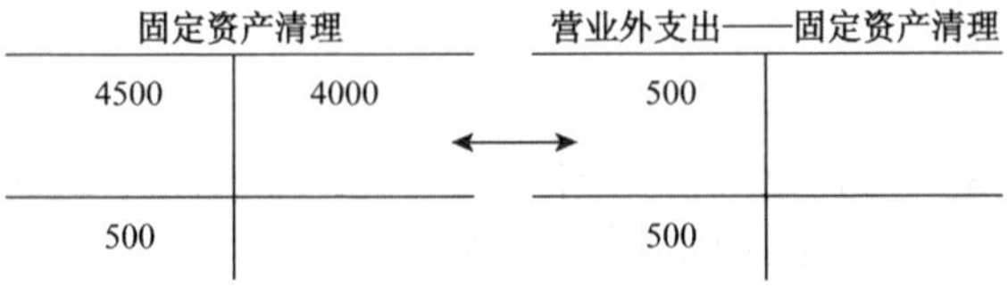

图 12.2　固定资产清理丁字账

固定资产清理及取得清理收入时的会计分录详见例12.1，转入固定资产净损失的会计分录为：

借：营业外支出——固定资产清理　　　500

　贷：固定资产清理　　　　　　　　　　500

通过对例 12.1 和例 12.3 进行对比可以看出，虽然同是固定资产清理项目，但是此设备非彼设备、此项目非彼项目，大家一定要对此有一个明确的认识。

12.3　营业外收支的特点

营业外收支虽然是与企业的生产经营无直接关系的收益和支出，但它也是企业财务成果必不可少的组成部分。

我们在分别学习了营业外收入和营业外支出的概念及核算内容以后，可以总结出营业外收支一般具有以下几个主要特点：

- 营业外收支一般彼此相互独立，不具有因果关系。
- 营业外收支通常是偶然发生的，不重复出现，企业通常难以控制。
- 数额相对较小。
- 营业外收支在核算上采用收付实现制。

针对以上这些特点，国家要求企业必须对各项营业外收入按有关规定认真核实，据实入账，不得转移、截留或作为其他财务收入处理，并要求企业划清营业外支出与成本支出及利润分配的界限，避免相互挤占。

第 13 章 细说利润表之期间费用

> 一个财年就要过去了，张老板公司的各部门经理除了准备邀功领赏，还要总结分析这个年度内的工作得失，尤其是费用花销。例如，一共消耗了公司多少资源，分别花费在哪些方面？来年的计划是怎样的？是缩减费用，还是继续扩大开支？

张老板公司的费用种类繁多，按照费用的效益周期判断，收益期数天、数月不等；按照费用用途分为促进销售额度相关的销售费用、提高管理水平的管理费用、用于筹资的财务费用；按照内容不同分为工资福利费、办公费、招待费等。那么，如何按照统一的规则梳理这些费用项目呢？主要分三个层次来进行：

- 按照收益期划分期间。月度报表反映的是本月以内发生的费用，跨月的费用也应按照一定的方法分离开来。
- 划分费用用途。将其分为销售费用、管理费用、财务费用，也就是我们本章的主要章节设置。
- 划分费用明细项目。将销售费用、管理费用、财务费用分别按照主要费用项目再进一步设置明细账核算。

下面我们就将期间费用按照销售费用、管理费用、财务费用来进行讲解。

13.1 什么是期间费用

我们在前文中提到考核费用的发生额度和效用首先要看费用的收益期，并且费用的核算和评价是与期间不可分割的，所以费用项目又叫期间费用。

期间费用又称期间成本，与一定期间相联系，是指企业本期发生的、不能直接或间接归入某个特定产品的成本，可以直接从企业当期销售收入中扣除的费用。它是随着时间推移而发生的、与当期产品的管理和销售直接相关，而与产品的产量、制造过程无直接关系，即容易确定其发生的期间，而难以判别其所应归属的产品，因此，它不能列入产品制造成本，而应在发生的当期从损益中扣除。

注意：从企业的损益确定来看，期间费用应与产品销售成本、税金及附加一起从产品销售收入中扣除，以其余额作为企业当期的营业利润。当期的期间费用是全额从当期损益中扣除的，其发生额不影响下一个会计期间。

期间费用包括直接从企业的当期产品销售收入中扣除的销售费用、管理费用和财务费用三类。这三类费用主要是按照用途区分的，销售费用是在销售过程中产生的，管理费用是在企业日常管理中产生的，财务费用是在融资筹资过程中产生的。下面我们就来分别认识一下它们。

13.2　销售费用解说

对于企业而言，销售为王，如何提高销售业绩、建设销售部门是老板们最关心的课题，因此，销售费用也是我们首先要介绍的内容。

13.2.1　销售费用的概念

销售费用是指企业在销售产品、自制半成品和提供劳务的过程中发生的费用，是与企业取得销售收入密切相关的费用。

销售费用具体包括应由企业负担的运输费、装卸费、包装费、保险费、展览费、销售佣金、委托代销手续费、广告费、租赁费和销售服务费用，以及专设销售机构人员工资及职工福利费、差旅费、办公费、折旧费、修理费、物料消耗、低值易耗品摊销及其他费用等。

13.2.2　销售费用的核算

1. 销售费用的基本核算

企业应设置“销售费用”账户专门核算相关费用。该账户借方登记发生的各项费用，贷方将本期销售费用（本月或本年）转入本年利润。期末结转前的余额表示本期累计发生的销售费用，期末损益结转后，该科目无余额。

如果是工业企业，则应根据不同阶段出售的产品和半成品，或者根据企业每条产业线对企业的贡献，按照特定标准把销售费用分项目分配。例如，按照产品销售收入、产品重量、体积等一定标准分配。销售费用核算流程，如图 13.1 所示。

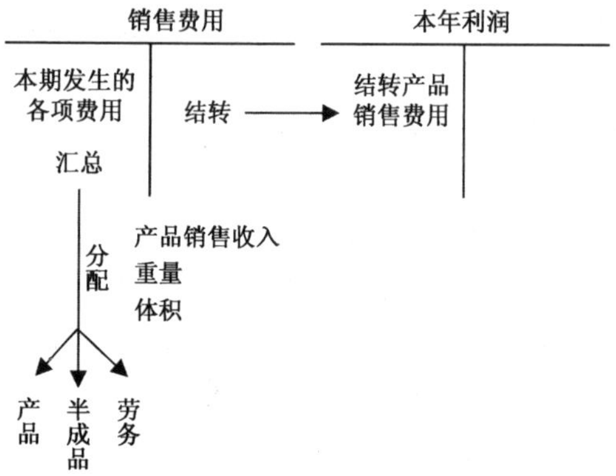

图 13.1　销售费用核算流程

2. 销售费用的明细设置

销售费用应按产品销售或者劳务服务的类别设置明细科目，常见项目如图 13.2 所示。

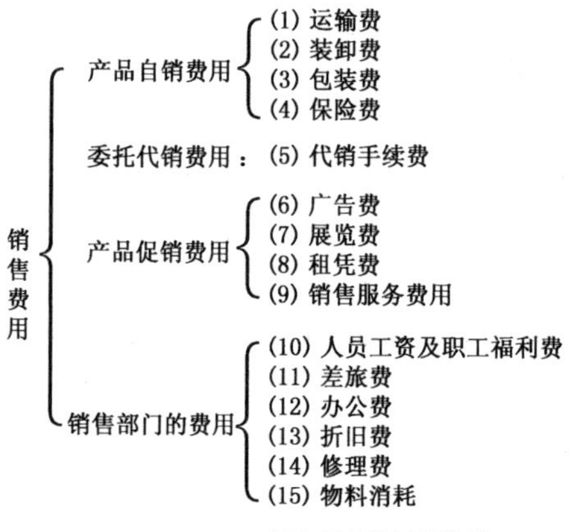

图 13.2　销售费用常见项目

注意：对于一个特定企业而言，并不一定包含所有这些费用，我们只是举例说明，让大家有一个充分的认识。

另外，这些费用按照发生的频率和可预测性又可以分为两类，即固定费用和变动费用。固定费用在一定时期内是相对固定的，不因短期内业务增加或减少而发生变动；变动费用则与业务量的变化成正比。

（1）固定费用一般包括：

- 公司营销部门人员的工资、奖金，含销售部门和售后服务部门及外地销售网点、售后网点人员工资，包括加班、值班工资，其他为销售服务的临时工工资。
- 销售部门福利费、体检费、医疗性支出、节假日发放的职工福利等所有与职工福利相关的费用，发生时凭单据直接列支，另包括计提福利。
- 各种为宣传、促销产品而发生的费用，另包括为参加各种展会而发生的会议费及其他服务费用。
- 所有内销及外销人员为销售及收款而发生的差旅费。
- 为促销产品发生的服务费用和赠送的样品。
- 销售部使用的固定资产每月所计提的折旧。
- 各种为销售而发生的不在上述列举中的费用，如运输途中的合理损耗等。

（2）变动费用一般包括：

- 运输费，即为销售产品而发生的国内、国际运费，发生时凭票直接列支。
- 运杂费，即为销售产品而发生的装卸费、力资费、整理费等劳务费。
- 保险费。

3. 销售费用核算的实例

我们通过实例来了解一下销售费用的核算。

【例 13.1】 张老板公司于 2019 年 1 月 10 日支付应由本企业负担的销售产品运输费 4000 元（销售 A 款手机 5 箱、B 款手机 10 箱、C 款手机 25 箱）。运输费是按体积计算的，一般也按体积分配。运输费用分配计算表，如表 13.1 所示。

表 13.1 运输费用分配计算表

产品	体积（箱）	分配率	运输费分配（元）
A	5	12.5%	500
B	10	25%	1000
C	25	62.5%	2500
合计	40	100%	4000

对应的会计分录为：

借：销售费用——运输费——A 产品　　500

　　　　　　　　　　——B 产品　　1000

　　　　　　　　　　——C 产品　　2500

　贷：银行存款　　4000

13.2.3 销售费用的报表填列

利润表中的“销售费用”项目，反映企业在销售产品过程中发生的包装费、广告费等费用和为销售本企业产品而专设的销售机构的职工薪酬、业务费等经营费用。本项目应根据“销售费用”科目的发生额分析填列。

13.3 管理费用解说

现代社会分工越来越复杂，人们都是生活在各种不同的组织之中的，仅凭个体的力量，无法完成较为复杂的工作。当组织规模较小的时候，管理对组织的影响不大，组织中的管理活动比较简单，并未形成独立的管理职能，因而也显现不出管理的重要性。例如，对于某些小微企业来说，只要凭借经验，就能维持自身的发展。随着人类的进步和组织的发展，管理所起的作用越来越大。

注意：随着企业规模越来越大，组织结构越来越复杂，建立高效的管理机制是企业能够长存永续的前提，一套有效的管理体制往往是企业制胜的法宝。例如，餐饮行业中的佼佼者海底捞公司的成功就是依靠有效的服务管理培训的推动，而这些管理功能的发挥所需要的费用支持，我们称之为管理费用。

13.3.1 管理费用的概念

管理费用是企业管理和组织生产经营活动所发生的各项费用。管理费用包括的内容较多，以工业企业为例，具体包括企业管理人员的工资福利费、差旅费、办公费、折旧费、修理费、物料消耗、低值易耗品摊销、房租和其他费用等。像企业的行政、财务、人力资源、IT 等部门都承担管理职责，属于企业的后勤服务部门，是为销售业务部门做好支持工作的部门，其在工作过程中发生的相关费用都在管理费用中列支。

13.3.2 管理费用的核算

管理费用的核算与销售费用的类似，在相关费用发生时，借方登记发生额，贷方进行期末损益结转，我们不再详细介绍。

注意：对于小型商品流通企业而言，可不单独设置“管理费用”科目，其核算内容并入“销售费用”科目核算。

根据支付摊销方式的不同，费用的确认会有一些小的变化，包括销售费用、管理费用和财务费用，我们以管理费用为例进行说明。

（1）直接支付费用

通常来说，属于直接支付费用的主要业务包括招待费、审计费、诉讼费、办公费等。

【例 13.2】张老板公司于 2019 年 12 月 10 日用现金 4000 元购买行政部员工使用的计算机一台，对应的会计分录为：

借：管理费用——办公费　　4000

　贷：库存现金　　4000

注意：目前税法规定金额低于 5000 元的固定资产可以一次性计入费用，例 13.2 中的计算机属于行政部人员用的办公设备，因此我们可以直接将其计入管理费用。

（2）转账摊销费用

一般来说，属于转账摊销费用的项目包括折旧费、低值易耗品摊销、无形资产摊销等，这些项目一般按照原值入账后再按照一定比例分期摊销。

【例 13.3】张老板公司购买了一项专利权，计入无形资产，该资产原值为 3.6 万元，有效期为 3 年，本月摊销额为 1000 元，对应的会计分录为：

借：管理费用　　1000

　贷：无形资产　　1000

（3）预提应付费用

预提应付费用是指采用预提方法核算应由本期负担，而在以后各期支付的费用。例如，企业后付的房租、报刊费等。

【例 13.4】张老板公司租赁了一处办公区域，每月租金为 10 万元，3 个月支付一次租金，每隔 3 个月的第 3 个月支付。每月月末，会计小辛需要计提房租，对应的会计分录为：

借：管理费用　　100000

　贷：其他应付款——房租　　100000

第 3 个月支付房租时的会计分录为：

借：其他应付款——房租　　300000

　贷：银行存款　　300000

注意：目前的会计科目已经删除了预提费用，现在我们做预提费用的时候，可以通过应付账款或其他应付款来进行预提。

13.3.3 管理费用的报表填列

利润表中的“管理费用”项目，反映企业为组织和管理生产经营发生的管理费用。需要注意的是，现在的利润表多了一个“研发费用”项目，这个项目其实是从“管理费用——研发费用”科目的发生额中摘取的，是研发费用中费用化的金额。我们在填写“管理费用”项目时，应该剔除管理费用中的研发费用，并将研发费用的金额填列至“研发费用”项目中。

13.4 财务费用解说

“借鸡生蛋”的故事不仅告诉我们可以用借来的财富制造财富，也告诉我们必须适当地回报鸡的主人，即只有做到双方共赢才能延续这种生财方式。财务费用就是用来核算资金回报的一个项目。

13.4.1 财务费用的概念

财务费用是企业为进行资金筹集等理财活动而发生的各项费用。财务费用主要包括利息净支出、汇兑净损失、金融机构手续费和其他因资金而发生的费用。

13.4.2 财务费用的具体内容

注意：虽然财务费用核算起来较为简单，其明细科目也不算太多，但是因为它涉及很多金融领域的专业名词，理解起来并不是很容易，希望大家用心学习。

下面我们来了解财务费用的一些项目：

（1）利息支出

利息支出是指企业短期借款利息、长期借款利息、应付票据利息、票据贴现利息、应付债券利息、长期应付引进国外设备款利息等利息支出（除资本化的利息外）减去银行存款等的利息收入后的净额。

（2）汇兑损失

汇兑损失是指企业因向银行结售或购入外汇而产生的银行买入、卖出价与记账所采用的汇率之间的差额，以及月度（季度、年度）终了，各种外币账户的外币期末余额按照期末规定汇率折合的记账人民币金额与原账面人民币金额之间的差额等。

（3）手续费

手续费是指企业发行债券所需支付的手续费（须资本化的手续费除外）、开出汇票的银行手续费、调剂外汇手续费等，但不包括发行股票所支付的手续费等。

（4）其他财务费用

融资租入固定资产发生的融资租赁费用等。

13.4.3　财务费用的核算

企业发生的财务费用在“财务费用”科目中核算，并按费用项目设置明细账进行明细核算。费用发生时，借记“财务费用”科目，贷记“银行存款”等科目；企业产生利息收入、汇兑收益时，借记“银行存款”等科目，贷记“财务费用”科目。月终，将借方归集的财务费用全部由“财务费用”科目的贷方转入“本年利润”科目的借方，计入当期损益。结转当期财务费用后，“财务费用”科目期末无余额。

下面我们以张老板公司的实际经济业务为例进行说明。

【例 13.5】张老板公司于 2019 年 7 月 1 日从银行借入一笔长期借款 1000 万元用于扩大经营规模，利率为 6%，借款期限为 3 年，每季度偿还利息，到期偿还本金。另外，张老板公司本月计提银行存款利息收入 37581 元，同样于月底计提收入，季度结算。对于这两笔业务，请编制会计分录。

（1）计算 2019 年 7 月计提并支付的长期借款利息：

每月应计提的利息=10000000×6%/12=50000（元）

对应的会计分录为：

借：财务费用　　　　50000

　贷：应付利息　　　　50000

8 月、9 月计提同样的利息支出。

（2）当月计提银行存款利息收入，对应的会计分录为：

借：应收利息　　　　37581

　贷：财务费用　　　　37581

8 月、9 月计提同样的利息收入。

至此，财务费用的当月发生额累计为借方余额，金额=50000−37581=12419（元）。

（3）月末结转损益，对应的会计分录为：

借：本年利润　　　　12419

　贷：财务费用　　　　12419

（4）2019 年 9 月计算本季度应支付的长期借款利息：

本季度应支付的长期借款利息=50000×3=150000（元）

对应的会计分录为:

借：应付利息　　　　150000

　贷：银行存款　　　　150000

（5）计算 2019 年 9 月收到本季度的银行存款利息:

本季度应收到的银行存款利息=37581×3=112743（元）

借：银行存款　　　　112743

　贷：应收利息　　　　112743

13.4.4 财务费用的报表填列

利润表中的“财务费用”项目，反映企业筹集生产经营所需资金等而发生的筹资费用。本项目应根据“财务费用”科目的发生额分析填列。

在掌握了这些费用的概念及核算内容后，我们就可以避免许多常识性的错误。例如，人力资源部本年度共支付职工工资 230 万元，由于这些工资所属人员不同，发挥的作用也不同，所以并不能全部计入人力资源部门的考核成本。我们会在后面的章节利用这些知识来综合分析张老板公司的利润表。

第14章 我们都是照章纳税的好公民

张老板公司是一家遵纪守法的好公司，严格按照国家有关法律规定的时间、金额、程序纳税。

张老板一直在公司内部传达这样一个理念：人不能脱离组织而存在，我们的衣食住行及生活的方方面面都依赖整个社会组织的良好运转，得之社会就要回馈社会，依法纳税是每个公民的义务，也是我们回馈社会和建设社会最直接的方式。

截至2019年年末，张老板公司累计实现利税过亿元，并接受了政府的表彰。

14.1 什么是所得税

张老板公司依法缴纳了各种税金，包括增值税、城市维护建设税、教育费附加、所得税、印花税等。在所有这些税金中，金额最大的就是所得税。那么，什么是所得税呢？

财务报表中的所得税指的是企业所得税。所得税属于直接税，其纳税人和实际负担人是一致的，可以直接调节纳税人的收入，是现代税收制度中的主体税种。所得税的计算涉及纳税人经济活动的各个方面，能够促使纳税人建立、健全会计制度，有利于国家通过征税加强对企业的监督管理工作。

1. 所得税的产生与发展

所得税最早产生于英国。1799年，英法战争促使英国军费开支剧增，为了满足战争期间的开支需要，英国政府开征了所得税。后来，随着战争的时续时停，所得税也时征时停，直到1842年，英国第三次复征所得税，它才作为永久性税种被确定下来，后来陆续被其他国家借鉴。所得税的产生不只是战争的原因，它具有深刻的政治、经济、军事与国际背景。目前，所得税是世界各国普遍征收的一种税，已成为大多数国家的主体税种。在西方发达国家，税收体系大多以各类所得税为主体进行构建，国家财政收入的大部分也来自各类所得税。

我国从1937年开征所得税，至今已有80多年的时间。2008年1月1日以前，为了吸引外商投资，我国的企业所得税按内资、外资企业分别立法，外资企业适用更加优惠的所得税税率和相关政策，使得内资企业长期处于不对等的竞争环境中。

统一后的《中华人民共和国企业所得税法》（以下简称《企业所得税法》）于2008年1月1日起施行。新的《企业所得税法》体现了“四统一”：一是内资、外资企业统一实行新的企业所得税法；二是统一适用新的企业所得税税率；三是进一步统一和规范税前扣除办法和标准；四是统一税收优惠政策，实行“产业优惠为主，区域优惠为辅”的新税收优惠体系。

2．所得税的概念

所得税是指以纳税人的所得额为征税对象的各种税收的统称，税务机关依照相关法律对所得额乘以一定税率进行计算征缴。税法规定的所得额，是指纳税人在一定时期内，由于生产、经营等取得的可用货币计量的收入，扣除为取得这些收入所需各种耗费后的净额。

这里提到了企业所得税的一些基础要素，包括纳税人、征税对象、所得额、税率等。这些基础要素是我们必须掌握的内容，下面我们将逐项进行介绍。

14.2 所得税基础要素

什么样的企业需要交税、什么样的经济行为需要交税、按照什么比例交税等问题，是我们这一节学习的内容，也是所得税基础三要素的通俗理解。所得税三要素包含纳税人、征税对象和税率，如图14.1所示。

所得税纳税人	——	什么样的企业需要交税
征税对象	——	什么样的经济行为需要交税
税率	——	按照什么比例交税

图14.1 所得税三要素

1．所得税纳税人

企业所得税是指对中华人民共和国境内的企业和其他取得收入的组织以其生产经营所得为课税对象所征收的一种所得税。

纳税人即所有实行独立经济核算的中华人民共和国境内的内资企业或其他组

织，包括以下六类：

- ❑ 国有企业。
- ❑ 集体企业。
- ❑ 私营企业。
- ❑ 联营企业。
- ❑ 股份制企业。
- ❑ 有生产经营所得和其他所得的其他组织。

注意：个人独资企业、合伙企业不适用本法，这两类企业征收个人所得税即可，以免重复征税。

显然，张老板公司属于所得税纳税人，因为它是在中国境内设立的内资企业（私营企业），投资人即张老板是中国公民，且其经济行为实行独立核算。

2．征税对象

企业所得税的征税对象是纳税人取得的所得，包括销售货物所得、提供劳务所得、转让财产所得、股息红利所得、利息所得、租金所得、特许权使用费所得、接受捐赠所得和其他所得。

3．税率

企业所得税采用的是比例税率。目前我国有几种所得税税率，具体税率种类和适用企业类型如表 14.1 所示。

表 14.1　企业所得税税率表

种类	税率	适用范围
基本税率	25%	适用于居民企业
		中国境内设有机构、场所，且所得与机构、场所有关联的非居民企业
两档优惠税率	减按20%	符合条件的小型微利企业
	减按15%	国家重点扶持的高新技术企业
预提所得税税率（扣缴义务人代扣代缴）	20%（实际征税时适用10%税率）	适用于在中国境内未设立机构、场所的，或者虽设立机构、场所，但取得的所得与其所设机构、场所没有实际联系的非居民企业

另外，税法规定对于从事国家非限制和禁止行业，且同时符合年度应纳税所得额不超过 300 万元、从业人数不超过 300 人、资产总额不超过 5000 万元三个条件的小型微利企业，自 2019 年 1 月 1 日起至 2021 年 12 月 31 日止，对其年应纳税所得额不超过 100 万元的部分，减按 25%计入应纳税所得额，按 20%的税率缴纳企业所得税；对年应纳税所得额超过 100 万元但不超过 300 万元的部分，减按 50%计入

应纳税所得额，按20%的税率缴纳企业所得税。

张老板公司从事手机及其配件的销售与推广，属于商业企业，不是高新技术企业，也不是小型微利企业，因此适用25%的税率。

14.3 应纳税所得额

根据《企业所得税法》的规定，企业应纳税所得额是企业的收入总额减去成本、费用、损失，以及准予扣除项目的金额。

注意：税法所指的收入总额和准予扣除的成本费用金额并非我们财务报表中直接对应的相关项目，这就是税法和会计法的不同之处。由于会计法与税法的目的不同，二者之间存在着许多差异。在实际工作中会计法与税法存在着差异的调整与协调问题，这也是本章我们学习的一个难点和重点。

14.3.1 所得税计税收入的确定

企业销售收入的确认必须遵循权责发生制原则和实质重于形式原则，企业所得税法及其实施条例另有规定的，计算所得税时须遵从该规定。比较常见的是企业以商品进行投资或者捐赠等行为，会计上不确认为收入，但税法上销售商品的收入既包括直接、有偿方式的销售，又包括视同销售。

对于会计中的一些收入来说，并不一定都能够被确认为税法上的收入，它分为两类：一类是税法规定免除征收该部分所得税，即不征税收入；另一类是按照规定应该征收相关税金，在一定时期出于鼓励特殊产业或者特殊人群的目的，暂时免征该部分收入，即免税收入。典型的不征税收入和免税收入项目，如表14.2所示。

表14.2 典型的不征税收入和免税收入项目

收入类别	具体项目
不征税收入	财政拨款
	依法收取并纳入财政管理的行政事业性收费、政府性基金
	国务院规定的其他不征税收入
免税收入	国债利息收入
	符合条件的居民企业之间的股息、红利等权益性投资收益
	在中国境内设立机构、场所的非居民企业取得与该机构、场所有实际联系的股息、红利等权益性投资收益
	符合条件的非营利组织的收入

14.3.2 所得税税前扣除项目

在计算所得税时准予从计税收入中扣除的项目是指与纳税人取得的收入有关的成本、费用、税金和损失。纳税人采用的财务处理方式与税法规定不一致的，应按照税法规定予以调整。

1. 税前扣除项目的基本内容

只要与税法规定不冲突，凡是符合企业会计准则规定的成本、费用、税金和损失，均可以在税前扣除。税前扣除项目范围的具体规定，如表 14.3 所示。

表 14.3 税前扣除项目范围的具体规定

类别	具体项目
成本	包括直接成本和间接成本
费用	与会计上的期间费用基本相同
税金	是指除企业所得税和允许抵扣的增值税以外企业缴纳的消费税、城市维护建设税等税金及附加
损失	是指企业在生产经营活动中发生的盘亏、毁损、报废损失、转让财产损失、呆账损失、坏账损失、自然灾害等不可抗力因素造成的损失

2. 限定条件准予税前扣除的项目

税法对属于可以在税前扣除的成本、费用、税金和损失的某些特定项目有一些限定条件。对符合限定条件的项目，准予扣除；反之，不得扣除。这部分内容对于实务操作特别重要，我们分项目来介绍。

（1）与职工相关的费用。税法规定，企业为职工支付的合理的工资、薪金予以据实扣除，这意味着取消了实行多年的内资企业计税工资制度，切实减轻了内资企业的负担。这里需要注意的是，允许据实扣除的工资、薪金必须是“合理”的，对明显不合理的工资、薪金，不予扣除。

在职工福利费、工会经费和职工教育经费方面，《企业所得税法实施条例》继续维持了以前的扣除标准（提取比例分别为 14%、2%和 2.5%），但将“计税工资总额”调整为“工资薪金总额”，即扣除额相应提高了。在职工教育经费方面，为鼓励企业加强职工教育投入，实施条例规定，除国务院财税主管部门另有规定外，企业发生的职工教育经费支出，不超过工资薪金总额 2.5%的部分，准予扣除；超过部分，准予在以后纳税年度结转扣除。

（2）利息费用。纳税人在生产、经营期间向金融机构借款的利息支出，按实际发生数扣除。

向非金融机构借款的利息支出，不高于按照金融机构同类、同期贷款利率计算的数额以内的部分，准予扣除。

（3）借款费用。企业在生产经营活动中发生的合理的、无须资本化的借款费用，准予扣除。

（4）汇兑损失。

（5）业务招待费。业务招待费是指纳税人为生产、经营业务的合理需要而发生的交际应酬费用。

税法规定，纳税人发生的与生产、经营业务有关的业务招待费，由纳税人提供确实记录或单据，分别在下列限度内准予扣除：《企业所得税法实施条例》规定，企业发生的与生产经营有关的业务招待费支出按照发生额的 60% 扣除，但最高不得超过当年销售（营业）收入的 5‰。也就是说，税法采用的是“两头卡”的方式：一方面，企业发生的业务招待费只允许列支 60%，这是为了区分业务招待费中的商业招待和个人消费，通过设计一个统一的比例，将业务招待费中的个人消费部分去掉；另一方面，最高扣除额限制为当年销售（营业）收入的 5‰，这是为了防止有些企业为不调增 40% 的业务招待费，采用多找餐费发票甚至假发票冲账，造成业务招待费虚高的情况。

（6）租赁费。纳税人以经营租赁方式租入固定资产的租赁费，可以直接在税前扣除；以融资租赁方式租入固定资产的租赁费，不得直接在税前扣除，但可以从租赁费的利息中支出。手续费可在支付时直接扣除。

（7）资产损失。纳税人发生的固定资产盘亏、毁损、报废的净损失，由纳税人提供清查、盘存资料，经主管税务机关审核后，准予扣除。这里所说的净损失，不包括企业固定资产的变价收入。纳税人发生的流动资产盘亏、毁损、报废净损失，由纳税人提供清查盘存资料，经主管税务机关审核后，可以在税前扣除。

（8）亏损弥补的扣除。纳税人发生的年度亏损，可以用下一年度的所得弥补，下一年度的所得不足以弥补的，可以逐年延续弥补，但最长不得超过 5 年。

（9）捐赠的扣除。纳税人的公益、救济性捐赠，在年度会计利润总额 12%以内的，允许扣除；超过 12%的部分，准允结转以后 3 年内在计算应纳税所得额时扣除。对于以前年度结转的捐赠支出应先扣除，然后再扣除当年发生的捐赠支出。

（10）其他费用。会员费、合理的会议费、差旅费、违约金、诉讼费用等，可以据实扣除。

3．不得税前扣除的项目

这些项目是企业按照会计制度的规定，在计算会计利润时已扣除，但按税法规定，在计算应纳税所得额时不得扣除的项目，因此它们没有在纳税调整中做调整应纳税所得额的处理。这部分内容很重要，需要大家好好理解。不得税前扣除的项目，如表 14.4 所示。

表 14.4　不得税前扣除的项目

项目名称	注释
向投资者支付的股息、红利等权益性投资收益款项	该项目于税后支付
税收滞纳金	违法行为不予鼓励
罚金、罚款和被没收财物的损失	纳税人违反国家法律、法规和规章，被有关部门处以的罚款，以及被没收财物的损失，不得扣除
捐赠支出	除国家规定的公益性捐赠支出可以按规定比例扣除外，其他捐赠性支出一律不得在税前扣除
赞助支出	是指企业发生的与生产经营活动无关的各种非广告性支出
未经核定的准备金支出	资产减值准备。固定资产、无形资产计提的减值准备，不允许在税前扣除；其他资产计提的减值准备，在转化为实质性损失之前，不允许在税前扣除
企业之间支付的管理费	
企业内营业机构之间支付的租金和特许权使用费	
非银行企业内营业机构之间支付的利息	

14.3.3　应纳税所得额的计算

我们知道，企业应纳税所得额是企业的收入总额减去成本、费用、损失及准予扣除项目的金额，并且已经分别学习了计税收入和可予以扣除的成本费用金额，下面我们通过实例来检验一下大家的理解程度。

【例 14.1】张老板公司 2019 年 5 月实现产品销售收入 120 万元，作为福利，公司发放给员工一批手机，市场价 20 万元，发生的成本费用总额 130 万元，其中业务招待费支出 3 万元。假定不存在其他纳税调整事项，则 2019 年 5 月该公司的应纳税所得额是多少？

计税收入=产品销售收入+视同销售收入=120+20=140（万元）

业务招待费扣除限额=计税收入×0.5%=140×0.5%=0.7（万元）

可予以扣除的成本费用=130−（3−0.7）=127.7（万元）

应纳税所得额=计税收入−可予以扣除的成本费用=140−127.7=12.3（万元）

14.4　所得税的计算

本章我们学习了所得税的三要素，即纳税人、征税对象和税率，并且学习了应纳税所得额的计算，这些都是所得税的计算基础。

根据计算角度的不同，所得税的计算有不同的表达公式，分别是：

应纳所得税额=应纳税所得额×适用税率−减免税额−抵免税额

应纳税所得额=收入总额−不征税收入−免税收入−各项扣除金额−弥补亏损

或=会计利润总额 ± 纳税调整项目金额

【例 14.2】承例 14.1，我们知道张老板公司适用 25%的所得税税率，那么 2019 年 5 月该公司的应纳所得税额是多少呢？

应纳所得税额=应纳税所得额×适用税率=12.3×25%=3.075（万元）

我们再举一个例子，换一个角度来分析。

【例 14.3】张老板公司 2019 年 5 月会计利润总额为 10 万元，销售收入为 140 万元，发生的成本费用总额 130 万元，其中业务招待费支出 3 万元。假定不存在其他纳税调整事项，则 2019 年 5 月该公司的应纳所得税额是多少？

会计利润总额=10（万元）

纳税调增=3−（140×0.5%）=2.3（万元）

应纳税所得额=会计利润总额 ± 纳税调整项目金额=10+2.3=12.3（万元）

应纳所得税额=应纳税所得额×适用税率=12.3×25%=3.075（万元）

14.5 所得税汇算清缴

注意：所得税汇算清缴是所得税征管法中最特殊的一个程序，是上年度所得税清算的一个过程，因为所得税要对一个期间的利润总额征税，是最为复杂的一个事项，需要有一个查漏补缺的过程。

每一个自然年度结束后，企业须在汇算清缴日前向税务机关提交一个专门进行汇算清缴的表格，并根据会计准则和税法规定，把该调整增加的增加，该调整减少的减少。

【例 14.4】张老板公司 2019 年度会计利润总额为 580 万元，所得税汇算清缴纳税调增项为 78 万元，纳税调减项为 63 万元，所得税税率为 25%，前四个季度分别预缴所得税为 35 万元、18 万元、27 万元、36 万元，请问张老板公司 2019 年度汇算清缴应补缴或者退税款是多少？

应纳税所得额=580+78−63=595（万元）

应纳所得税额=595×25%=148.75（万元）

应补缴税款=148.75−35−18−27−36=32.75（万元）

第 15 章 利润表的其他项目

张老板公司的经济行为用货币计量后转化为利润表的各个项目，它们从不同角度展示了该公司的经营业绩。有些业务经常发生，占比较重，如销售手机、日常办公费用支出等；还有一些业务或经济行为并不经常发生，但是在某一个时期可能会起到很大作用，它们也是利润表不可分割的一部分。

张老板公司的利润表项目繁多，我们从第 9 章到本章，介绍了利润表的概念、张老板公司的营业收入、营业成本、营业外收支、三项期间费用（销售费用、管理费用和财务费用），以及所得税方面的知识。除这些内容外，还有几个项目需要介绍，它们是资产减值损失、公允价值变动损益、投资收益、资产处置收益和净利润。

15.1 资产减值损失

我们知道，面包店一般只出售当日新做的面包，晚上 9 点以后未出售的面包就会被打折处理，因为等到第二天这些面包就不能再出售了，会被扔掉……面包、蔬菜、水果等都是轻易就会变质的食品。手机与此类似，一款新型手机刚刚上市的价格比较昂贵，然后就会以每 6 个月约 500 元的价格递减，一些并不畅销的机型跌价更快；还有一些其他材料或商品在未出厂或未出售时就会经历这个不幸的过程。我们把资产跌价的部分称为资产减值损失。

2017 年到 2019 年张老板公司乃至整个手机市场的畅销机型 iPhone X（64G）的价格走势，如图 15.1 所示。

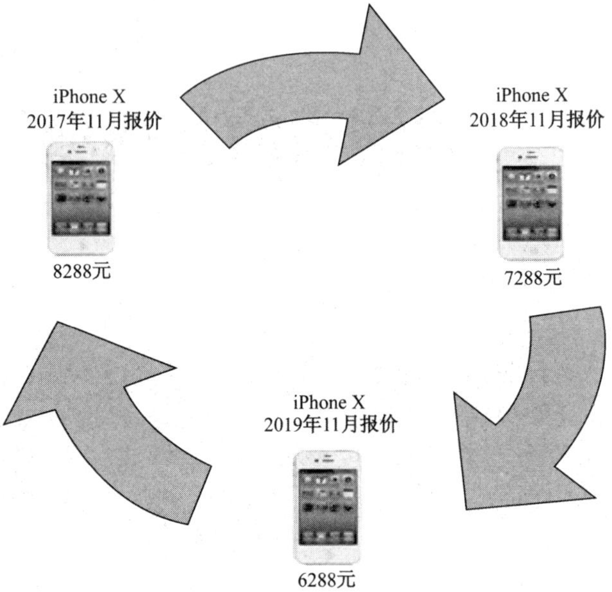

图 15.1　iPhone X（64G）的价格走势

资产的主要特征之一是它必须能够为企业带来经济利益的流入，如果资产不能够为企业带来经济利益或者带来的经济利益低于其账面价值，那么该资产就不能再予以确认，或者不能再以原账面价值予以确认，否则不符合资产的定义，也无法反映资产的实际价值，其结果会导致企业资产虚增和利润虚增。

注意：当企业资产的可收回金额低于其账面价值时，表明资产发生了减值，企业应当确认资产减值损失，并把资产的账面价值减记至可收回金额。

资产减值损失是指因资产的账面价值高于其可收回金额而造成的损失。新会计准则规定属于资产减值范围的资产有存货、固定资产、无形资产、长期股权投资、投资性房地产、生产性生物资产、商誉等。

15.1.1　资产减值损失确认与计量的一般原则

企业在对资产进行减值测试后，如果可收回金额的计量结果表明，资产的可收回金额低于其账面价值，应当将资产的账面价值减记至可收回金额，减记的金额确认为资产减值损失，计入当期损益，同时计提相应的资产减值准备；另外，企业当期确认的减值损失应当反映在利润表中，而计提的资产减值准备应当作为相关资产的备抵项目反映在资产负债表中，从而夯实企业资产价值，避免利润虚增，如实反映企业的财务状况和经营成果。

资产减值损失确认后，减值资产的折旧或者摊销费用应当在未来期间做相应调整，以使该资产在剩余使用寿命内，系统地分摊调整后的资产账面价值（扣除预计净残值）。比如，固定资产在计提减值准备后，其账面价值将根据计提的减值准备相应抵减，因此，固定资产在未来计提折旧时，应当以新的固定资产账面价值为基础计提每期折旧。

注意：一方面，考虑到固定资产、无形资产、商誉等资产发生减值后，其价值回升的可能性比较小，通常属于永久性减值；另一方面，从会计信息稳健性要求考虑，要避免确认资产重估增值和操纵利润。资产减值损失一经确认，在以后会计期间不得转回。以前期间计提的资产减值准备，等到资产处置时才可以转出。

15.1.2　资产减值损失的账务处理

为了正确核算企业确认的资产减值损失和计提的资产减值准备，企业应当设置“资产减值损失”科目，按照资产类别进行明细核算，反映各类资产在当期确认的资产减值损失金额；同时，应当根据不同的资产类别，分别设置相对应的会计科目。

当企业确定资产发生减值时，应当根据所确认的资产减值金额，借记“资产减值损失”科目，贷记“存货跌价准备”“固定资产减值准备”“在建工程减值准备”“投资性房地产减值准备”“无形资产减值准备”“商誉减值准备”“长期股权投资减值准备”“生产性生物资产减值准备”等科目。

在期末，企业应当将“资产减值损失”科目余额转入“本年利润”科目，结转后，该科目应当没有余额。各资产减值准备科目累积每期计提的资产减值准备，直至相关资产被处置时才予以转出。

【例 15.1】张老板公司 2019 年有一批诺基亚非智能手机滞销。诺基亚作为手机行业十数年的“NO.1”，由于未能跟上智能手机市场的脚步而逐渐被市场所淘汰。该批手机原始记账价值为 1300 万元，由于非智能手机的滞销，张老板公司经过充分的市场调研和测试，预计该批手机预计可收回金额仅为 480 万元，因此应确认资产减值损失 820 万元，对应的会计分录为：

借：资产减值损失——存货减值损失　　8200000

　贷：存货跌价准备　　　　　　　　　　8200000

计提资产减值准备后，该批手机的账面价值变为 480 万元。如果该批手机在处置之前，出现进一步减值的迹象，应再做进一步的减值测试。

15.2 公允价值变动损益

“公允价值变动损益”是新会计准则下的一个全新项目，正确理解与运用“公允价值变动损益”项目进行账务处理，是会计人员需要解决的实际问题。

公允价值变动损益是指企业以各种资产，如投资性房地产、债务重组、非货币交换、交易性金融资产等公允价值变动形成的应计入当期损益的利得或损失，即公允价值与账面价值之间的差额。该项目反映资产在持有期间因公允价值变动而产生的损益。

15.2.1 交易性金融资产公允价值变动的账务处理

下面我们根据新会计准则的规定，举例说明公允价值变动损益的账务处理。

【例 15.2】张老板公司在 2019 年 1 月 1 日以每股 10 元的价格从二级市场购入 A 公司股票 100 万股，另外支付 1 万元的交易费用，并将该投资计入交易性金融资产。2019 年 6 月 30 日，该股票的市价涨至 15 元/股，2019 年 12 月 31 日该股票的市价为 14 元/股，2020 年 1 月 15 日张老板公司将股票以每股 18 元/股的市价全部出售。若不考虑其他因素，请编制会计分录。

（1）2019 年 1 月 1 日购进 A 公司股票时，对应的会计分录为：

借：交易性金融资产——成本 10000000
　　投资收益 10000
　贷：银行存款 10010000

（2）2019 年 6 月 30 日确认该股票的公允价值变动时，对应的会计分录为：

借：交易性金融资产——公允价值变动 5000000
　贷：公允价值变动损益 5000000

同时，将公允价值变动损益科目余额转入本年利润，对应的会计分录为：

借：公允价值变动损益 5000000
　贷：本年利润 5000000

（3）2019 年 12 月 31 日确认该股票的公允价值变动时，对应的会计分录为：

借：公允价值变动损益 1000000
　贷：交易性金融资产——公允价值变动 1000000

同时，将公允价值变动损益科目余额转入本年利润，对应的会计分录为：

借：本年利润 1000000
　贷：公允价值变动损益 1000000

（4）2020 年 1 月 15 日出售该股票时，对应的会计分录为:

借：银行存款　　18000000

　贷：交易性金融资产——成本　　10000000

　　　交易性金融资产——公允价值变动　　4000000

　　　投资收益　　4000000

同时，将原计入该金融资产的公允价值变动转出，对应的会计分录为:

借：公允价值变动损益　　4000000

　贷：投资收益　　4000000

15.2.2　公允价值变动损益在运用中的疑问与分析

例 15.2 中，张老板公司 2019 年 6 月 30 日交易性金融资产的公允价值大于账面价值 500 万元，调增“交易性金融资产”科目 500 万元，并增加“公允价值变动损益”科目 500 万元；2019 年 12 月 31 日，交易性金融资产的公允价值小于账面价值 100 万元，调减“交易性金融资产”科目 100 万元，并减少“公允价值变动损益”科目 100 万元；2020 年 1 月 15 日，出售该交易性金融资产时，将原计入该金融资产的公允价值净变动 400 万元转出，借记“公允价值变动损益”科目 400 万元，贷记“投资收益”科目 400 万元。然而，一些文献的作者对以上交易性金融资产的账务处理提出了两点疑问:

（1）资产负债表日，因公允价值变动而发生的损益是一笔持有损益，将未实现的损益计入本年利润，会虚增或虚减企业利润；同时，这种处理方法也给企业人为地调整账面利润提供可乘之机。

（2）公允价值变动损益已转入本年利润，在出售时，再将已转入本年利润的公允价值变动损益转出，记入“投资收益”科目，等于重复计算了利润。

其实不然，根据新会计准则的规定，利润表既反映已实现的收益，也反映未实现的利得和损失。在利润表中，公允价值变动损益是作为当期损益计入营业利润的，也就是说，持有损益与实现的损益都是利润的组成部分。任何一种制度都不是完美的，纵然给个别企业留下了操纵利润的空间，但是瑕不掩瑜，它仍然是相对较好的一种处理方法。

15.3　投资收益

张老板公司除自身开展营业活动外，在资金闲余的时候，也会积极参与股票市场投资和其他投资活动。既然是投资，就会取得收益也会遭受损失，那么这部分经济行为应该如何核算呢？下面我们来认识一下投资收益。

15.3.1 投资收益的概念

投资收益是指企业在一定的会计期间对外投资所取得的回报。投资收益包括对外投资所分得的股利和收到的债券利息，以及投资到期收回的或到期前转让债权取得款项高于账面价值的差额等。投资活动也可能遭受损失，如投资到期收回的或到期前转让所得款低于账面价值的差额，即投资损失。投资收益减去投资损失为投资净收益。

注意：随着企业掌握和运用资金的权力日益增大，管理者会将闲置资金更多地投入各种投资活动中，并随之产生收益或者发生亏损。这部分收益或亏损虽然不是企业自身主营业务或劳务活动所得，但它却是企业利润的重要组成部分，并且随着资本市场的日益完善，其所占比重呈越来越高的趋势。

15.3.2 投资收益的核算

本科目核算企业确认的投资收益或投资损失，企业的投资项目较多时，可以按照投资项目进行明细核算，期末，应将本科目余额转入“本年利润”科目，本科目结转后应无余额。

投资收益的主要账务处理：

（1）长期股权投资采用成本法核算的，企业应将被投资单位宣告发放的现金股利或利润中属于本企业的部分，借记“应收股利”科目，贷记本科目；属于被投资单位在取得本企业投资前实现净利润的分配额，应作为投资成本的收回，借记“应收股利”等科目，贷记“长期股权投资”科目。

（2）处置长期股权投资时，应按实际收到的金额，借记“银行存款”等科目；按其账面余额，贷记“长期股权投资”科目；按尚未领取的现金股利或利润，贷记“应收股利”科目；按其差额，贷记或借记本科目。已计提减值准备的，还应同时结转减值准备。

（3）长期股权投资采用权益法核算的，应根据被投资单位实现的净利润或经调整的净利润计算应享有的份额，借记“长期股权投资——损益调整”科目，贷记本科目。被投资单位发生净亏损的，比照“长期股权投资”科目的相关规定进行处理。

（4）处置采用权益法核算的长期股权投资，除上述规定外，还应结转原计入资本公积的相关金额，借记或贷记“资本公积——其他资本公积”科目，贷记或借记本科目。

（5）企业持有交易性金融资产期间取得的投资收益，以及处置交易性金融资产，比照“交易性金融资产”科目的相关规定进行处理。

【例 15.3】 2019 年 1 月 8 日，张老板公司购入 B 公司发行的公司债券，该笔债券于 2018 年 1 月 1 日发行，面值为 3000 万元，票面利率为 5%，债券利息按年支付。张老板公司将其划分为交易性金融资产，支付价款为 2800 万元（其中包含已宣告发放的债券利息 150 万元），另支付交易费用 20 万元。2019 年 2 月 5 日，张老板公司收到该笔债券利息 150 万元。2020 年 2 月 10 日，张老板公司收到债券利息 150 万元。

①2019 年 1 月 8 日购入 B 公司的公司债券时，对应的会计分录为：

借：交易性金融资产——成本　26500000
　　应收利息　1500000
　　投资收益　200000
　贷：银行存款　28200000

②2019 年 2 月 5 日收到购买价款中包含的已宣告发放的债券利息时，对应的会计分录为：

借：银行存款　1500000
　贷：应收利息　1500000

③2019 年 12 月 31 日确认 B 公司的公司债券利息收入时，对应的会计分录为：

借：应收利息　1500000
　贷：投资收益　1500000

④2020 年 2 月 10 日收到持有 B 公司的公司债券利息时，对应的会计分录为：

借：银行存款　1500000
　贷：应收利息　1500000

15.4　资产处置收益

资产处置收益是新会计准则下新增的一个利润表项目，它主要根据“资产处置损益”会计科目（该科目用来核算固定资产、无形资产等因出售、转让等原因产生的利得和损失）的发生额填列，我们要特别注意它与营业外收支的区别。本节我们将对“资产处置收益”项目进行分析。

15.4.1 资产处置收益的核算

资产处置收益核算的内容有一部分是原来在营业外收支中核算的内容，它核算固定资产、在建工程、生产性生物资产及无形资产出售或是转让而产生的处置利得或损失；企业出售划分为持有待售的非流动资产（金融工具、长期股权投资和投资性房地产除外）或处置组（子公司和业务除外）时确认的处置利得或损失也计入该科目。

15.4.2 资产处置收益与营业外收支的区别

区分资产处置收益和营业外收支，关键要看资产处置后是否有使用价值。如果该资产处置后还有使用价值，比如处置该资产是为了抵债、投资、捐赠等，这些经营行为是为了换取对价，具有商业价值，那么我们就应该将其计入资产处置收益；属于正常报废或是非正常原因损毁而处置的资产一般都是没有使用价值的，应计入营业外收支中的资产处置损益。

【例 15.4】2019 年 5 月 18 日，张老板公司出售一台机器设备，该设备原值 15 万元，已提折旧 7 万元，减值准备 2 万元。张老板公司开具增值税专用发票上标明的价款为 3 万元，增值税税额为 3900 元，款项已收存银行，另外用银行存款支付清理费 1 万元。

（1）机器设备转入固定资产清理时，对应的会计分录为：

借：固定资产清理　　60000
　　累计折旧　　70000
　　固定资产减值准备　　20000
　贷：固定资产　　1500000

（2）支付机器设备清理费时，对应的会计分录为：

借：固定资产清理　　10000
　贷：银行存款　　10000

（3）收到机器设备出售价款时，对应的会计分录为：

借：银行存款　　33900
　贷：固定资产清理　　30000
　　　应交税费——应交增值税（销项税额）　　3900

（4）结转固定资产清理时，对应的会计分录为：

借：资产处置损益　　40000

贷：固定资产清理　　　　　　　　　　　40000

注意：如果例 15.4 中的机器设备已经没有使用价值，被新的机器设备替换，张老板公司将其报废，相关的数据都不变，那么我们在最后结转固定资产清理的时候，就不应编制上述会计分录了。我们应将“固定资产清理”科目转为“营业外支出”科目。

15.4.3　资产处置收益的报表填列

资产处置收益在利润表中是新增的项目，应根据“资产处置损益”会计科目的发生额分析填列；如果为处置损失，则以“-”号填列。

15.5　净利润

前面章节我们提到，未分配利润是资产负债表中的一个综合的项目，对于利润表而言，净利润则是一个综合的项目，因为它汇集了企业所有经济行为的最终成果。净利润是指在利润总额中按规定缴纳所得税后公司的利润留成，一般也称为税后利润或净收入。

净利润的计算公式为：

净利润=利润总额-所得税

注意：净利润是一个企业经营的最终成果，净利润多，企业的经营效益就好；净利润少，企业的经营效益就差。它是衡量一个企业经营效益的主要指标。

张老板作为公司的股东兼总经理，日夜操劳是为了什么呢？为了公司业绩蒸蒸日上，规模越做越大；为了几百名员工各有所得，给予员工合理的薪酬；更是为了实现利润最大化，到了年底，净利润这项指标能有较好的表现。

下面我们来举例说明净利润的计算过程。

【例 15.5】张老板公司 2019 年 3 月的主营业务收入为 180 万元，主营业务成本为 130 万元，税金及附加为 5.8 万元，其他业务收入为 7.3 万元，其他业务成本为 3 万元，销售费用为 17 万元，管理费用为 15 万元，财务费用为 7.5 万元，营业外收入为 3 万元，营业外支出为 1.2 万元，按照 25%的比例缴纳所得税。请计算该公司当月的净利润。

（1）张老板公司主营业务利润=主营业务收入-主营业务成本-税金及附加=1800000-1300000-58000=442000（元）

（2）张老板公司其他业务利润=其他业务收入-其他业务成本=73000-30000=

43000（元）

（3）期间费用合计=销售费用+管理费用+财务费用=170000+150000+75000=395000（元）

（4）营业利润=主营业务利润+其他业务利润-期间费用合计=442000+43000-395000=90000（元）

（5）营业外收支净额=营业外收入-营业外支出=30000-12000=18000（元）

（6）利润总额=营业利润+营业外收支净额= 90000+18000=108000（元）

（7）所得税额=利润总额×25%=108000×25%=27000（元）

（8）净利润=利润总额-所得税额=108000-27000=81000（元）

大家可能觉得净利润的计算过程很复杂，其实不然，在利润表的编制过程中，只要我们按照利润表各项目的顺序将数据逐次相加或相减，就可以得出净利润。

第 16 章 利润表综合分析

杨经理需要综合分析和评价张老板公司的财务状况，他除了要分析资产负债表，还要分析利润表。

利润表中的项目除了可以分别揭示公司收入、成本和费用规模的大小，将它们综合起来对比分析，还可以反映出许多我们不易察觉的小细节，如张老板公司的毛利率、资产报酬率、资产周转率等，分析它们可以综合判断公司取得同样收益所付出的代价。

我们关心结果，也关心取得该结果的投入产出比。

16.1 利润表分析的内容

张老板不但希望公司赚钱，希望公司用更少的资本赚更多的钱，而且希望公司有持续赚钱的能力，他对自己一手建立起来的公司寄予了很多希望。杨经理也希望老板能够高高兴兴地给大家发红包、奖励旅游等，他把公司一年来的经营成果总结归纳出来，整理出一份漂亮的成绩单！

接下来，杨经理开始进行利润表的分析工作。

利润表分析的内容主要包括以下三个方面：

（1）利润表变动分析

通过利润表具体项目，主要对各项利润的增减变动、利润结构的增减变动及影响利润的收入与成本进行分析。

对这方面的分析，解答了张老板的第一个问题——公司是否赚钱，是否比前年赚了更多的钱？

（2）盈利能力的分析

盈利能力是指企业在一定时期内获取利润的能力，体现了企业利用可支配的资源开展经营活动，从而获取经济利益的程度。

对这方面的分析，解答了张老板的第二个问题——公司赚取这些钱占用了多少资本？

（3）营运能力的分析

对这方面的分析，解答了张老板的第三个问题——公司是否具有持续赚钱的能力。

下面，我们将上述内容逐项展开。

16.2 利润表变动分析

利润表的变动分析，就是对利润表具体项目的比较分析，主要是对各项利润的增减变动、利润结构的增减变动及影响利润的收入与成本进行分析。

16.2.1 利润表数据

我们先来看一下张老板公司 2019 年度的利润表，看看该公司经过一年的辛苦经营，究竟取得了多少收入，花费了多少成本，总体利润情况怎么样。张老板公司 2019 年度利润表，如表 16.1 所示。

表 16.1 张老板公司 2019 年度利润表

编制单位：四星通信设备有限公司　　2019年度　　单位：元

项目	本期金额	上期金额
一、营业收入	18450495.00	14202047.00
减：营业成本	10645960.00	8505665.2.00
税金及附加	936920.00	720740.00
销售费用	1854980.00	1435300.00
管理费用	1615620.00	1226000.00
研发费用		
财务费用	1048680.00	871550.00
其中：利息费用		
利息收入		
资产减值损失		
信用减值损失		
加：其他收益		
投资收益（损失以“-”号填列）	1900000.00	1000000.00
其中：对联营企业和合营企业的投资收益		

续表

项目	本期金额	上期金额
净敞口套期收益（损失以“-”号填列）		
公允价值变动收益（损失以“-”号填列）		
资产处置收益（损失以“-”号填列）		
二、营业利润（亏损以“-”号填列）	4248335.00	2442791.80
加：营业外收入	105000.00	83570.00
减：营业外支出	35087.00	63300.00
三、利润总额（亏损总额以“-”号填列）	4318248.00	2463061.80
减：所得税费用	1052257.80	689180.00
四、净利润（净亏损以“-”号填列）	3265990.20	1773881.80
（一）持续经营净利润（净亏损以“-”号填列）		
（二）终止经营净利润（净亏损以“-”号填列）		
五、其他综合收益的税后净额		
六、综合收益总额		

其中：

项目	本年金额	上年金额
主营业务收入	18272160.00	14056170.00
主营业务成本	10546550.00	8433702.20
其他业务收入	178335.00	145877.00
其他业务成本	99410.00	71963.00

16.2.2　利润额增减变动分析

通过对利润表的水平分析，可以从利润的形成角度，了解利润额的变动情况，揭示企业在利润形成过程中的管理业绩及存在的问题。

张老板公司 2019 年营业收入较 2018 年增长了 424.84 万元，营业成本增长了 214.03 万元。其中：2019 年的主营业务收入约为 1827 万元，2018 年的主营业务收入约为 1405 万元，可以看出较上年度有较大幅度的增长；随着收入的增长，成本也加大了，综合来看，主营业务利润增长了约 188 万元（2019 年主营业务利润=1827.22 万元-1054.66 万元-93.69 万元=678.87 万元；2018 年主营业务利润=1405.62 万元-843.37 万元-72.07 万元=490.18 万元），这主要是因为收入的增幅超过了成本的增幅。上述变动情况我们可以从收入成本增长变动表的折线上升角度观察出来，如图 16.1 所示。

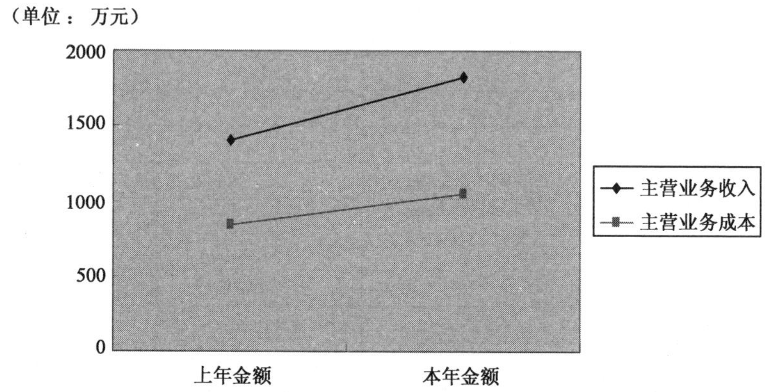

图 16.1　收入成本增长变动表

其他业务利润的发展基本持平；费用类成本有所增长，2019 年与 2018 年三项费用总额分别约为 451.93 万元和 353.29 万元，增长了约 98.64 万元，基本上属于合理范围内的增长，因为随着收入的增长，公司的相关投入也有所变化；2019 年的投资收益为 190 万元，2018 年的投资收益为 100 万元，增长了 90 万元，说明张老板公司的管理层很有眼光，投资已经开始得到回报，并且回报金额逐渐上涨。

总体来说，张老板公司 2019 年度实现净利润约 326.6 万元，较上年度增长近一倍，数据很客观，说明该公司在拓展业务的同时，不忘节约成本，既做到开源又做到节流。

近年来智能手机销售的爆发式增长给张老板公司带来了新的发展机遇，为了不错失这个难得的机会，张老板不辞辛劳，抓管理、抓销售，通过各种奖励措施调动员工的工作积极性，利润表中的数据可以证明该公司焕发了新的生机和活力。

16.2.3　利润结构变动分析

利润结构变动分析，主要是在对利润表进行垂直分析的基础上，揭示各项利润及成本费用与收入的关系，以反映企业各环节的利润构成、利润及成本费用水平。

从表 16.1 中我们可以看出，张老板公司 2019 年度的主营业务利润约为 678.87 万元，其他业务利润约为 7.89 万元；2018 年度的数据分别约为 490.18 万元和 7.39 万元。从收入和利润的贡献比例来看，主营业务利润仍然占绝对比重。

从成本费用来看，可以得出同样的结论。我们先来比较一下成本支出，张老板公司 2019 年度的主营业务成本约为 1054.66 万元，其他业务支出约为 9.94 万元；2018 年度的数据分别约为 843.37 万元和 7.2 万元。可以看出，主营业务成本占绝大部分比重。从费用角度分析，销售费用的支出大于管理费用，管理费用的支出大于财务费用，在两个会计年度之间并没有发生特别大的波动。

通过以上分析，我们可以得出结论：张老板公司在利润结构构成方面，其主营业务一直占绝大部分比重，并且费用消耗方面也没有大的变动，说明该公司经营目标和发展思路比较平稳和成熟，短期之内应该不会发生突然性的变化。

16.3　盈利能力分析

盈利能力是指企业获取利润的能力。利润是企业内外有关各方都关心的中心问题，是投资者取得投资收益、债权人收取本息的资金来源，是经营者经营业绩和管理效能的集中表现，也是职工集体福利制度不断完善的重要保障，因此，对企业盈利能力的分析是十分重要的。

盈利能力分析体现了企业利用可支配的资源开展经营活动，从而获取经济利益的程度。一般来说，只有正常的营业状况才能说明企业的盈利能力，非正常的营业状况不能说明企业的盈利能力。

企业盈利能力分析是指通过企业在生产过程中的产出、耗费和利润的比例关系来研究和评价企业的获利能力。反映企业盈利能力的指标主要有销售毛利率、销售利润率、成本费用利润率、总资产净利率、每股收益、市盈率等。

16.3.1　销售毛利率

$$销售毛利率=\frac{销售毛利额}{销售收入净额}\times 100\%$$

【例 16.1】张老板公司 2018 年度的毛利率为 25.81%，低于行业平均销售毛利率 27.37%，说明张老板公司 2018 年的盈利能力不强，与行业第一名的通信公司相比差距很大。

张老板公司 2019 年度的销售毛利率又是怎样的呢？我们来计算一下。

销售毛利额=主营业务收入−主营业务成本−税金及附加

=18272160−10546550−936920

=6788690（元）

$$\begin{aligned}销售毛利率&=\frac{销售毛利额}{销售收入净额}\times 100\%\\&=\frac{6788690}{18272160}\times 100\%\\&=37\%\end{aligned}$$

张老板公司2019年度的销售毛利率达到了37%，无论是从通信行业的角度，还是从全行业平均值的角度来分析，这个数字都是不错的，说明张老板公司在管理方法上经过几年的改进和修炼，已经进入优秀公司的行列。

注意：我们在这里为大家提供一点关于股票投资的小建议。一般而言，最好不要购买销售毛利率低于25%的企业的股票，建议选择销售毛利率在30%以上的公司，并且近3年的销售毛利率要连续增长，这样的公司才值得投资。

16.3.2 销售利润率

销售利润率受企业销售结构、销售价格、销售成本等的影响，它与净利润成正比关系，与销售收入成反比关系，企业在增加销售收入额的同时，必须相应地获取更多的净利润，才能使销售利润率保持不变或有所提高。通过分析销售利润的升降变动，可以促使企业在扩大销售的同时，注意改进经营管理，提高盈利能力。

销售利润率是企业利润总额与销售收入净额的比率。它反映企业的销售收入中，职工为社会劳动新创价值所占的份额，其计算公式为：

$$销售利润率 = \frac{利润总额}{销售收入净额} \times 100\%$$

【例 16.2】 根据表16.1中显示的资料，张老板公司的销售利润率计算如下：

$$销售利润率（2018年）= \frac{2463061.8}{14056170} \times 100\% = 17.52\%$$

$$销售利润率（2019年）= \frac{4318248}{18272160} \times 100\% = 23.63\%$$

销售利润率越高，表明企业为社会新创价值越多、贡献越大，也表明企业在增产的同时，创造了更多的利润，实现了增产增收。我们可以看到，张老板公司的销售利润率呈现越来越高的趋势，这是一个好消息。

以上销售利润率指标中的利润也可以按销售利润计算。考虑到利润总额的构成比较广泛，其中有些收益同产品销售收入无直接联系，为保证计算的口径一致，用产品销售利润更为适宜。

注意：在以往的工作中通常还要计算销售利税率指标，诚然，企业实现的利润总额和上缴的流转税都是对国家所做的贡献，但考虑到我国1994年开始全面实行增值税后，计入销售收入的销售税金在企业中已很少或不复存在，因此，计算销售

利税率指标已经没有实际的意义。

16.3.3　成本费用利润率

成本费用利润率是企业利润总额与成本费用总额的比率。它是反映企业在生产经营过程中发生的耗费与获得的收益之间关系的指标。

成本费用利润率从耗费的角度补充评价企业的收益状况和盈利能力，有利于促进企业加强内部管理、节约支出、提高经营效益，其计算公式为:

$$成本费用利润率 = \frac{利润总额}{成本费用总额} \times 100\%$$

【例 16.3】根据表 16.1 中显示的资料，张老板公司的成本费用利润率计算如下:

2018年的成本费用总额=营业成本+销售费用+管理费用+财务费用

=8505665.2+1435300+1226000+871550

=12038515.2（元）

$$成本费用利润率（2018 年）= \frac{2463061.8}{12038515.2} \times 100\%$$

$$= 20.46\%$$

2019 年的成本费用总额=营业成本+销售费用+管理费用+财务费用

=10645960+1854980+1615620+1048680

=15165240（元）

$$成本费用利润率（2019 年）= \frac{4318248}{15165240} \times 100\%$$

$$= 28.47\%$$

计算结果表明，该公司成本费用利润率指标 2019 年比 2018 年上升了 8%。该项比率越高，表明企业耗费所取得的收益越高，它是一项能直接反映增收节支、增产节约效益的指标。企业生产销售的增加和费用开支的节约都能使这一比率有所提高，企业应当深入分析导致成本费用上升的因素，改进有关工作，以便扭转效益指标下降的状况。

16.3.4　总资产净利率

总资产净利率是企业净利润与资产平均总额的比率，即过去所说的资金利润率。它是反映企业资产综合利用效率的指标，也是衡量企业利用债权人和所有者权益总额所取得利润的重要指标，其计算公式为:

$$总资产净利率 = \frac{净利润}{资产平均总额}\times 100\%$$

【例 16.4】根据表 16.1 中显示的资料，张老板公司的总资产净利率计算如下：

2018 年的资产平均总额=总资产（2017 年年末）+总资产（2018 年年末）

=107000837+118095600

=225096437（元）

$$总资产净利率（2018年）= \frac{1773881.8}{225096437}\times 100\%$$

$$= 0.79\%$$

2019 年的资产平均总额=总资产（2019 年年末）+总资产（2018 年年末）

=191794800+118095600

=309890400（元）

$$总资产净利率（2019年）= \frac{3265990.2}{309890400}\times 100\%$$

$$= 1.05\%$$

计算结果表明，该公司资产综合利用效率 2019 年比 2018 年稍好，企业资产的使用情况、增产节约工作的开展情况等都不错。资产利用的效率越高，表明整个企业的盈利能力越强，经营管理水平越高。

注意：总资产净利率反映的是公司运用全部资产获取利润的能力，即公司每占用 1 元的资产所能获得的利润。该项指标越高，表明公司投入产出的水平越高，资产运营越有效，成本费用的控制水平越高。它体现了企业管理水平的高低，也就是张老板关心的第二个问题——公司赚取这些钱占用了多少资本？从这两年的数据对比来看，基本达到了张老板的目标。

16.3.5 每股收益

每股收益是指本年净收益与年末普通股份总数的比值。如果股份公司发行了优先股，那么还要先扣除优先股应分的股利，然后再除以流通股数，即发行在外的普通股平均股数，其计算公式为：

$$每股收益 = \frac{净利润}{年末普通股份总数}$$

根据第 8 章资产负债表综合分析中表 8.2 的资料所示，张老板公司 2019 年和 2018 年分别有普通股 9000 万股和 4000 万股，2019 年和 2018 年净利润分别约为 326.6 万元和 177.39 万元，可以计算出每股收益分别为 0.036 元和 0.044 元。该指标值略有下降，原因是该公司 2019 年融资了 5000 万元，稀释了股份，由于融资金额须投入生产运营再慢慢转化为利润，因此并不会马上实现效益。

16.3.6　市盈率

市盈率是普通股每股市场价格与每股利润的比率。它是反映股票盈利状况的重要指标，也是投资者对从某种股票获得 1 元利润所愿意支付的价格，其计算公式为：

$$市盈率 = \frac{普通股每股市场价格}{普通股每股利润} \times 100\%$$

该项比率越高，表明企业获利的潜力越大；反之，则表明企业的发展前景并不乐观。股票投资者通常将市盈率作为投资选择的参考。

很明显，这是一个衡量上市公司股票价格与价值的比率指标。可以简单地认为，市盈率高的股票，其价格与价值的背离程度就越高。也就是说，市盈率越低，其股票越具有投资价值。

注意：市盈率作为衡量上市公司价格和价值关系的一个指标，其高低标准并不是绝对的，它与本国货币的存款利率水平有着紧密联系。如果市盈率过高，投资不如存款，大家就会放弃投资而把钱存在银行收取利息；反之，如果市盈率过低，大家就会把存款取出来进行投资以获取比存款利息更高的收益。

16.4　营运能力分析

前面两节，我们已经解答了张老板的两个问题，接下来我们就来解答张老板的第三个问题——公司是否具有持续赚钱的能力？这需要我们先来认识一下什么是企业的营运能力，以及如何提高企业的营运能力。

企业的营运能力主要是指企业营运资产的效率和效益。

营运能力不但反映企业的盈利能力，而且反映企业基础管理、经营决策、市场营销等方面的状况。营运能力分析的重要意义如下：

- 通过资产营运能力分析，确立企业合理的资产存量规模。
- 通过资产营运能力分析，促进企业各项资产的合理配置。
- 通过资产营运能力分析，促进企业资产利用效率的提高。

一般来说，按照资产类别的不同，营运能力分析的内容包括流动资产营运能力分析、总资产营运能力分析和不良资产比率分析。

16.4.1 流动资产营运能力分析

流动资产营运能力分析包括很多方面，如应收账款周转率分析、存货周转率分析、营业周期分析、流动资产周转率分析等，下面我们就来认识它们。

1. 应收账款周转率分析

应收账款是企业因赊销产品、材料、物资和提供劳务而应向购买方收取的各种款项，在流动资产中具有举足轻重的地位。公司的应收账款如果能及时收回，公司的资金使用效率就能得到大幅提高。应收账款周转率就是反映公司应收账款周转速度的比率，反映一定期间内公司应收账款转为现金的平均次数。它有以下两种表示方法:

（1）应收账款周转次数

$$应收账款周转次数 = \frac{主营业务收入净额}{应收账款平均余额}$$

（2）应收账款周转天数

$$应收账款周转天数 = \frac{应收账款平均余额 \times 360}{主营业务收入净额}$$

应收账款周转率分析的注意事项如下:

（1）应收账款既包括应收账款、应收票据，也包括坏账准备，这里我们假设企业应收账款的坏账准备为零。

（2）主营业务收入净额是企业当期销售产品、提供劳务等主要经营活动所取得的收入减去折扣与折让后的数额，这里我们假设折扣与折让为零。

（3）报告期天数一年均以 360 天计，一季度均以 90 天计，一月均以 30 天计。

【例 16.5】根据表 16.1 中显示的资料，张老板公司 2019 年度的主营业务收入为 18272160 元，应收账款相关数据如表 16.2 所示。

表 16.2 应收账款相关数据

项目	期末余额	期初余额	应收账款平均余额
应收票据	2800000.00	600000.00	—
应收账款	19455000.00	10447500.00	—
合计	22255000.00	11047500.00	16651250.00

2019 年张老板公司的应收账款周转次数为:

$$应收账款周转次数 = \frac{主营业务收入净额}{应收账款平均余额}$$

$$= \frac{18272160}{16651250}$$

$$= 1.1 \text{（次）}$$

2019 年张老板公司的应收账款周转天数为:

$$\text{应收账款周转天数} = \frac{\text{应收账款平均余额} \times 360}{\text{主营业务收入净额}}$$

$$= \frac{16651250 \times 360}{18272160}$$

$$= 328 \text{（天）}$$

应收账款周转率越高，表明其资金收回速度越快；反之，则表明营运资金过多地呆滞在应收账款上，影响正常资金周转及偿债能力。

应收账款周转率要与企业的经营方式结合来分析。以下四种情况的企业使用该指标不能反映实际情况：第一种情况，季节性经营的企业；第二种情况，大量使用分期收款结算方式的企业；第三种情况，大量使用现金结算的企业；第四种情况，年末大量销售或年末销售大幅度下降的企业。

如果排除以上这四种情况，企业应收账款周转率偏低时，需要分析以下原因：销货条件或收账方式不当、财务计划不力、客户发生财务困难、同行业竞争加剧、物价水平波动等。

2．存货周转率分析

存货周转率是指企业一定时期主营业务成本与存货平均余额的比率。它反映企业从取得存货、投入生产到销售收回（包括现金销售和赊销）等环节的综合管理状况，反映存货的周转速度，即存货的流动性及存货资金占用量合理与否。它有以下两种表示方法:

（1）存货周转次数

$$\text{存货周转次数} = \frac{\text{主营业务成本}}{\text{存货平均余额}}$$

（2）存货周转天数

$$\text{存货周转天数} = \frac{360}{\text{存货周转次数}}$$

【例 16.6】根据表 16.1 中显示的资料，张老板公司 2019 年度的主营业务收入为 10546550 元，存货相关数据如表 16.3 所示。

表 16.3　存货相关数据

项目	期末余额	期初余额	应收账款平均余额
存货	50184900.00	36015300.00	43100100.00

2019 年张老板公司的存货周转次数为:

$$存货周转次数 = \frac{主营业务成本}{存货平均余额}$$

$$= \frac{10546550}{43100100}$$

= 0.24（次）

2019 年张老板公司的存货周转天数为:

$$存货周转天数 = \frac{360}{存货周转次数}$$

$$= \frac{360}{0.24}$$

= 1471（天）

注意：存货周转率反映企业对于存货采购、仓储、销售的整体管理水平高低，任何一个环节的滞后都会影响该指标。

3. 营业周期分析

营业周期是指企业从取得存货到销售存货并收回现金所需耗用的时间，等于应收账款周转天数与存货周转天数之和，其计算公式为:

营业周期=应收账款周转天数+存货周转天数

营业周期越短，企业资金周转速度越快，企业的流动资产管理水平越高，盈利水平也越高；反之，资金周转速度越慢。

4. 流动资产周转率分析

流动资产周转率表明企业流动资产周转速度的快慢，其计算公式为:

$$流动资产周转率 = \frac{主营业务收入净额}{平均流动资产总额}$$

实现流动资产的良性变动，应以主营业务收入增幅高于流动资产增幅作为保证。

16.4.2　总资产营运能力分析

总资产营运能力主要通过总资产周转率这个指标来分析。总资产周转率是企业一定时期主营业务收入净额与平均资产总额的比值，其计算公式为:

$$总资产周转率 = \frac{主营业务收入净额}{平均资产总额}$$

$$= \frac{\text{主营业务收入净额}}{\text{平均流动资产总额}} \times \frac{\text{平均流动资产总额}}{\text{平均资产总额}}$$

总资产流动速度取决于以下两个因素:

- 流动资产周转率。加速流动资产周转，就会使总资产周转速度加快。
- 流动资产占总资产的比重。流动资产占总资产的比重越大，总资产周转速度越快。

一般情况下，该指标数值越高，周转速度越快，资产利用率越高。

总资产周转率反映了企业全部资产的管理质量和利用效率，是企业一定时期的实际产出质量及对每单位资产实现价值的补偿。

16.4.3　不良资产比率分析

不良资产比率是企业年末不良资产总额占年末资产总额的比率，是从企业资产管理角度对企业资产营运状况进行的修正。

$$\text{不良资产比率} = \frac{\text{年末不良资产总额}}{\text{年末资产总额}} \times 100\%$$

注意：不良资产着重从不能正常循环运转以谋取收益的资产角度，反映企业资产的质量；该指标在用于评价工作的同时，有利于企业发现自身不足，改善管理，提高资产利用效率；一般情况下，该指标越高，资金利用率越差。

16.5　利润表内容回顾

本章主要解答了张老板的三个问题：公司是否赚钱、是否用更少的钱赚钱，以及是否具有持续赚钱的能力。通过学习我们认识到，张老板公司这一年的盈利状况和总体管理水平是不错的。

本章不局限于利润表本身，其中穿插了很多资产负债表分析的内容，二者是相辅相成、不可分割的，尤其是营运能力分析一节，充分地将两张财务报表融合在一起。

利润表主要分析企业的盈利能力，资产负债表主要分析企业的偿债能力，二者具有统一性：盈利能力的提高是企业追求的总体目标；盈利能力的提高会大大改善企业的财务状况，有利于提高企业的偿债能力。盈利能力和偿债能力又具有矛盾性：盈利能力是一个时期数，偿债能力是一个时点数；不适当地追求盈利能力的提高，会使偿债能力下降；不适当地追求偿债能力的提高，尽管可以减少财务风险，却会引起盈利能力的下降。企业的管理者和经营者需要在二者之间找到一个平衡点。

第 17 章 现金流量表

张老板公司非常重视企业的资本积累，尤其是保持资金的充裕性和可支配性。企业的收入有时候是阶段性的，不一定每天都有，且产品卖出去后不一定马上就能收到钱，而支出是分分秒秒都在发生的——电话要天天打、水电费要日日付、汽车要时时开、招待费用天天有，加之企业的日常采购和管理费用的开支，企业要保证随时都有充裕的现金流，否则很有可能贻误投资良机或者出现债务危机。

"现金为王"一直以来都被张老板公司视为资金管理的中心理念，拥有足够的现金是企业保持健康稳定运营的基本保障。

"眼看他起朱楼，眼看他宴宾客，眼看他楼塌了"，张老板纵横商场多年，眼见无数的企业家朋友起起落落，有些是因为商业模式不合理难以运营，也有一些是因为投资项目太多，资金链断裂，导致整个企业崩塌。于是，张老板为公司树立了一个"现金为王"的理念，无论公司处于什么样的经济环境中，都要戒骄戒躁，稳步前进，保障公司日常营运资金及短期偿债资金的充裕性。

注意：资产负债表反映企业资产的质量，利润表反映企业的经营成果，现金流量表则是企业资产好坏的"验血报告"。盈利是公司获得现金净流入的根本源泉，而获得足够的现金则是公司创建优良经营业绩的有力支撑。

本章我们将介绍现金流量表的基本内容和结构。

17.1 什么是现金流量表

现金流量表是反映企业一定会计期间内现金和现金等价物流入和流出的报表，表明企业获得现金和现金等价物的能力。一个公司是否有足够的现金流入是至关重要的，它不仅影响公司支付股利、偿还债务的能力，还影响公司的生存和发展。

学习现金流量表首先要了解“现金”的概念，现金流量表的“现金”有其特殊的定义，是指企业库存现金、银行存款及现金等价物。它与资产负债表项目的区别，如图 17.1 所示。

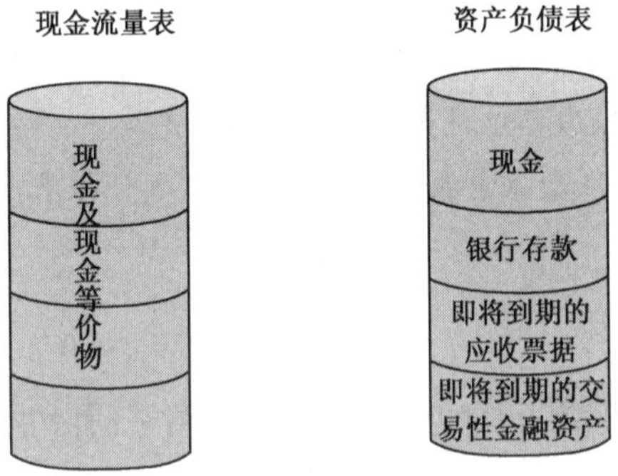

图 17.1 现金流量表与资产负债表项目的区别

如图 17.1 所示，现金流量表的“现金”与资产负债表的“现金”不是同一个概念，具体包括以下三个方面的内容。

1. 库存现金

库存现金是指企业持有的、可随时用于支付的现金，即与会计核算中“现金”科目所包括的内容一致。

2. 银行存款

银行存款是指企业存放在银行或其他金融机构的、随时可以用于支付的货币资金，即与会计核算中“银行存款”科目所包括的内容基本一致。它们的区别在于：存放在银行或其他金融机构的款项中不能随时用于支付的存款，不应作为现金流量表中的“现金”，如不能随时支取的定期存款；但提前通知银行或其他金融机构便可支取的定期存款，包含在现金流量表的“现金”概念中。

3. 现金等价物

现金等价物是指企业持有的期限短、流动性强、易于转换为已知金额现金、价值变动风险很小的投资。现金等价物的主要特点是流动性强，可以随时转换成现金。它通常指购买在 3 个月或更短时间内即到期或即可转换为现金的投资，包含两个方面内容：

- 即将到期的应收票据。
- 即将到期的交易性金融资产。

例如，张老板公司利用闲余资金于 2019 年 12 月 1 日购入 2017 年 1 月 1 日发行的期限为 3 年的国债，购买时还有 1 个月到期，这项短期投资应视为现金等价物。

我们在学习现金流量表时，既要掌握该表的结构和特点，分析其内部构成，又要结合资产负债表和利润表进行综合分析，以求全面、客观地评价企业的财务状况和经营业绩。

注意：如果把现金看作企业日常运作的“血液”，那么现金流量表就好比“验血报告”。我们通过这份报告可以对企业日常运作的好坏有一个初步的判断。投资者如果在研究某个公司的现金流量表时，还能够参阅其他报表，那么他对该公司的了解就会更为全面。

17.2 编制现金流量表的一般原则

现金流量表同资产负债表一样，关注的资产项目主要是现金及其等价物的最大化，但是又对该数据的期间变动金额感兴趣；现金流量表与利润表都是时期报表，反映一段时期内的指标变动情况，但是又不以盈利为目的。现金流量表作为财务报表的主要报表之一，具有特殊性。

人们为了更好地发挥现金流量表的作用，在不断完善现金流量表的内容和结构的同时，总结出了编制现金流量表的一般原则，具有重要的指导意义，下面我们就来了解一下。

17.2.1 以收付实现制为基础

现金流量表以收付实现制为基础，以现金的收入和支出作为会计事项确认的时点，这是它与资产负债表和利润表不同的地方，后者以权责发生制为基础。

【例 17.1】张老板公司于 2019 年 1 月 1 日借给李老板公司 230 万元人民币，帮助该公司缓解资金紧张的情况，5 月 1 收到还款，我们来分析一下这个事项对张老板公司财务报表的影响。

（1）张老板公司借出款项时，对应的会计分录为：

借：其他应收款　　　　2300000

　贷：银行存款　　　　　2300000

（2）收到还款时，对应的会计分录为：

借：银行存款　　　　2300000

　贷：其他应收款　　　　2300000

对于资产负债表而言，由于它反映的是资产和负债的余额，而例17.1 中，“其他应收款”和“银行存款”项目的期末余额均未发生变动，所以对资产负债表不产生影响。

对于利润表而言，由于本事项不涉及损益变动，所以对利润表不产生影响。

对于现金流量表而言，由于它反映的是现金的收入和支出，是一个过程表，所以“支付其他与经营活动有关的现金”与“收到其他与经营活动有关的现金”项目应该分别列示 230 万元。

17.2.2　分类反映原则

为了给财务报表使用者提供有关现金流量的信息，并帮助其结合现金流量表和其他财务信息对企业做出正确的评价，现金流量表应当分别反映经营活动产生的现金流量、投资活动产生的现金流量和筹资活动产生的现金流量的总额，以及它们的现金流入和流出相抵后的净额。

注意：张老板公司的有些交易或事项不易归入这三类项目，如利息收入和股利收入、利息支出和股利支出。会计小辛翻阅各种专业书籍发现，一般把利息收入和股利收入归入投资活动，把利息支出和股利支出归入筹资活动。

【例 17.2】张老板公司 2019 年 1 月实际缴纳的所得税为 7.8 万元，会计小辛有点糊涂，不知道应该怎样区分经营活动、投资活动、筹资活动产生的所得税。

杨经理告诉他，这部分内容确实较难理解。在成本效益原则下，我们通常将其作为经营活动产生的所得税，因此应该在“经营活动现金流出——支付的各项税费”项目中列示这 7.8 万元。

对于某些现金收支项目或特殊项目，应当根据特定情况和性质进行划分，并一贯性地遵循这一划分原则。

17.2.3　总额反映与净额反映灵活运用原则

为了提供企业现金流入和流出总额的信息，现金流量表一般应按照现金流量总额反映。一定时期的现金流量通常可按现金流量总额或现金流量净额反映。现金流量总额是指现金流入和流出总额，它不以现金流入和流出相抵后的净额反映。现金流量净额是指现金流入和流出相抵后的净额。实际上，现金流量以总额反映比以净额反映所提供的信息更有用，因此，在通常情况下，现金流量应以总额反映。以下情况可对现金流量以净额反映：

- 某些金额不大的项目。例如，企业处置固定资产发生的现金收入和相关的现金支出可以相抵后以净额列示。

- 不反映企业自身的交易或事项的现金流量项目。例如，证券公司代收客户用于交割买卖证券的款项、期货交易所接受客户交割实物的款项等；又如，银行吸收开户单位活期存款的承兑和偿付等。这些项目不属于企业自身业务的现金流量项目，可以以净额反映。

17.2.4 外币现金流量应当折算为人民币反映

在我国，企业外币现金流量及其境外子公司的现金流量，以现金流量发生日的汇率或加权平均汇率折算。汇率变动对现金的影响作为调节项目，在现金流量表中单独列示。

下面我们就来揭开现金流量表的神秘面纱。

17.3 现金流量表标准表样

现金流量表一般包括表首、主表、补充资料三部分。

表首包括报表名称、编制单位、编制日期、报表编号、货币名称、计量单位等。

主表是现金流量表的主体，采用报告式的结构分类反映经营活动产生的现金流量、投资活动产生的现金流量和筹资活动产生的现金流量，最后汇总反映企业现金及现金等价物净增加额。在有外币现金流量及境外子公司的现金流量折算为人民币的企业，主表中还应单独设置“汇率变动对现金及现金等价物的影响”项目。

补充资料包括三部分内容：

- 将净利润调节为经营活动现金流量。
- 不涉及现金收支的投资与筹资活动。
- 现金及现金等价物净增加情况。

现金流量表标准表样，如表 17.1 所示。

表 17.1 现金流量表标准表样

编制单位：　　　　年度　　　　单位：元

项目	行次	本期金额	上期金额
一、经营活动产生的现金流量	**1**		
销售商品、提供劳务收到的现金	2		
收到的税费返还	3		
收到其他与经营活动有关的现金	4		

续表

项目	行次	本期金额	上期金额
经营活动现金流入小计	**5**		
购买商品、接受劳务支付的现金	6		
支付给职工及为职工支付的现金	7		
支付的各项税费	8		
支付其他与经营活动有关的现金	9		
经营活动现金流出小计	**10**		
经营活动产生的现金流量净额	**11**		
二、**投资活动产生的现金流量**	**12**		
收回投资收到的现金	13		
取得投资收益收到的现金	14		
处置固定资产、无形资产和其他长期资产收回的现金净额	15		
处置子公司及其他营业单位收到的现金净额	16		
收到其他与投资活动有关的现金	17		
投资活动现金流入小计	**18**		
购建固定资产、无形资产和其他长期资产支付的现金	19		
投资支付的现金	20		
取得子公司及其他营业单位支付的现金净额	21		
支付其他与投资活动有关的现金	22		
投资活动现金流出小计	**23**		
投资活动产生的现金流量净额	**24**		
三、**筹资活动产生的现金流量**	**25**		
吸收投资收到的现金	26		
其中：子公司吸收少数股东投资收到的现金	27		
取得借款收到的现金	28		
收到其他与筹资活动有关的现金	29		
筹资活动现金流入小计	**30**		
偿还债务支付的现金	31		
分配股利、利润或偿付利息支付的现金	32		
其中：子公司支付给少数股东的股利、利润	33		
支付其他与筹资活动有关的现金	34		
筹资活动现金流出小计	**35**		
筹资活动产生的现金流量净额	**36**		
四、**汇率变动对现金及现金等价物的影响**	**37**		

续表

项目	行次	本期金额	上期金额
五、现金及现金等价物净增加额	**38**		
加：期初现金及现金等价物余额	39		
六、期末现金及现金等价物余额	**40**		
补充资料			
1. 将净利润调节为经营活动现金流量	**1**		
净利润	2		
加：资产减值准备	3		
固定资产折旧	4		
无形资产摊销	5		
长期待摊费用摊销	6		
处理固定资产、无形资产和其他长期资产的损失	7		
固定资产报废损失（收益以“–”号填列）	8		
预提费用增加（减少以“–”号填列）	9		
财务费用（收益以“–”号填列）	10		
投资损失（收益以“–”号填列）	11		
递延所得税资产减少（增加以“–”号填列）	12		
递延所得税负债增加（减少以“–”号填列）	13		
存货减少（增加以“–”号填列）	14		
经营性应收项目减少（增加以“–”号填列）	15		
经营性应付项目增加（减少以“–”号填列）	16		
其他	17		
经营活动产生的现金流量净额	**18**		
2. 不涉及现金收支的投资与筹资活动	**19**		
债务转为资本	20		
一年内到期的可转换公司债券	21		
融资租入固定资产	22		
3. 现金及现金等价物净增加情况	**23**		
现金的期末余额	24		
减：现金的期初余额	25		
加：现金等价物的期末余额	26		
减：现金等价物的期初余额	27		
现金及现金等价物净增加额	**28**		

从表 17.1 中我们可以清楚地看到，根据企业业务活动的性质和现金流量的来源，现金流入和流出通过三部分内容来展现，这也是现金流量表主表的结构构成。

17.3.1 经营活动产生的现金流量

经营活动产生的现金流量包含了企业主要的经济活动，指投资和筹资活动以外的所有活动。它包括以下七项内容：

（1）“销售商品、提供劳务收到的现金”项目，反映企业销售商品、提供劳务实际收到的现金，包括本期销售商品与提供劳务收到的现金、收回前期销售商品与提供劳务的款项、本期预收的账款、本期收回前期已核销的坏账，扣除本期发生的销售退回所支付的现金。企业销售材料和代购代销业务收到的现金，也在本项目中反映。

（2）“收到的税费返还”项目，反映企业收到返还的增值税、所得税、消费税、关税和教育费附加返还款等各种税费。

（3）“收到其他与经营活动有关的现金”项目，反映企业除上述各项目外，与经营活动有关的其他现金流入，如罚款收入、逾期未退还出租和出借包装物没收的押金收入、流动资产损失中由个人赔偿的现金收入等。其他现金流入金额较大的，应单列项目反映。

（4）“购买商品、接受劳务支付的现金”项目，反映企业购买商品、接受劳务实际支付的现金，包括本期购入商品、接受劳务支付的现金，以及本期支付前期购入商品、接受劳务的未付款项和本期预付款项。本期发生的购货退回收到的现金，应从本项目中扣除。

（5）“支付给职工及为职工支付的现金”项目，反映企业实际支付给职工的工资及其他为职工支付的现金。为职工支付的工资包括本期实际支付给职工的工资、奖金、各种津贴和补贴等；其他为职工支付的现金包括为职工支付的养老保险、待业保险等社会保险基金、为职工支付的商业保险基金、支付给职工的住房困难补助等。它不包括支付给在建工程人员的工资。

（6）“支付的各项税费”项目，反映企业实际支付的各种税费，不包括本期退回的增值税、消费税、所得税等，本期退回的上述税费在“收到税费返还”项目中反映；它也不包括计入固定资产价值实际支付的固定资产投资方向调节税、耕地占用税等。

（7）“支付其他与经营活动有关的现金”项目，反映企业支付的罚款、差旅费、业务招待费、保险费，以及经营租赁支付的现金等其他与经营活动有关的现金流出，金额较大的应当单独列示。

17.3.2 投资活动产生的现金流量

投资活动产生的现金流量是指长期资产（包括固定资产）的构建和不包括在现金等价物范围内的投资及处置活动。它包括以下八项内容:

（1）“收回投资收到的现金”项目，反映企业出售、转让或到期收回除现金等价物以外的短期投资、长期股权投资而收到的现金，以及收回长期债权投资本金而收到的现金。它不包括长期债权投资收回的利息，以及收回的非现金资产。收回的非现金资产，不涉及现金流量的变动，在现金流量表附注中的“不涉及现金收支的投资与筹资活动”项目中反映。处置投资收回的现金扣除投资成本后的收益，计入投资损益，构成净利润的因素，但它属于投资活动产生的现金流量，应反映在投资活动产生的现金流量中。

（2）“取得投资收益收到的现金”项目，反映企业因股权性投资和债权性投资收到的现金股利，以及从子公司、联营企业和合营企业分回利润收到的现金。它不包括股票股利。

（3）“处置固定资产、无形资产和其他长期资产收回的现金净额”项目，反映企业处置固定资产、无形资产和其他长期资产收回的现金，扣除所发生的现金支出后的净额。

（4）“处置子公司及其他营业单位收到的现金净额”项目，反映企业处置子公司及其他营业单位取得的现金，减去相关处置费用后的净额。

（5）“购建固定资产、无形资产和其他长期资产支付的现金”项目，反映企业购买、建造固定资产，取得无形资产和其他长期资产支付的现金，不包括为购建固定资产而发生的借款利息资本化的部分，以及融资租入固定资产支付的租赁费。借款利息和融资租入固定资产支付的租赁费，在筹资活动产生的现金流量中单独反映。

（6）“投资支付的现金”项目，反映企业进行权益性投资和债权性投资所支付的现金，包括支付的佣金、手续费等附加费用。企业以非现金的固定资产、商品等进行的投资，在现金流量表的补充资料中单独反映，不包括在本项目内。

（7）“取得子公司及其他营业单位支付的现金净额”项目，反映企业购买子公司及其他营业单位购买出价中以现金支付的部分，减去子公司及其他营业单位持有的现金和现金等价物后的净额。

（8）“收到其他与投资活动有关的现金”“支付其他与投资活动有关的现金”项目，反映企业除上述（1）至（7）项目外，收到或支付的其他与投资活动有关的现金流入或流出，金额较大的应当单独列示。

17.3.3 筹资活动产生的现金流量

筹资活动产生的现金流量是指导致企业资本及债务规模和构成发生变化的活动。

（1）“吸收投资收到的现金”项目，反映企业收到的投资者投入的现金，包括以发行股票、债券等方式筹集的资金实际收到的股款净额（发行收入减去支付的佣金等发行费用后的净额）。

（2）“取得借款收到的现金”项目，反映企业举借各种短期、长期借款而收到的现金。

（3）“偿还债务支付的现金”项目，反映企业以现金偿还债务的本金。

（4）“分配股利、利润或偿付利息支付的现金”项目，反映企业实际支付的现金股利、支付给其他投资单位的利润或用现金支付的借款利息、债券利息等。

（5）“收到其他与筹资活动有关的现金”“支付其他与筹资活动有关的现金”项目，反映企业除上述（1）至（4）项目外，收到或支付的其他与筹资活动有关的现金流入或流出，包括以发行股票、债券等方式筹集资金而由企业直接支付的审计和咨询等费用，为构建固定资产而发生的借款利息资本化部分、融资租入固定资产所支付的租赁费、以分期付款方式购建固定资产以后各期支付的现金等。

经营活动、投资活动和筹资活动产生的现金流量这三个部分是我们重点讲述的内容，每一项内容根据现金的流入和流出都要计算出一项净值，并且三项内容的净值合计就是现金流量表中净现金的变动。

现金及现金等价物净增加额＝经营活动产生的现金流量净额+投资活动产生的现金流量净额+筹资活动产生的现金流量净额

注意：在现金流量表中，除按三部分内容列示现金流入和流出过程外，如果企业发生外币现金流量，还应填入汇率变动的影响，再汇总计算出净现金流量，并与资产负债表中的“现金及现金等价物”项目的期初余额、期末余额的变动核对一致。

17.3.4 现金及现金等价物

在现金流量表中，现金及现金等价物被视为一个整体，企业现金形式的转换不会产生现金的流入和流出，如企业从银行提取现金致使企业现金存放形式的转化，不构成现金流量；同样，现金及现金等价物的转换也不属于现金流量，如企业用现金购买 3 个月到期的国库券。

现金及现金等价物净增加额是利润表最集中的数据，反映企业一定期间内现金的变动，是企业经营过程货币化的结果。现金及现金等价物净增加额等于期末现金及现金等价物余额减去期初现金及现金等价物余额。

17.4 本章回顾

市场经济环境下已有越来越多的案例表明，企业现金流量管理水平的高低往往是决定企业存亡的关键所在。面对激烈的市场竞争，企业面临的生存环境复杂多变，通过提升企业现金流的管理水平，可以合理控制营运风险，从而保证企业的可持续发展，并提升企业资金的整体利用效率。

企业以盈利为目的，这一点众所周知。刻意追求高收益、高利润的企业，大都有这样一种思想，认为企业利润数值显示高，就是经营有成效的表现。这种思想的误区在于，忽略了实现利润的同时现金所需保持的流动性。作为企业的管理者，应当明确现金与利润的关系，即有较高的利润并不代表企业有充裕的流动资金，二者有交叉也有区别。“现金流”与“利润流”的关系，如图 17.2 所示。

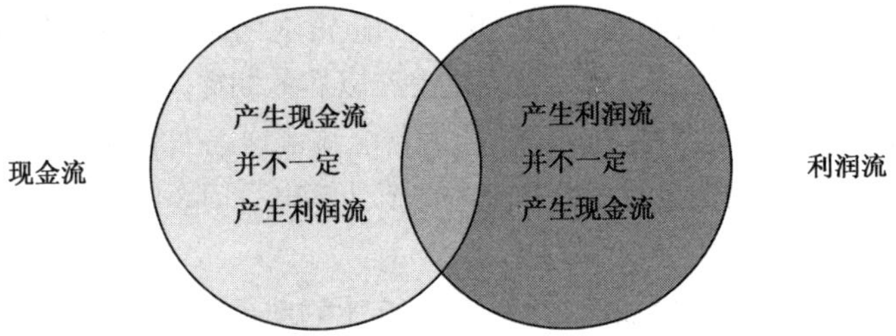

图 17.2　“现金流”与“利润流”的关系

行业不同，企业不同，对现金流的要求亦有不同，但有一点是相同的，那就是现金流贯穿于企业生产经营的全过程，说它是企业生命之流一点也不为过。

第 18 章 细说现金流量表

张老板公司财务部门一共有三个人，杨经理、会计小辛和一名出纳员，杨经理负责总体分析公司财务工作及编制财务报表，会计小辛负责公司日常账务的处理，出纳员负责公司业务款项的收入和支出。随着业务规模的扩张，公司需要扩充人员编制，杨经理一直有意栽培会计小辛，希望他能够接手财务报表的编制工作。

对于会计小辛来说，这是一个难得的提升机会。小辛在日常工作中兢兢业业，并利用业余时间潜心学习财务报表方面的知识，其中资产负债表和利润表的内容相对比较好理解，而现金流量表的内容较为复杂，小辛不断地学习这方面的知识，并不时向杨经理请教，已经有了很大的进步。

现金流量表的编制确实是企业财务报表编制的一个难点，财务人员只有对所有的会计科目、账务处理、报表项目和结构有一个充分的了解之后，才能做好这项工作。它是检验财务人员对财务基础工作熟练程度的一个“大会考”，大家和会计小辛一起努力吧!

18.1　现金流量表的编制方法

在编制现金流量表之前，大家先回忆一下资产负债表和利润表的内容。

资产负债表主要反映资产、负债、所有者权益项目的期末余额，将相关科目的账户余额分析填列在报表中；利润表主要反映企业损益类项目的发生额，将相关账户的发生额分析填列在报表中；现金流量表作为财务报表中的第三张报表，综合了前两张报表的特点，在编制过程中既要考虑资产负债表科目的余额、发生额，又要考虑利润表科目的发生额。

由于教科书上关于现金流量表的内容较难理解，会计小辛只好去请教杨经理。实际上，杨经理当年在学校的时候也被教科书中的概念绕得很糊涂，经过多年的财务实践，才很好地理解了现金流量表。

杨经理为了解释现金流量表的编制方法，给会计小辛举了一个很生动的例子，如图 18.1 所示。面对一堆食品，我们要想列出哪些是水果，有以下两种方法：第一种方法是直接法，就是逐项列示苹果、香蕉、桃子、梨；第二种方法是间接法，也称为排除法，就是将所有食品扣除非水果的部分，即逐项扣除香肠、面包、水饺和果冻。

图 18.1　现金流量表编制方法形象图

带着对图 18.1 简单形象的理解，杨经理让会计小辛再来学习理论化的知识，一切难题就都迎刃而解了。教科书中这样叙述现金流量表的编制方法：现金流量表的编制方法有两种，一种是直接法，另一种是间接法。

18.1.1　直接法

所谓直接法，即通过现金收入和现金支出的总括分类反映来自企业经营活动的现金流量。采用直接法编制经营活动的现金流量时，有关企业现金收入和现金支出的资料可以从企业会计记录中直接获得，也可以在利润表中的营业收入、营业成本、销售费用等数据的基础上，通过调整与经营活动各项目有关的增减变动获得。

在直接法下，现金流量表的项目分为三大类，即经营活动产生的现金流量、投资活动产生的现金流量和筹资活动产生的现金流量。相对来说，投资和筹资活动产生的现金流量比较容易计算，其业务较少且比较集中，只要理解定义，即哪些项目由哪些业务构成，就可以计算出来；而经营活动一年到头不断发生，其业务琐碎且复杂，编制各项现金流量相对较难，容易出错。

注意：直接法的优点是显示了经营活动现金流量各项目流入流出的具体内容，与间接法相比，它更能全面地反映企业一定时期的现金收支全貌，提供的信息有助于预测企业未来的现金流量，有助于揭示企业的偿债能力、投资能力和支付股利的能力。

企业在采用直接法编制现金流量表时，可以使用工作底稿法或丁字账户法；业务简单的企业，也可以根据有关科目的记录分析填列。

18.1.2　间接法

所谓间接法，即通过将企业非现金交易、过去或未来经营活动产生的现金收入或支出的递延或应计项目，以及与投资或筹资活动产生的现金流量相关的收益或费用项目对净损益的影响进行调整来反映企业经营活动所形成的现金流量。

注意：间接法以利润表上的净利润为起点，通过调整某些相关项目后得出经营活动产生的现金流量。间接法的优点是通过揭示企业净利润与现金净流量的差异，有助于分析影响现金流量的原因，进而从现金流量的角度分析企业净利润的质量。

我国颁布的《企业会计制度》一方面要求企业按直接法编制现金流量表，另一方面又要求企业在现金流量表补充资料中提供按间接法将净利润调节为经营活动现金流量的信息，从而兼顾了两种方法的优点。

下面我们就重点来介绍如何用直接法编制现金流量表主表。

18.2　经营活动产生的现金流量

通过第 17 章现金流量表的内容，我们已经了解到，“经营活动产生的现金流量”项目分为七类，分别是销售商品、提供劳务收到的现金，收到的税费返还，收到其他与经营活动有关的现金，购买商品、接受劳务支付的现金，支付给职工及为职工支付的现金，支付的各项税费，支付其他与经营活动有关的现金。它们的编制方法各有不同，我们来逐项进行学习。

18.2.1　销售商品、提供劳务收到的现金

该项目反映企业销售商品、提供劳务实际收到的现金，包括本期销售商品与提供劳务收到的现金、收回前期销售与提供劳务的款项、本期预收的账款、本期收回前期已核销的坏账，扣除本期发生的销售退回所支付的现金。企业销售材料和代购代销业务收到的现金，也在本项目中反映。

销售商品、提供劳务收到的现金=主营业务收入+应交税费 增值税−销项税+应

收账款（期初余额-期末余额）+应收票据（期初余额-期末余额）+预收款项（期末余额-期初余额）-当期计提的坏账准备-当期票据贴现所支付的利息等

注意：本章现金流量表编制公式中，引用资产、负债项目时均会注明期初余额、期末余额或借方发生额、贷方发生额；引用损益项目时，如无特殊说明，收入类项目均为贷方发生额，成本费用类项目均为借方发生额。

【例 18.1】2019 年张老板公司利润表有关项目的明细资料如下。

（1）管理费用的组成：职工薪酬 17100 元，无形资产摊销 60000 元，折旧费 20000 元，支付其他费用 60000 元。

（2）财务费用的组成：计提借款利息 11500 元，支付应收票据贴现利息 30000 元。

（3）资产减值损失的组成：计提坏账准备 900 元，计提固定资产减值准备 30000 元。上年年末坏账准备余额为 900 元。

（4）投资收益的组成：收到股息收入 30000 元，与本金一起收回的交易性股票投资收益 500 元，公允价值变动损益结转投资收益 1000 元。

（5）营业外收入的组成：处置固定资产净收益 50000 元（其所处置固定资产原值 400000 元，累计折旧 150000 元，收回处置收入 300000 元），假定不考虑与固定资产处置相关的税费。

（6）营业外支出的组成：报废固定资产净损失 19700 元（其所报废固定资产原价 200000 元，累计折旧 180000 元，支付清理费用 500 元，收到残值收入 800 元）。

（7）所得税费用的组成：当期所得税费用 92800 元。

（8）销售费用共 89000 元，其中 20000 元至期末已经支付。

（9）主营业务收入 1250000 元，主营业务成本 750000 元，税金及附加 2000 元。

（10）当年度净利润为 286500 元。

2019 年张老板公司资产负债表有关项目的明细资料如下。

（1）应交税费的组成：本期增值税进项税额 42466 元，增值税销项税额 212500 元，已交增值税 100000 元；应交所得税期末余额为 20097 元，应交所得税期初余额为 0。

（2）应付职工薪酬期初余额为 180000 元，期末余额为 110000 元。

（3）存货的期初余额为 2580000 元，期末余额为 2484700 元。

（4）往来科目的组成：应收账款期初余额为 299100 元，期末余额为 598200 元；应收票据期初余额为 246000 元，期末余额为 66000 元（5 个月以后到期）；应付账款的期初余额为 953800 元，期末余额为 953800 元；应付票据的期初余额为 200000 元，期末余额为 100000 元；预付款项的期初、期末余额均为 100000 元。

（5）货币资金的期初余额为 380908 元，期末余额为 234939 元。

请根据以上资料采用直接法，编制张老板公司 2019 年度的现金流量表。

张老板公司 2019 年销售商品、提供劳务收到的现金=主营业务收入+应交税费-增值税-销项税+应收账款（期初余额-期末余额）+应收票据（期初余额-期末余额）-当期计提的坏账准备-票据贴现的利息=1250000+212500+（299100-598200）+（246000-66000）-900-30000=1312500（元）

18.2.2 收到的税费返还

该项目反映企业收到返还的增值税、所得税、消费税、关税和教育费附加返还款等各种税费。

收到的税费返还=补贴收入-税费返还+税金及附加-税费返还+所得税-税费返还等

18.2.3 收到其他与经营活动有关的现金

该项目反映企业除上述各项目外，与经营活动有关的其他现金流入，如罚款收入、逾期未退还出租和出借包装物没收的押金收入、流动资产损失中由个人赔偿的现金收入等。其他现金流入金额较大的，应单列项目反映。

收到其他与经营活动有关的现金=营业外收入（处理固定资产收益等除外）+资产处置损益+其他应收款（期初余额-期末余额）+其他应付款（期末余额-期初余额）等

18.2.4 购买商品、接受劳务支付的现金

该项目反映企业购买商品、接受劳务实际支付的现金，包括本期购入商品、接受劳务支付的现金，以及本期支付前期购入商品、接受劳务的未付款项和本期预付款项。本期发生的购货退回收到的现金，应从本项目中扣除。

购买商品、接受劳务支付的现金=主营业务成本+存货（期末余额-期初余额）+应付账款（期初余额-期末余额）+应付票据（期初余额-期末余额）+预付款项（期末余额-期初余额）+支付的增值税进项税等

张老板公司 2019 年购买商品、接受劳务支付的现金=主营业务成本+支付的增值税进项税-存货（期初余额-期末余额）+应付账款（期初余额-期末余额）+应付票据（期初余额-期末余额）+预付款项（期末余额-期初余额）=750000+ 42466-（2580000-2484700）+（953800-953800）+（200000-100000）+（100000-100000）=797166（元）

18.2.5 支付给职工及为职工支付的现金

该项目反映企业实际支付给职工的工资及其他为职工支付的现金。为职工支付的工资包括本期实际支付给职工的工资、奖金、各种津贴和补贴等；其他为职工支付的现金包括为职工支付的养老保险、待业保险等社会保险基金、为职工支付的商业保险基金、支付给职工的住房困难补助等。它不包括支付给在建工程人员的工资。

支付给职工及为职工支付的现金=应付职工薪酬（借方发生额）

张老板公司2019年支付给职工及为职工支付的现金=生产成本、制造费用、管理费用中职工薪酬、福利费+应付职工薪酬（期初余额-期末余额）=17100+（180000-110000）=87100（元）

注意：由于本例中不能直接取得应付职工薪酬的借方发生额，所以我们换一个思路，通过费用中的职工薪酬发生额和应付职工薪酬的净减少额计算出实际支付的金额。这样的例子有很多，体现了现金流量表编制的综合性和复杂性。

18.2.6 支付的各项税费

该项目反映企业实际支付的各种税费，不包括本期退回的增值税、消费税、所得税等，本期退回的上述税费在“收到税费返还”项目中反映；它也不包括计入固定资产价值实际支付的固定资产投资方向调节税、耕地占用税等。

支付的各项税费=应交税费——未交增值税——借方支付税款额+应交税费——应交增值税——已交税金——借方发生额+应交税费（除增值税以外的应交税费发生额）等

张老板公司 2019 年支付的各项税费=所得税费用+税金及附加+应交税费——应交增值税——已交税金——应交所得税（期末余额-期初余额）=92800+2000+100000-（20097-0）=174703（元）

18.2.7 支付其他与经营活动有关的现金

该项目反映企业支付的罚款、差旅费、业务招待费、保险费，以及经营租赁支付的现金等其他与经营活动有关的现金流出，金额较大的应当单独列示。

支付其他与经营活动有关的现金=营业外支出+资产处置损益（固定资产出售、转让，实物捐赠支出等除外）+其他应付款（期末余额-期初余额）+管理费用（支付的工资、福利费、税金、折旧、无形资产摊销、计提坏账除外）+销售费用（支付的其他费用）+财务费用（支付的其他费用）等

张老板公司 2019 年支付其他与经营活动有关的现金=其他管理费用+销售费用=60000+20000=80000（元）

18.2.8　经营活动产生的现金流量的汇总填列

通过以上计算过程，我们将张老板公司经营活动产生的现金流量汇总填列，如表 18.1 所示。

表 18.1　张老板公司经营活动产生的现金流量

项目	行次	本期金额
一、经营活动产生的现金流量	**1**	
销售商品、提供劳务收到的现金	2	1312500.00
收到的税费返还	3	
收到其他与经营活动有关的现金	4	
经营活动现金流入小计	**5**	**1312500.00**
购买商品、接受劳务支付的现金	6	797166.00
支付给职工及为职工支付的现金	7	87100.00
支付的各项税费	8	174703.00
支付其他与经营活动有关的现金	9	80000.00
经营活动现金流出小计	**10**	**1061969.00**
经营活动产生的现金流量净额	**11**	**327531.00**

18.3　投资活动产生的现金流量

18.2 节我们介绍了经营活动产生的现金流量，内容很多且较为复杂。不过现金流量表的内容并不都是那样复杂，接下来我们就可以稍微放松一下了。比起 18.2 节，本节的内容就少得多了。

投资活动产生的现金流量各项目的内容和填列方法如下。

18.3.1　收回投资收到的现金

该项目反映企业出售、转让或到期收回除现金等价物以外的短期投资、长期股权投资而收到的现金，以及收回长期债权投资本金而收到的现金。它不包括长期债权投资收回的利息，以及收回的非现金资产。

收回投资收到的现金=短期投资（贷方发生额）+投资收益（收回投资而取得的收益）+长期股权投资（投资收回贷方发生额）+债权投资（投资收回贷方发生额）等

【例 18.2】相关数据承例 18.1，张老板公司在 2019 年度还发生了以下事项：

（1）本期收回交易性股票投资本金 15000 元，公允价值变动 1000 元，同时实现投资收益 500 元。

（2）当年取得投资收益 31500 元。

（3）本期用现金购买固定资产 101000 元。

张老板公司 2019 年收回投资收到的现金=交易性金融资产贷方发生额+与交易性金融资产一起收回的投资收益=15000+1000+500=16500（元）

18.3.2 取得投资收益收到的现金

该项目反映企业因股权性投资而分得的现金股利和分回利润所收到的现金，以及债权性投资取得的现金利息收入。

取得投资收益收到的现金=投资收益-长期股权投资——损益调整（期末余额-期初余额）-应收股利（期末余额-期初余额）+债权投资——利息调整-应收利息（期末余额-期初余额）-其他债权投资——利息调整等

张老板公司 2019 年取得投资收益收到的现金=投资收益-与交易性金融资产相关的投资收益=31500-1000-500=30000（元）

18.3.3 处置固定资产、无形资产和其他长期资产收回的现金净额

该项目反映处置上述各项长期资产所取得的现金，减去为处置这些资产所支付的有关费用后的净额。

处置固定资产、无形资产和其他长期资产收回的现金净额=清理转出固定资产等原值-清理转出固定资产等已提的累计折旧+资产处置收益+营业外收入——处理固定资产收益-营业外支出——处理固定资产损失-固定资产非现金交易而减少的净值（如资产置换）等

如果该项目所收回的现金净额为负数，则应在“支付其他与投资活动有关的现金”项目中填列。

张老板公司 2019 年处置固定资产、无形资产和其他长期资产收回的现金净额=营业外收入（清理收入）+营业外支出（残值收入-清理费用）=300000+（800-500）=300300（元）

18.3.4 收到其他与投资活动有关的现金

该项目反映除上述各项目外，收到其他与投资活动有关的现金流入。如果企业发生一些投资活动未在上述项目中列示，则可以在“收到其他与投资活动有关的现金”项目中填列，填列方法与其他项目类似。

18.3.5 购建固定资产、无形资产和其他长期资产支付的现金

该项目反映企业购买、建造固定资产，取得无形资产和其他长期资产支付的现金。其中，企业为购建固定资产支付的现金，包括购买固定资产支付的价款现金及增值税款、购建固定资产支付的现金，但不包括购建固定资产的借款利息支出和融资租入固定资产的租赁费。

购建固定资产、无形资产和其他长期资产所支付的现金=固定资产（借方发生额）+无形资产（借方发生额）+在建工程（期末余额-期初余额）等

张老板公司 2019 年购建固定资产、无形资产和其他长期资产支付的现金=用现金购买的固定资产=101000（元）

18.3.6 投资支付的现金

该项目反映企业在现金等价物以外进行长期股权投资、债权投资等所实际支付的现金，包括佣金、手续费所支付的现金，但不包括企业购买股票和债券时，实际支付价款中包含的已宣告但尚未领取的现金股利或已到付息期但尚未领取的债券利息。

投资支付的现金=交易性金融资产（借方发生额）+长期股权投资——投资成本+债权投资——成本、损益调整+应收股利——购入股利（借方发生额）+应收利息——购入利息（借方发生额）等

18.3.7 支付其他与投资活动有关的现金

该项目反映企业除上述各项目外，支付其他与投资活动有关的现金流出。它包括企业在购买股票和债券时，实际支付价款中包含的已宣告但尚未领取的现金股利或已到付息期但尚未领取的债券利息等。一旦发生该金额，应按照该项目的发生明细逐笔累计列示。

18.3.8 投资活动产生的现金流量的汇总填列

通过以上计算过程，我们将张老板公司投资活动产生的现金流量汇总填列，如表18.2所示。

表18.2 张老板公司投资活动产生的现金流量

项目	行次	本期金额
二、投资活动产生的现金流量	**12**	
收回投资收到的现金	13	16500.00
取得投资收益收到的现金	14	30000.00
处置固定资产、无形资产和其他长期资产收回的现金净额	15	300300.00
处置子公司及其他营业单位收到的现金净额	16	
收到其他与投资活动有关的现金	17	
投资活动现金流入小计	**18**	**330300.00**
购建固定资产、无形资产和其他长期资产支付的现金	19	101000.00
投资支付的现金	20	
取得子公司及其他营业单位支付的现金净额	21	
支付其他与投资活动有关的现金	22	
投资活动现金流出小计	**23**	**101000.00**
投资活动产生的现金流量净额	**24**	**229000.00**

18.4 筹资活动产生的现金流量

筹资活动与投资活动是相对应的，企业在资金溢余时经常会主动地进行投资活动，企业在资金匮乏时经常会主动地进行筹资活动。筹资活动产生的现金流量各项目的内容和填列方法如下。

1．吸收投资收到的现金

该项目反映企业收到的投资者投入的现金，包括以发行股票、债券等方式筹集的资金实际收到的股款净额（发行收入减去支付的佣金等发行费用后的净额）。

吸收投资收到的现金=实收资本（贷方发生额）+应付债券（贷方发生额）等

2. 取得借款收到的现金

该项目反映企业举借各种短期借款、长期借款而收到的现金。

借款所收到的现金=短期借款（贷方发生额）+长期借款（贷方发生额）等

【例 18.3】相关数据承例 18.1、例 18.2，张老板公司在 2019 年度又发生了以下事项：

（1）应付利息均为短期借款利息，其中本期计提利息 11500 元，支付利息 12500 元。

（2）本期用现金偿还短期借款 250000 元，偿还一年内到期的长期借款 1000000 元；借入长期借款 560000 元。

张老板公司 2019 年取得借款收到的现金=借入的长期借款=560000（元）

3. 收到其他与筹资活动有关的现金

该项目反映企业除上述各项外，收到其他与筹资活动有关的现金流入。

4. 偿还债务支付的现金

该项目反映企业以现金偿还债务的本金，包括偿还金融机构的借款本金、偿还到期的债券本金等。

注意：本项目特指的是债务本金，债务利息应在其他项目内核算。

偿还债务支付的现金=短期借款（借方发生额）+长期借款（借方发生额）+应付债券（借方发生额）等

张老板公司 2019 年偿还债务支付的现金=偿还短期借款+偿还长期借款=250000+1000000=1250000（元）

5. 分配股利、利润或偿付利息支付的现金

该项目反映企业实际支付的现金股利、支付给其他投资单位的利润或用现金支付的借款利息、债券利息等。

分配股利、利润或偿付利息支付的现金=应付股利（借方发生额）+财务费用——利息支出（借方发生额）等

张老板公司 2019 年偿付利息支付的现金=偿还短期借款利息=12500（元）

6. 支付其他与筹资活动有关的现金

该项目反映除上述各项目外，支付其他与筹资活动有关的现金流出。例如，发行股票债券所支付的审计、咨询等费用。

7. 筹资活动产生的现金流量的汇总填列

通过以上计算过程，我们将张老板公司筹资活动产生的现金流量汇总填列，如表 18.3 所示。

表 18.3　张老板公司筹资活动产生的现金流量

项目	行次	本期金额
三、筹资活动产生的现金流量	**25**	
吸收投资收到的现金	26	
其中：子公司吸收少数股东投资收到的现金	27	
取得借款收到的现金	28	560000.00
收到其他与筹资活动有关的现金	29	
筹资活动现金流入小计	**30**	**560000.00**
偿还债务支付的现金	31	1250000.00
分配股利、利润或偿付利息支付的现金	32	12500.00
其中：子公司支付给少数股东的股利、利润	33	
支付其他与筹资活动有关的现金	34	
筹资活动现金流出小计	**35**	**1262500.00**
筹资活动产生的现金流量净额	**36**	**−702500.00**

18.5　现金及现金等价物净增加情况

通过经营活动产生的现金流量、投资活动产生的现金流量、筹资活动产生的现金流量，我们了解到企业一定期间常见的现金流入流出过程及净流量，如果企业有外币现金流量或者境外子公司的现金流量，还应折算出汇率变动对现金及现金等价物的影响。

1．汇率变动对现金及现金等价物的影响

该项目反映企业的外币现金流量发生日所采用的汇率与期末汇率的差额对现金的影响。这是一个特殊的项目，受国际汇率变动影响，并不是企业可以控制的，对于外贸企业来说较常发生，对其他行业公司则很少产生较大的影响。

本章中，张老板公司 2019 年度未产生外币现金流。

2．现金及现金等价物净增加额

该项目是将本表中的“经营活动产生的现金流量净额”“投资活动产生的现金流量净额”“筹资活动产生的现金流量净额”“汇率变动对现金及现金等价物的影响”四个项目相加得出的。

张老板公司 2019 年度现金及现金等价物净增加额=经营活动产生的现金流量

净额+投资活动产生的现金流量净额+筹资活动产生的现金流量净额= 327531+229000−702500=−145969（元）

3. 期末现金及现金等价物余额

该项目是将计算出来的现金及现金等价物净增加额加上期初现金及现金等价物余额求得的。它应该与企业期末的全部货币资金与现金等价物的合计余额相等。

本章例题中张老板公司的现金等价物为 0。

期末现金及现金等价物余额=现金及现金等价物的净增加额+期初现金及现金等价物余额=−145969+380908=234939（元）

张老板公司资产负债表的期末现金及现金等价物余额，即“货币资金”项目的余额也是 234939 元，与计算出来的数据保持一致，逻辑相符。

第 19 章 现金流量表补充资料

第 18 章我们已经介绍了张老板公司的现金流量表主表，还有一些经济事项的发生，虽然并未影响公司这一期间的现金流量，但是对未来的利润和现金流量都有影响，这些内容也需要我们关注，这就是现金流量表的补充资料。

我们在第 17 章中介绍了现金流量表的数据部分分为主表和补充资料两大部分。主表的各项目金额实际上就是每笔现金流入、流出的归属，而补充资料的各项目金额则是相应会计账户的当期发生额或期末与期初余额的差额。补充资料是现金流量表不可或缺的组成部分。

现金流量表补充资料包括以下三部分内容。

（1）将净利润调节为经营活动现金流量：以净利润为起算点将净利润调节为经营活动的现金流量。

（2）不涉及现金收支的投资与筹资活动：反映一定期间内影响资产或负债，但不形成该期现金收支的所有投资和筹资活动的信息。

（3）现金及现金等价物净增加情况：将现金及现金等价物的期末余额与期初余额比较，得出现金与现金等价物净增加额，以核对是否与现金流量表的金额相符。

一般情况下，现金流量表补充资料中的数据可以直接取自相应会计账户的发生额或余额，下面我们就来逐项介绍现金流量表补充资料填列的相关内容。

19.1 将净利润调节为经营活动现金流量

任何时候净利润都不会绝对等于经营现金净流量，因为经营现金流量是以收付实现制为基础计算的，而且是由经营活动产生的现金流量；而净利润是以权责发生制为基础计算的，计算内容更广。比如，因业务发生的应收账款被计入净利润当中，而在收付实现制下，由于未收到现金，所以未被计入经营现金流量。

将净利润调节为经营活动现金流量，是指以本期净利润为起点，通过调整不涉及现金的收入、费用、营业外收支，以及经营性应收应付等项目的增减变动，调整不属于经营活动的现金收支项目，据此计算并填列经营活动产生的现金流量。

虽然净利润并不等于经营活动产生的现金流量，但是二者包含的内容是相似的，只要做一些调整就可以实现二者的对等关系。我们将这个调整过程形象地描绘成图，如图 19.1 所示。

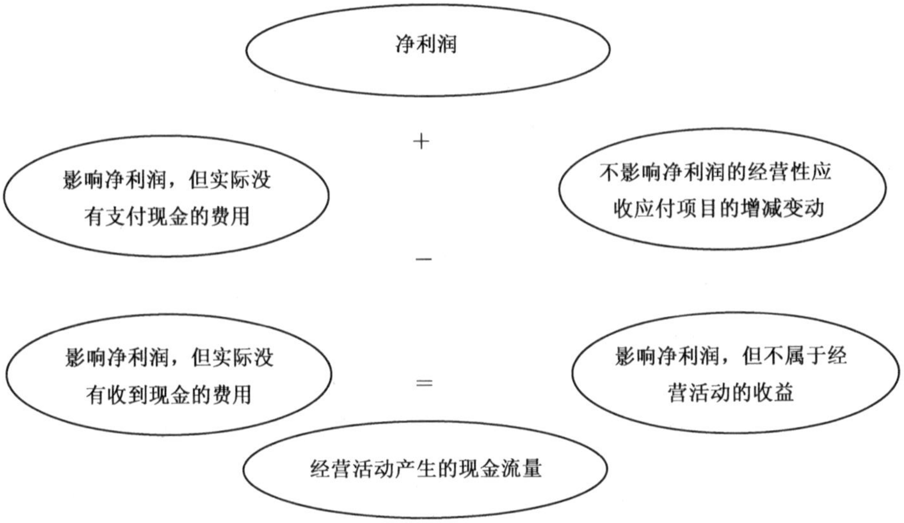

图 19.1　经营活动现金流量调整图

注意：在这张经营活动现金流量调整图的指导下，我们就可以对资产负债表和利润表的一些项目进行考察，分析出它们对净利润及经营活动现金流量的影响，并逐项将这些影响项目总结、归纳、列示出来。

19.1.1　经营活动现金流量调整过程

现金流量表补充资料中将净利润调节为经营活动现金流量的过程通常按照以下项目循序展开，大家只要按规定的项目填列数据，即可完成调整过程。

（1）净利润，取自利润表中的“净利润”项目。

（2）资产减值准备，取自当期计提的资产减值准备。

（3）固定资产折旧，取自“制造费用”“管理费用”“销售费用”“其他业务成本”等账户所属的“折旧费”明细账户的借方发生额。

（4）无形资产摊销，取自“管理费用——无形资产摊销”明细账户的借方发生额。

（5）长期待摊费用摊销，取自“制造费用”“销售费用”“管理费用”等账户所属的“长期待摊费用摊销”明细账户的借方发生额。

（6）处置固定资产、无形资产和其他长期资产的损失，取自“资产处置损益”“营业外收入”“营业外支出”“其他业务收入”“其他业务成本”等账户所属的“处置固定资产净收益”“处置固定资产净损失”“出售无形资产收益”“出售无形资产损失”等明细账户的借方发生额与贷方发生额的差额。

（7）固定资产报废损失，取自“营业外支出——固定资产盘亏”明细账户的借方发生额与“以前年度损益调整——固定资产盘盈”的贷方发生额的差额。

（8）预提费用增加，取自“其他应付款——预提费用”账户的期末、期初余额的差额。

（9）财务费用，取自“财务费用——利息支出”明细账户的借方发生额，不包括“利息收入”等其他明细账户的发生额。

（10）投资损失，取自“投资收益”账户的借方发生额。

（11）递延所得税资产减少，取自“递延所得税资产”账户的期初、期末余额的差额。

（12）递延所得税负债增加，取自“递延所得税负债”账户的期末、期初余额的差额。

（13）存货减少，取自与经营活动有关的“原材料”“库存商品”“生产成本”等所有存货账户的期初、期末余额的差额。

（14）经营性应收项目减少，取自与经营活动有关的“应收账款”“其他应收款”“预付款项”等账户的期初、期末余额的差额。

（15）经营性应付项目增加，取自与经营活动有关的“应付账款”“预收款项”“应付职工薪酬”“应交税费”“其他应交款”“其他应付款”等账户的期末、期初余额的差额。

（16）其他。

19.1.2 公司实例讲解

我们继续采用第 18 章例 18.1 中 2019 年张老板公司的相关财务数据。

（1）净利润=当年度净利润=286500（元）

（2）资产减值准备=坏账准备+固定资产减值准备=900+30000=30900（元）

（3）固定资产折旧=管理费用中折旧费=20000（元）

（4）无形资产摊销=管理费用中无形资产摊销费=60000（元）

（5）处置固定资产、无形资产和其他长期资产的损失=营业外收入——处置固定资产净收益+营业外支出——处置固定资产净损失=−50000+19700=−30300（元）

（6）财务费用=计提借款利息+支付应收票据贴现利息=11500+30000=41500（元）

（7）投资损失=收到股息收入+交易性股票投资收益+公允价值变动损益=30000+500+1000=31500（元）

（8）存货减少=期初余额−期末余额=2580000−2484700=95300（元）

（9）经营性应收项目减少=应收账款（期初余额−期末余额）+应收票据（期初余额−期末余额）=（29910−598200）+（246000−66000）=−119100（元）

（10）经营性应付项目增加=应付票据（期末余额−期初余额）+应付职工薪酬（期末余额−期初余额）+应交税费（期末余额−期初余额）=（100000−200000）+（110000−180000）+（212500−42466−100000+20097）=−79869（元）

通过以上计算过程，我们将张老板公司将净利润调节为经营活动现金流量汇总填列，如表 19.1 所示。

表 19.1 张老板公司将净利润调节为经营活动现金流量

项目	行次	本期金额
1. 将净利润调节为经营活动现金流量	**1**	
净利润	2	286500.00
加：资产减值准备	3	30900.00
固定资产折旧	4	20000.00
无形资产摊销	5	60000.00
长期待摊费用摊销	6	
处理固定资产、无形资产和其他长期资产的损失	7	−30300.00
固定资产报废损失（收益以“−”号填列）	8	
预提费用增加（减少以“−”号填列）	9	
财务费用（收益以“−”号填列）	10	41500.00
投资损失（收益以“−”号填列）	11	−31500.00
递延所得税资产减少（增加以“−”号填列）	12	
递延所得税负债增加（减少以“−”号填列）	13	
存货减少（增加以“−”号填列）	14	95300.00
经营性应收项目减少（增加以“−”号填列）	15	−119100.00
经营性应付项目增加（减少以“−”号填列）	16	−79869.00
其他	17	
经营活动产生的现金流量净额	**18**	**327531.00**

大家可以对比一下第 18 章用直接法计算出来的张老板公司经营活动产生的现金流量（表 18.1）中的数据与表 19.1 中的数据是否一致，结果当然是一致的。两种方法出发的方向虽然不同，但它们的最终目标是相同的。

19.2 不涉及现金收支的投资与筹资活动

不涉及现金收支的投资与筹资活动，反映企业一定期间内影响资产或负债，但不形成该期现金收支的所有投资和筹资活动的信息。这些投资和筹资活动虽然不涉及现金收支，但对以后各期的现金流量有重大影响。

企业应当在补充资料中披露不涉及当期现金收支，但影响企业财务状况或在未来可能影响企业现金流量的重大投资和筹资活动。

19.2.1 债务转为资本

债务转为资本，反映企业本期转为资本的债务金额。我们通过张老板公司的实例来认识这种经济现象。

【例 19.1】2019 年 5 月 1 日张老板公司应付账款中有一笔对李老板公司的负债，金额为 5000 万元，偿还日期在 9 个月之后。李老板公司一直很看好张老板公司的发展前景，认可其管理能力，两家公司经过友好协商，李老板公司决定向张老板公司投资，将本笔债务转为投资成本。

张老板公司对应的会计分录为：

借：应付账款　　　　　　　50000000

　贷：实收资本　　　　　　　50000000

对于张老板公司而言，债务转为资本的这个经济行为虽然不影响本年度内的现金流变动，但是减少了下一年度的现金流出，因此，它对于现金流量表而言也是很重要的事项，需要我们关注并披露出来。

19.2.2 一年内到期的可转换公司债券

一年内到期的可转换公司债券，反映企业一年内到期的可转换公司债券的本息。可转换公司债券指的是可以转为资本的债券，一般公司债券负债规模较大，企业要筹措并准备大量资金用于偿还债务，还要考虑债权人转为股本投资的可能性和规模，因此，它对于企业而言是一项重要的信息，应进行对外披露。

它是债务转为资本的另一种形式。

19.2.3 融资租入固定资产

融资租入固定资产，反映企业本期融资租入的固定资产。比如，企业在融资租入设备时将形成的负债记入“长期应付款”科目，当期并不支付设备款及租金，但以后各期必须为此支付现金，从而在一定期间内形成了一项固定的现金支出。

我们通过张老板公司的实例来认识这种经济现象。

【例 19.2】张老板公司采用融资租赁方式租入生产设备一台，按照租赁合同的规定，双方确定的租赁资产公允价值为 1600 万元，租赁期限为 5 年，最低租赁付款额为 2400 万元。为偿还设备款，张老板公司每年应分摊财务费用 160 万元，支付租金 480 万元。

本例中，张老板公司虽然本年度没有发生 1600 万元设备款的支出，但是之后 5 年每年要支出相关金额 640 万元（160+480），此事项对公司有长期的影响，应在现金流量表补充资料中披露出来。

19.3　现金及现金等价物净增加情况

大家有没有觉得这个项目似曾相识？没错，我们在第 18 章中曾经提到过它。现金流量表主表和补充资料都有关于现金及现金等价物净增加情况的内容。这部分内容的主要作用就是与资产负债表的数据形成钩稽关系，便于核对数据填列的正确性。本项目的填列方法比较简单。

一般企业很少有其他现金等价物，大家只需关注资产负债表中“货币资金”的变动，以及“应收票据”及“交易性金融资产”3 个月以内即将到期的部分即可，其计算公式为：

现金及现金等价物的期末余额=资产负债表“货币资金”期末余额+“应收票据”及“交易性金融资产”3 个月以内即将到期的部分

现金及现金等价物的期初余额=资产负债表“货币资金”期初余额+“应收票据”及“交易性金融资产”3 个月以内即将到期的部分

现金及现金等价物的净增加额=现金及现金等价物的期末余额−现金及现金等价物的期初余额

承第 18 章中的例 18.1，张老板公司 2019 年 12 月货币资金的期初余额为 380908 元，期末余额为 234939 元，应收票据及交易性金融资产均无 3 个月内即将到期的部分，我们来计算一下该公司现金及现金等价物净增加情况。

现金及现金等价物的期末余额=资产负债表“货币资金”期末余额=234939（元）

现金及现金等价物的期初余额=资产负债表“货币资金”期初余额=380908（元）

现金及现金等价物的净增加额=234939−380908=−145969（元）

第 20 章 现金流量表综合分析

我们已经对张老板公司的资产负债表、利润表进行过分析，其中资产负债表注重分析资产的积累和负债的偿还能力，利润表注重分析持续的盈利能力。本章我们来分析现金流量表。现金流量表是反映企业经营过程中现金流入流出过程的报表，对于这张报表，我们应该关注的重点是什么呢？下面我们跟随杨经理一起进一步认识现金流量表。

现金流量表是以收付实现制为编制基础，反映企业在一定时期内现金收入和现金支出情况的报表。对现金流量表的分析，既要掌握该表的结构及特点，分析其内部构成，又要结合利润表和资产负债表进行综合分析，以求全面、客观地评价企业的财务状况和经营业绩。对现金流量表的分析可从以下几方面着手。

20.1　现金流量表及其结构分析

注意：企业的现金流量由经营活动产生的现金流量、投资活动产生的现金流量和筹资活动产生的现金流量三部分构成。分析现金流量及其结构，可以了解企业现金的来龙去脉和现金的收支构成，评价企业经营状况、创造现金能力、筹资能力和资金实力。

我们以张老板公司 2019 年度现金流量表为例进行分析，如表 20.1 所示。

表 20.1　张老板公司 2019 年度现金流量表

编制单位：四星通信设备有限公司　　2019年度　　单位：元

项目	行次	本期金额
一、经营活动产生的现金流量	**1**	
销售商品、提供劳务收到的现金	2	1312500.00
收到的税费返还	3	

续表

项目	行次	本期金额
收到其他与经营活动有关的现金	4	
经营活动现金流入小计	**5**	**1312500.00**
购买商品、接受劳务支付的现金	6	797166.00
支付给职工及为职工支付的现金	7	87100.00
支付的各项税费	8	174703.00
支付其他与经营活动有关的现金	9	80000.00
经营活动现金流出小计	**10**	**1061969.00**
经营活动产生的现金流量净额	**11**	**327531.00**
二、**投资活动产生的现金流量**	**12**	
收回投资收到的现金	13	16500.00
取得投资收益收到的现金	14	30000.00
处置固定资产、无形资产和其他长期资产收回的现金净额	15	300300.00
处置子公司及其他营业单位收到的现金净额	16	
收到其他与投资活动有关的现金	17	
投资活动现金流入小计	**18**	**330300.00**
购建固定资产、无形资产和其他长期资产支付的现金	19	101000.00
投资支付的现金	20	
取得子公司及其他营业单位支付的现金净额	21	
支付其他与投资活动有关的现金	22	
投资活动现金流出小计	**23**	**101000.00**
投资活动产生的现金流量净额	**24**	**229000.00**
三、**筹资活动产生的现金流量**	**25**	
吸收投资收到的现金	26	
其中：子公司吸收少数股东投资收到的现金	27	
取得借款收到的现金	28	560000.00
收到其他与筹资活动有关的现金	29	
筹资活动现金流入小计	**30**	**560000.00**
偿还债务支付的现金	31	1250000.00
分配股利、利润或偿付利息支付的现金	32	12500.00
其中：子公司支付给少数股东的股利、利润	33	
支付其他与筹资活动有关的现金	34	

续表

项目	行次	本期金额
筹资活动现金流出小计	**35**	**1262500.00**
筹资活动产生的现金流量净额	**36**	**−702500.00**
四、汇率变动对现金及现金等价物的影响	**37**	
五、现金及现金等价物净增加额	**38**	**−145969.00**
加：期初现金及现金等价物余额	39	380908.00
六、期末现金及现金等价物余额	**40**	**234939.00**

20.1.1 经营活动产生的现金流量分析

（1）将销售商品、提供劳务收到的现金与购进商品、接受劳务支付的现金进行比较。

在企业经营正常、购销平衡的情况下，将二者进行比较是有意义的。二者差额越大，说明企业的销售利润越大，销售回款情况越好，创造现金能力越强。

从表20.1中我们可以看出，张老板公司2019年度销售商品、提供劳务收到的现金为1312500元，购入商品、提供劳务付出的现金为797166元，差额约为50万元，差额较大，表明该企业销售回款情况良好，创造现金能力较强。

（2）将销售商品、提供劳务收到的现金与经营活动现金流入的总额比较，可大致说明企业产品销售现金占经营活动现金流入的比重。比重大，说明企业的主营业务突出，营销状况良好。

张老板公司销售商品、提供劳务收到的现金等于经营活动现金流入的总额，说明企业主营业务突出。

（3）将本期经营活动产生的现金流量净额与上期的进行比较，增长率越高，说明企业的成长性越好。

20.1.2 投资活动产生的现金流量分析

当企业扩大规模或开发新的利润增长点时，需要大量的现金投入，投资活动产生的现金流入量补偿不了流出量，投资活动产生的现金流量净额为负数，但如果企业投资有效，将会在未来产生现金净流入用于偿还债务、创造收益，企业不会有偿债困难。因此，分析投资活动产生的现金流量，应结合企业目前的投资项目进行，不能简单地以现金净流入还是净流出来论优劣。

张老板公司2019年度投资活动产生的现金流量净额为229000元，净现金流比较客观，但是主要现金流入和流出项目为处置固定资产和构建固定资产，造成这种状况具有一定的偶然性，不足以评价该公司投资活动产生的现金流量的优劣。

20.1.3　筹资活动产生的现金流量分析

一般来说，筹资活动产生的现金流量净额越大，企业面临的偿债压力越大，但如果现金净流入量主要来自企业吸收的权益性资本，则不仅不会面临偿债压力，资金实力还会增强。因此，在分析筹资活动产生的现金流量时，可将吸收权益性资本收到的现金与筹资活动现金流入总额进行比较，所占比重大，说明企业资金实力强，财务风险低。

张老板公司 2019 年度筹资活动产生的现金流量净额为-702500 元，该项目现金流出较多是由于偿还了借款 1250000 元且大于该期间借入的借款。该公司的期末借款余额较小，未来偿债压力较小。

20.1.4　现金流量构成分析

1．现金流入比重

分别计算经营活动现金流入、投资活动现金流入和筹资活动现金流入占现金总流入的比重，可以了解企业现金的主要来源。一般来说，经营活动现金流入占现金总流入比重大的企业，经营状况较好，财务风险较低，现金流入结构较为合理。

下面我们来看一下张老板公司 2019 年现金流入的比重，如表 20.2 所示。

表 20.2　张老板公司 2019 年现金流入的比重

项目	本期金额	比重
经营活动现金流入小计	1312500.00	60%
投资活动现金流入小计	330300.00	15%
筹资活动现金流入小计	560000.00	25%
现金总流入	2202800.00	100%

从表 20.2 中可以看出，张老板公司经营活动现金流入占现金总流入的 60%，筹资活动现金流入占现金总流入的 25%，表明该公司经营状况尚可，应进一步提高经营活动的变现能力。

2．现金流出比重

分别计算经营活动现金流出、投资活动现金流出和筹资活动现金流出占现金总流出的比重，可以了解企业的现金用于哪些方面。一般来说，经营活动现金流出比重大的企业，其生产经营状况正常，现金支出结构较为合理。

下面我们来看一下张老板公司2019年现金流出的比重，如表20.3所示。

表20.3 张老板公司2019年现金流出的比重

项目	本期金额	比重
经营活动现金流出小计	1061969.00	44%
投资活动现金流出小计	101000.00	4%
筹资活动现金流出小计	1262500.00	52%
现金总流出	2425469.00	100%

从表20.3中可以看出，张老板公司筹资活动现金流出占现金总流出的比重超过50%，表明该公司应进一步提高经营活动的管理水平，扩大经营活动的规模。

20.2 现金流量表与资产负债表比较分析

资产负债表是反映企业期末资产和负债状况的报表，通过对现金流量表的有关指标与资产负债表的有关指标进行比较，可以更为客观地评价企业的偿债能力、盈利能力及支付能力。

20.2.1 偿债能力分析

注意：资产负债表分析中的流动比率分析可以在一定程度上反映企业的偿债能力，但是许多流动性不强的项目，如呆滞的存货、有可能收不回的应收账款、本质上属于费用的待摊费用等，虽然具有资产的性质，但是不能再转变为现金，不再具有偿付债务的能力，而且不同企业的流动资产结构差异较大，资产质量各不相同，因此，仅用流动比率等指标来分析企业的偿债能力往往有失偏颇，这时候我们需要引入现金支付能力的概念。

现金支付能力是在计算出资产负债表中的货币资金、应收票据、交易性金融资产、应付票据各项数据的基础上，按照下面的计算公式求得的：

企业的现金支付能力=货币资金+应收票据+交易性金融资产−短期借款−应付票据

我们来看一看张老板公司的现金支付能力。

承第18章中的例18.1，张老板公司2019年年末的现金支付能力=234939+66000+0−0−100000=200939（元），这项指标为正数，表明该公司拥有足够偿付短期债务的流动资金，没有短期偿债风险。

企业的现金支付能力为正，表明企业拥有现金或银行存款，企业的各项现金收入之和大于现金支出之和；企业的现金支付能力为负，表明企业缺乏支付资金，不能满足生产经营或投资对现金的需要，企业依靠短期借款或透支维持生存。

20.2.2　盈利能力及支付能力分析

可将现金净流量与资产负债表相关指标进行对比分析的结果，作为每股收益、净资产收益率等盈利指标的补充。

（1）每股经营活动现金净流量与总股本之比

这一比率反映每股资本获取现金净流量的能力，比率越高，表明企业支付股利的能力越强。

（2）经营活动现金净流量与净资产之比

这一比率反映投资者投入资本创造现金的能力，比率越高，表明企业创造现金的能力越强。

20.3　现金流量表与利润表比较分析

利润表是反映企业一定期间经营成果的重要报表，揭示了企业利润的计算过程和利润的形成过程。利润虽然是评价企业经营业绩及盈利能力的重要指标，但是它存在一定的缺陷，因为收入与费用是按归属来确认的，而不管它们是否已实际收到或者付出，以此计算的利润常常使一个企业的盈利水平与其真实的财务状况不符。

有的企业账面利润很大，看似业绩可观，可现金却入不敷出，经营举步艰难；有的企业虽然巨额亏损，却现金充足，周转自如。可见，仅以利润来评价企业的经营业绩和获利能力有失偏颇。如果能结合现金流量表所提供的现金流量信息，特别是经营活动现金净流量的信息进行分析，则较为客观全面。

注意：利润和现金净流量是两个从不同角度反映企业业绩的指标，二者的关系可以通过现金流量表的补充资料揭示出来。具体分析时，可将现金流量表的有关指标与利润表的有关指标进行对比，以评价企业利润的质量。

20.3.1　经营活动产生的现金流量净额与净利润比较

经营活动产生的现金流量净额与净利润比较，能在一定程度上反映企业利润的质量。也就是说，企业每实现 1 元的账面利润，实际有多少现金支撑，其比率越高，利润质量越高，但这一指标只有在企业经营正常、既能创造利润又能获得现金净流量时才可比，分析这一比率也才有意义。为了与经营活动产生的现金流量净额的计算口径一致，净利润指标应剔除投资收益和筹资费用。

承第 18 章中的例 18.1，张老板公司 2019 年度的净利润为 286500 元，而经营活动产生的现金净流量为 327531 元，经营活动产生的现金流量净额与净利润都为正，且比值大于 1，表明企业创造的净利润全部可以以现金形式实现。进一步分析可知，现金流量表中的“现金及现金等价物净增加额”为-145969 元，出现这种情况是因为张老板公司本年度偿还的债务较多，现金流出金额比例较大，但公司未来的债务风险降低了。

20.3.2 销售商品、提供劳务收到的现金与主营业务收入比较

销售商品、提供劳务收到的现金与主营业务收入比较，可以大致说明企业销售回收现金的情况及企业销售的质量。销售商品、提供劳务收到的现金所占比重大，表明销售收入实现后所增加的资产转换现金速度快、质量高。

承第 18 章中的例 18.1，张老板公司 2019 年度销售商品、提供劳务收到的现金为 1312500 元，主营业务收入为 1250000 元，销售商品收到的现金大于主营业务收入，表明销售收入实现的现金数量可观，质量较高。

20.4 现金流量表内容回顾

无论是在考试中还是在实务中，很多人都认为现金流量表的内容比较难。大家感觉难是因为会计知识没有弄清楚，或者是虽然会计知识弄清楚了，但是业务的实质没有弄明白。实际上，现金流量表的内容并没有想象中那么难。

注意：大家需要反复思考以下两个问题。

问题 1：什么是现金流，什么业务与现金流有关？

关于这个问题，大家一定要想清楚，如果尚有疑问，建议重新学习第 17 章“现金”的概念，做到心中有数。

问题 2：相关余额的变动与发生额变动的关系是怎样的？

一般情况下，应收账款变成现金，意味着应收账款减少了，而现金增加了，即现金的增加额=应收账款的减少额。也就是说，由“期初+增加=期末+减少”可以得出“期初-期末=减少-增加”。

从上面的公式我们可以看出，余额的变动就是发生额的变动。

以上两点是学好现金流量表的关键，你记住了吗？

第 21 章 所有者权益变动表

张老板作为公司的主要管理者和股东，最关心公司所有者权益的变动情况，因为这关系到他本人的“身价”，也关系到他在向其他投资人汇报时是不是底气十足；反过来，张老板公司作为公开股票市场的投资者，也需要关心所投资上市公司的整体业绩和所有者权益变动，这直接影响到张老板是否增持该股票的决定。

张老板公司的宗旨是不放过每一个赚钱的机会，将每一分钱发挥的价值最大化，因此，公司偶有闲余资金就会投资股票市场。“股市有风险，投资需谨慎”，这是人人都知道的道理，那么靠什么来降低风险呢？作为财务从业者，我们要从上市公司公开的财务报表及其他各种渠道了解该公司的资产情况、盈利情况，除这些外，我们还应该了解该公司的所有者权益变动情况。

21.1 什么是所有者权益变动表

在新会计准则颁布以前，通用的财务报表只有三张，就是我们最为熟悉的资产负债表、利润表和现金流量表。所有者权益变动表并不是主要报表，在保险公司的财务报表中，它仅作为资产负债表附表；然而在新会计准则颁布以后，所有者权益变动表脱颖而出成为主要报表之一，其地位和作用突显，这是为什么呢？

21.1.1 所有者权益变动表产生的原因及意义

所有者权益变动表能够脱颖而出缘于我国会计准则与国际会计准则接轨的大势所趋，更缘于我国经济发展带来的会计环境的巨大变化。在所有者权益变动表的背后，是会计目标的变化引发的会计固有理论、程序和方法与变化的经济环境的摩擦、碰撞及协调。

1．为适应新型金融工具核算的需要

20 世纪 90 年代以后，保险衍生品等金融工具的创新为公司带来了机遇，但同时也隐藏着巨大的风险。由于历史成本原则、收入实现原则、谨慎性原则的限制，一些金融资产的公允价值变动等已确认未实现的利得和损失无法在利润表中列示，只能绕过利润表直接在资产负债表的“所有者权益”项目中确认，在这种情况下，可行的解决办法是在现行的财务报表体系中增加第四张财务报表来容纳衍生金融工具公允价值变动，使财务报表体系中各要素之间能够继续保持紧密的联系。

2．体现了我国在报告全面收益方面取得实质性的进步

所有者权益变动表的另一使命是报告全面收益。全面收益以资产负债观为基础，突破了传统收益的收入费用观，将未确认的利得和损失纳入收益报告的范围。新会计准则的颁布标志着我国在国内外环境的驱动下，终于向报告全面收益迈出了一大步。

21.1.2 所有者权益变动表的概念

所有者权益变动表是反映构成所有者权益各组成部分当期增减变动情况的报表。所有者权益变动表应当全面反映一定时期所有者权益变动的情况，不仅包括所有者权益总量的增减变动、所有者权益增减变动的重要结构性信息，还包括直接计入所有者权益的利得和损失，让报表使用者能够准确地理解所有者权益增减变动的根源。

注意：本表一方面列示所有者权益变动的交易或事项，改变了以往仅仅按照所有者权益的各组成部分反映所有者权益变动的情况，从所有者权益变动的来源对一定时期所有者权益变动进行全面反映；另一方面，按照所有者权益的各组成部分（包括实收资本、其他权益工具、资本公积、盈余公积、其他综合收益、未分配利润和库存股）及其总额列示交易或事项对所有者权益变动的影响；此外，所有者权益变动表还将各项目分为“本年金额”和“上年金额”两栏分别列示，便于报表使用者进行比较和分析。

21.2 所有者权益变动表标准表样

所有者权益变动表一般包括表首、正表两部分。表首包括报表名称、编制单位、编制日期、报表编号、货币名称、计量单位等；正表是所有者权益变动表的主体，从年初项目变动影响、本年增减变动影响两个方面揭示年末所有者权益的构成。

所有者权益表的标准表样（以张老板公司为例），如表 21.1 所示。

表 21.1 所有者权益变动表标准表样（以张老板公司为例）

编制单位：四星通信设备有限公司　　　　2019年度　　　　单位：元

项目	本年金额									
	实收资本（或股本）	其他权益工具			资本公积	减：库存股	其他综合收益	盈余公积	未分配利润	所有者权益合计
		优先股	永续债	其他						
一、上年年末余额	**5000000.00**							**120000.00**	**1080000.00**	**6200000.00**
加：会计政策变更										
前期差错更正										
其他										
二、本年年初余额	**5000000.00**							**120000.00**	**1080000.00**	**6200000.00**
三、本年增减变动金额（减少以“-”号填列）										
（一）综合收益总额									800000.00	800000.00
（二）所有者投入和减少资本										
1. 所有者投入的普通股	2000000.00									2000000.00
2. 其他权益工具持有者投入资本										
3. 股份支付计入所有者权益的金额										
4. 其他										
（三）利润分配										
1. 提取盈余公积								80000.00	-80000.00	0.00
2. 对所有者（或股东）的分配										
3. 其他										
（四）所有者权益内部结转										
1. 资本公积转增资本（或股本）										

续表

项目	本年金额									
	实收资本（或股本）	其他权益工具			资本公积	减：库存股	其他综合收益	盈余公积	未分配利润	所有者权益合计
		优先股	永续债	其他						
2. 盈余公积转增资本（或股本）										
3. 盈余公积弥补亏损										
4. 设定收益计划变动额结转留存收益										
5. 其他综合收益结转留存收益										
6. 其他										
四、本年年末余额	**7000000.00**							**200000.00**	**1800000.00**	**9000000.00**

注：因为版面所限，我们未列示所有者权益变动表的上年数据。

所有者权益变动表属于动态报表，从左到右列示了所有者权益的组成项目，自上而下反映了各项目年初至年末的增减变动过程。

为了清楚地表明构成所有者权益的各组成部分当期的增减变动情况，所有者权益变动表以矩阵的形式列示。

1. 会计政策变更和前期差错更正的累积影响金额

会计政策变更和前期差错更正会对所有者权益期初余额产生影响。旧会计制度主要调整资产负债表的期初余额、利润表上期金额的相关被影响项目，以及利润分配表的“年初未分配利润”项目，并在财务报表附注中披露，容易被报表使用者忽视；而新会计准则在所有者权益变动表上直接列示会计政策变更和前期差错更正两项，使其对所有者权益的影响一目了然。

2. 综合收益总额

该项目列示净利润与其他综合收益扣除所得税影响后的净额相加后的合计金额。

3. 所有者投入和减少资本

该项目反映企业当年所有者投入的资本和减少的资本，其中：“所有者投入的普通股”项目反映企业接受普通股投资者投入形成的实收资本（或股本）和资本公积，应根据“实收资本”“资本公积”等科目的发生额分析填列；“其他权益工具持有者投入资本”反映企业接受其他权益工具持有者投入形成的实收资本（或股本）和资本公积，应根据“实收资本”“资本公积”等科目的发生额分析填列。“股份支付计入所有者权益的金额”反映企业以处于等待期的权益结算的股份支付当年计入资本公积的金额，应根据“资本公积”科目所属的“其他资本公积”二级科目的发生额分析填列。

4．利润分配

该项目反映当年对所有者（或股东）分配的利润（或股利）金额和按照规定提取的盈余公积金额，并对应填列在“未分配利润”和“盈余公积”栏，其中：“提取盈余公积”项目，反映企业按照规定提取的盈余公积；“对所有者（或股东）的分配”项目，反映对所有者（或股东）分配的利润（或股利）金额。

5．所有者权益内部结转

为了全面反映所有者权益各组成部分的增减变动情况，所有者权益内部结转是所有者权益变动表的重要组成部分，主要指不影响所有者权益总额、所有者权益各组成部分当期的增减变动。它包括资本公积转增资本（或股本）、盈余公积转增资本（或股本）、盈余公积弥补亏损、设定收益计划变动额结转留存收益、其他综合收益结转留存收益。

6．实收资本或股本、资本公积、其他综合收益、盈余公积、未分配利润的期初和期末余额及其调节情况

该部分主要指所有者权益变动表各项目的纵向结构和逻辑关系，通过这些调节过程形成了所有者权益变动表的整体架构。

21.3　所有者权益变动表的编制方法

所有者权益变动表是资产负债表权益项目的细化和利润表损益的补充，是对所有者权益项目的展开阅读，通过所有者权益变动表可以分析各个项目的变化及其原因，有利于财务报表使用者进一步了解公司的净资产状况。

21.3.1　所有者权益变动表的逻辑关系

所有者权益变动表是一张局部报表，反映的内容有限，并不像其他报表一样反映经济主体的全部内容，所以它的编制方法比较简单，大家只要了解以下这些逻辑关系就可以了：

本年年末余额=本年年初余额+本年增减变动金额

本年年初余额=上年年末余额+会计政策变更+前期差错更正

本年增减变动金额=净利润+直接计入所有者权益的利得和损失+所有者投入和减少资本+利润分配+所有者权益内部结转

21.3.2 报表编制

我们已经了解了所有者权益变动表的逻辑关系，下面我们以张老板公司为例做进一步的检验。

【例 21.1】张老板公司 2019 年年初的实收资本为 500 万元，盈余公积为 12 万元，未分配利润为 108 万元，合计为 620 万元，未发生会计政策变更和前期差错更正事项；2019 年该公司从外部吸收资本 200 万元，净利润为 80 万元，根据法定规定计提盈余公积 8 万元，无其他所有者权益变动事项。

我们结合 2019 年度张老板公司所有者权益变动表的数据，编制所有者权益变动表并进一步理解这些数据的逻辑关系。

分析：

（1）由于本年年初余额等于上年年末余额加上会计政策变更和前期差错更正，而会计政策变更和前期会计差错更正为 0，因此本年年初余额等于上年年末余额。

（2）本年度张老板公司吸收资本 200 万元，因此所有者投入资本的变动额为 200 万元；当年度实现净利润 80 万元，按照 10%的比例提取盈余公积 8 万元，因此盈余公积的变动额为 8 万元；未分配利润的变动额由两部分组成，一部分是净利润的增项 80 万元，另一部分是盈余公积的减项 8 万元，因此本期变动金额为 72 万元。

从前两个步骤的计算结果我们可以得出张老板公司所有者权益项目的期末余额。

（3）本年度实收资本（或股本）的期末余额=500+200=700（万元）

（4）本年度盈余公积的期末余额=12+8=20（万元）

（5）本年度未分配利润的期末余额=108+72=180（万元）

（6）本年度所有者权益合计的期末余额=上述项目的期末余额之和=700+20+180=900（万元）

21.4 所有者权益变动表分析

对所有者权益各个项目变动的分析，可以为报表使用者提供较为真实的所有者权益总额及其变动信息，尤其是对于上市公司而言，其所有者持股比重的变动对一般的散户投资者起到风向标的作用。通过分析所有者权益的来源及其变动情况，可以了解会计期间内影响所有者权益增减变动的具体原因，判断其构成，可以为所有者、债权人及其他报表使用者提供全面的财务信息，为他们进行经济决策提供依据。

21.4.1 水平分析

对所有者权益变动表的分析可以从水平分析和垂直分析两方面入手。所有者权益变动表的水平分析，是将所有者权益各个项目的本年金额与基准数（上年金额）进行对比分析，从动态角度揭示公司当期所有者权益各个项目绝对数变动情况，从而反映所有者权益各个项目增减变动的具体原因和存在的问题的一种分析方法。

一般用变动额和变动率两个指标来反映所有者权益各个项目的本年金额（报告期）与上年金额（基期）的变动情况，其计算公式为:

某项目的变动额=报告期数据−基期数据

【例 21.2】承例 21.1，张老板公司 2019 年年初的实收资本为 500 万元，由于公司管理制度良好，公司前景光明，吸引了机构投资者的注意，获取了部分投资款。

该公司实收资本的变动额=700−500=200（万元）

张老板公司吸引到的投资款虽然不是很多，但是占到了原始投资额的 40%，可以说获得了比较大的资金支持。对于该公司来说，这是个利好消息，公司可以此获得供应商和客户的信任和好感。

21.4.2 垂直分析

所有者权益变动表的垂直分析是将所有者权益变动表各个项目的本年金额与本年年末余额进行比较（各个项目本年金额占本年年末余额的比重），从而揭示公司当年所有者权益内部结构的情况，从静态角度判断所有者权益变动表各个项目构成的合理性；同时，将报告期各个项目所占的比重与基期各个项目所占的比重进行对比分析，可以从动态角度反映所有者权益各个项目的变动情况，便于报表使用者找出影响所有者权益变动的主要项目，为其进行经济决策提供新的思路。

【例 21.3】承例 21.1，张老板公司 2019 年度所有者权益变动表中，“对所有者

（或股东）的分配”项目为 0，为了积累资本继续扩大规模，该公司从来没有向股东分配过股利。在某一个期间，A 公司对张老板公司非常感兴趣，有意投资。A 公司管理者在长线投资的同时，希望能定期获得股利回报，在分析张老板公司的所有者权益变动表并进一步了解其他信息后，A 公司放弃了这一计划。

对于投资者来说，除了关注投资公司亮眼的业绩，更希望获得很好的股利回报。股利的发放政策既关系到公司股东和债权人的利益，又关系到公司未来的发展。较低的股利虽然可以使公司积累较多的发展资金，但与公司股东的愿望相违背，降低了其对公司的期望值。

第 22 章 财务报表附注

张老板公司由于管理规范，经营状况良好，得到了苹果公司的特许经销权，这是对该公司的认可，极大地提升了该公司的在业内的形象。张老板希望将这个消息传递给客户和消费者，广而告之；同时，张老板在北京的子公司由于仓库发生意外火灾，损失了一批货物，价值较高，对该公司短期之内的货物流转和资金运转有较大的影响，张老板希望把这个消息的知晓范围控制在公司内部，不想引起供应商的恐慌。

由于这些信息不是数字能够表述清楚的，所以除了财务报表的数字化语言，还需要一些补充性、解释性的文字性信息，我们称之为财务报表附注。

电影需要画外音，数学公式需要配上文字说明，为什么一些表现形式需要同时出现呢？因为单一的表现形式有它的特点和局限性，不具有充分的表现力。财务报表也是这样。财务报表是财务语言的一种最精练的表现形式，但是它并不能够完整地表述所有内容，因此需要文字的补充和完善。

我们早在第 1 章就提到过财务报表附注，它是财务报表不可缺少的组成部分。概念回顾：财务报表是综合反映企业一定时期财务状况、经营业绩的总结性文件，它是在日常会计核算资料的基础上，对其进行加工、整理归类、汇总编制而成的，具有统一格式和内容的报告文件，主要包括资产负债表、利润表、现金流量表、所有者权益变动表和财务报表附注等。

财务报表附注是对财务报表本身无法或难以充分表述的内容和项目所做的补充说明与详细解释。报表使用者想要了解企业的财务状况、经营成果和现金流量，应当全面阅读财务报表附注。财务报表附注相对于报表而言，同样具有重要性。根据会计准则的规定，财务报表附注应当按照一定的结构进行系统合理的排列和分类，有顺序地披露信息。

22.1 编制财务报表附注的意义

本节我们会针对编制财务报表附注的意义进行讲述。大家仔细阅读之后就会明白，财务报表附注没有固定的格式、严格的编制方法，只有灵活掌握编制财务报表附注的意义及特点，我们才能够把握编制或阅读财务报表附注的重点。

注意：财务报表与其附注之间存在一种主次关系，即财务报表是根本，附注是补充。没有财务报表的存在，附注就失去了依靠，其功能也就无处发挥；没有附注恰当地延伸、说明，财务报表的功能就难以有效实现。两者相辅相成，形成一个有机的整体。

编制财务报表附注的意义主要体现在以下四个方面。

1．解释性

财务报表项目是被高度浓缩的会计信息，且由于经济业务的复杂性和企业在编制财务报表时可能选择了不同的会计政策，企业必须通过财务报表附注对财务报表的编制基础、编制依据、编制原则和方法及主要事项等进行解释，以此增进会计信息的可理解性，同时使不同企业会计信息的差异更具可比性，便于财务报表使用者进行对比分析。

2．无固定格式，具有灵活性

注意：正是由于财务报表有固定的格式、项目和填列方法，才使得表内信息不能完整地反映一个企业的综合素质；而报表附注只需要遵守一定的结构和规范，并没有固定的格式，可以充分、自由地完善财务报表信息，使表内信息更容易理解，相关性更强。

借助财务报表附注和其他报告形式，增加表外信息披露，可以在保持原有报告模式的基础上对其进行完善和改进。

3．提高会计信息的相关性和可靠性

会计信息既要相关又要可靠，但是由于财务会计本身的局限性，会计信息的相关性和可靠性犹如鱼与熊掌的选择，很多时候是不可兼得的。对财务报表附注的披露可以在不降低会计信息可靠性的前提下提高会计信息的相关性，如或有事项的处理。由于或有事项发生的不确定性而不能将其直接在主表中进行确认，但如果等到它完全可靠或基本能够预期的时候，又可能因为及时性的丧失而损伤了会计信息的相关性；为此，可以通过在财务报表附注中进行披露，揭示或有事项的类型和影响，以此来提高会计信息的相关性。

4．增强不同行业和行业内部不同企业之间会计信息的可比性

会计信息是由多种因素综合促成的，经济环境的不确定性、不同行业的不同特点，以及各个企业前后各期情况的变化，都会降低不同企业之间会计信息的可比性，以及企业前后各期会计信息的一贯性。财务报表附注可以通过披露企业的会计政策和会计估计的变更等情况，向投资者传递相关信息，使投资者能够“看透”会计方法的实质，而不被会计方法所误导。

22.2　财务报表附注的内容及结构

前文提到财务报表附注必须按照一定的结构和规范来编制，无论对于企业来说是利好消息还是利空消息，只要是足够重要的信息，都必须在财务报表附注中进行披露。会计准则要求在财务报表附注中至少披露下列内容（非重要项目除外）。

1．企业的基本情况

本部分主要介绍企业的注册时间、注册地址、所属集团公司及主营业务等。

2．重要会计政策和会计估计

根据财务报表列报准则的规定，企业应当披露采用的重要会计政策和会计估计，不重要的会计政策和会计估计可以不披露。

由于企业经济业务的复杂性和多样性，某些经济业务可以有多种账务处理方法，即存在不止一种可供选择的会计政策。例如，存货的计价方法有先进先出法、加权平均法、个别计价法等；固定资产的折旧方法有平均年限法、工作量法、双倍余额递减法、年数总额法等。企业在发生某项经济业务时，必须从国家允许使用的账务处理方法中选择适合本企业特点的会计政策。企业选择不同的账务处理方法，可能极大地影响企业的财务状况和经营成果，进而编制出不同的财务报表。为了帮助报表使用者理解会计信息，有必要对这些会计政策加以披露。

财务报表列报准则强调了对会计估计不确定因素的披露要求，企业应当披露会计估计中所采用的关键假设和不确定因素的确定依据，这些关键假设和不确定因素在下一会计期间内很可能导致对资产、负债账面价值进行重大调整。

上述会计政策和会计估计一旦确定，一般不允许更改，如果公司所处经济环境发生重大变化确需修改，应在财务报表附注中予以披露；另外，企业发生的重大会计差错更正也需要进行披露。

3. 重要报表项目的说明

企业应当将文字和数字描述相结合，尽可能地以列表形式披露报表重要项目的构成或当期增减变动情况，并且报表重要项目的明细金额合计，应当与报表项目金额相衔接。在披露顺序上，一般应当按照资产负债表、利润表、现金流量表、所有者权益变动表的顺序及其项目列示。

4. 其他需要说明的重要事项

本部分主要包括或有和承诺事项、资产负债表日后非调整事项、关联方关系及其交易等，具体的披露要求须遵循相关准则的规定，分别参见相关章节的内容。

在本部分最后，不要忘记披露企业财务报表的批注报出机构及日期，这也是重要的信息。

"读万卷书，行万里路"，理论知识需要实践来证明，下面我们就结合理论知识将张老板公司的财务报表附注相关内容展示给大家，大家可以结合 23.2 节的内容对照理解。这里需要注意的是，大家千万不要照本宣科，财务报表附注没有固定格式，每个公司财务报表附注的个性化都很强。

22.3 企业的基本情况

我们在面试时通常要准备一份简历，简历中首先要介绍自己的姓名、性别、年龄、籍贯等身份认证信息，这些信息的重要性绝不亚于我们的教育背景和工作背景。企业信息也是同样的。当企业向供应商、客户、政府管理机构等介绍企业的情况时，首先要表明企业是合法的、企业的存在价值（也就是主营业务）等，这就是我们所说的财务报表附注的"企业的基本情况"。

1. 企业注册时间、注册地址、组织形式和总部地址

这是会计准则要求企业必须披露的信息。例如，作为张老板公司的客户，在与之合作之前，应该了解该公司的注册信息，注册时间越长，说明公司具有越强的生命力，公司的经营能力较好，这些信息无法从财务报表中得知，一般从财务报表附注中获得。

以下是张老板公司财务报表附注中关于这部分信息的披露。

四星通信设备有限公司是由北京市工商行政管理局朝阳分局登记注册，由张老板出资，于 2003 年 5 月 9 日注册成立的有限责任公司，取得的企业法人营业执照注册号为××××××××，注册资本为 4000 万元，注册地址为北京市朝阳区×

××号，法定代表人为张老板。

2. 母公司及集团最终母公司的名称

张老板公司的出资人是张老板本人，没有其他母公司。

3. 企业的业务性质和主要经营活动

例如，A 公司准备采购一批手机，想在张老板公司和 B 公司之间进行选择，A 公司从张老板公司的财务附注中了解到该公司的主营业务就是手机产品，而 B 公司主要做计算机产品的经销，A 公司认为专业的公司才能做专业的事情，因此，企业的主营业务性质对于 A 公司的决策可能会起到很大的作用。

以下是张老板公司财务报表附注中关于这部分信息的披露。

张老板公司经营范围主要包括销售、维修通信设备及配件（不含无线电发射设备及地面卫星接收设备）、电子产品（不含电子出版物）、计算机及配件、会展服务等。

22.4 重要会计政策和会计估计

会计准则规定了很多可以选择的会计政策和会计估计方法，允许我们结合企业的实际情况进行选择，这些会计政策和会计估计方法会影响到企业重要财务数据的列报，一经选定，一般不得轻易变更。为了使外部机构能够充分了解企业财务报表的编制基础，会计准则要求企业必须在财务报表附注中披露企业正在执行的重要会计政策和会计估计，其具体内容包括以下几点。

1. 遵循企业会计准则的声明

张老板公司执行中华人民共和国财政部颁布的《企业会计准则》和《企业会计制度》及其补充规定。

2. 企业的会计年度

张老板公司以 1 月 1 日起至 12 月 31 日止为一个会计年度。

3. 企业的记账本位币

张老板公司以人民币为记账本位币。

4. 记账基础和计价原则

张老板公司会计核算以权责发生制为记账基础，资产以历史成本为计价原则。

5. 应收账款和坏账的核算办法

张老板公司坏账确认标准：债务单位因撤销、破产、资不抵债、现金流量严重不足、发生严重自然灾害等导致停产而在可预见的时间内无法偿付债务等；债务单位逾期未履行偿债义务超过 3 年（或一定年限）；其他确凿证据表明确实无法收回或收回的可能性不大。

坏账损失的核算方法：备抵法。

6. 固定资产计价及其折旧方法

张老板公司的固定资产标准为使用年限在一年以上的房屋、建筑物、机器、机械、运输工具，以及其他与生产经营有关的设备、器具、工具等；不属于生产经营主要设备的，单位价值在 2000 元以上且使用年限在两年以上的资产，也作为固定资产。

（1）固定资产按实际成本计价。

（2）固定资产折旧采用直线法计算。直线法按固定资产的原值和估计使用年限扣除残值率（原值的 5%）确定其折旧率，固定资产折旧要素，如表 22.1 所示。

表 22.1　固定资产折旧要素

类别	折旧年限	残值率	年折旧率
房屋建筑物	50年	5%	1.9%
办公设备	5年	5%	19%
运输工具	5年	5%	19%
电子设备	5年	5%	19%
其他	5年	5%	19%

（3）固定资产的后续支出。

与固定资产有关的后续支出，如果存在下列情况之一，使可能流入本公司的经济利益超过了原先的估计，应当计入固定资产账面价值，其增计金额不应超过该固定资产的可收回金额，否则应在发生时确认为费用。

- 延长了固定资产的使用寿命。
- 使产品的质量得到实质性提高。
- 使产品的成本得到实质性降低。

（4）固定资产减值准备的确认标准及计提方法。

期末按各单项固定资产可收回金额低于其账面价值的差额计提固定资产减值准备。对存在下列情况之一的固定资产，全额计提减值准备：

- 长期闲置不用，在可预见的将来不会再使用，且已无转让价值的固定资产。
- 虽然尚可使用，但使用后产生大量不合格品的固定资产。

- 已遭毁损，不再具有使用价值和转让价值的固定资产。
- 其他实质上已经不能给本公司带来经济利益的固定资产。

7. 无形资产计价及其摊销方法

张老板公司对购入或按法律程序申请取得的无形资产，按实际支付金额（包括买价、手续费、律师费、注册费等相关费用）入账；对接受投资转入的无形资产，按合同约定或评估确认的价值入账。各种无形资产在其有效期内按直线法摊销。

期末按单个无形资产的可收回金额低于其账面成本的差额提取无形资产减值准备。当存在下列一项或多项情况时，计提无形资产减值准备：

- 某项无形资产已被其他新技术等所替代，使其为企业创造经济利益的能力受到重大、不利影响。
- 某项无形资产的市价在当期大幅下跌，在剩余摊销年限内预期不会恢复。
- 某项无形资产已超过法律保护期限，但仍然具有部分使用价值。
- 其他足以证明某项无形资产实质上已经发生了减值的情形。

8. 收入的确认原则

张老板公司按以下收入确认原则确认销售收入实现，并按已实现的收入记账，将其计入当期损益：企业应当在履行了合同中的履约义务，即在客户取得相关商品控制权时确认收入。

9. 利润分配顺序

张老板公司按《中华人民共和国公司法》及其他有关规定进行利润分配，缴纳所得税后的利润，除国家另有规定外，按照下列顺序分配：

（1）弥补企业以前年度亏损。

（2）提取法定盈余公积金，本年未计提。

（3）向投资者分配利润，本年未向投资者分配利润。

10. 所得税的会计处理方法

张老板公司所得税的会计处理方法采用应付税款法。

汇算清缴的方式：季度预缴，年终汇算清缴。

张老板公司的主要税项，如表 22.2 所示。

表 22.2 张老板公司的主要税项

主要税项	适用税率
城市维护建设税	7%按应缴流转税额计缴
教育费附加	3%按应缴流转税额计缴
地方教育费附加	2%按应缴流转税额计缴
所得税	25%

11. 会计政策和会计估计变更及差错更正的说明

上述会计政策、会计估计一旦确定，一般不允许更改，如果公司所处经济环境发生重大变化确需修改，应在财务报表附注中予以披露；企业发生重大会计差错更正也需要进行披露。

张老板公司重大的会计政策和会计估计变更，须经总经理办公会批准。

12. 其他重要报表项目的说明

根据企业所处的不同行业和不同经济环境确定必须披露的内容。

22.5 重要报表项目的说明

本节内容是对财务报表数字的细化解释。例如，将资产负债表中的“应收账款”项目进一步列示到客户及其账龄，将利润表中的“主营业务收入”项目进一步列示到贡献收入的具体项目。在披露顺序上，一般应当按照资产负债表、利润表、现金流量表、所有者权益变动表的顺序及其项目列示。

我们来看一下张老板公司的重要报表项目。

1. 货币资金

货币资金一般按照其科目组成项目进行列示，如果包含外币资金一般也会单独列示出来。张老板公司的货币资金，如表 22.3 所示。

表 22.3 张老板公司的货币资金

项目	年初余额	年末余额
现金	60800.00	14100.00
银行存款	10000000.00	22880000.00
其他货币资金	0.00	0.00
合计	10060800.00	22894100.00

2. 交易性金融资产

交易性金融资产一般列示投资的内容。张老板公司的交易性金融资产，如表 22.4 所示。

表 22.4　张老板公司的交易性金融资产

项目	年初余额	年末余额
苏宁公司股票	466200.00	422400.00
合计	466200.00	422400.00

3. 应收账款

应收账款一般按照账龄列示应收账款余额及坏账准备余额，如果某些客户特别重要，也可以按照客户列示出来。张老板公司的应收账款，如表 22.5 所示。

表 22.5　张老板公司的应收账款

账龄	年初余额		年末余额	
	年初余额	坏账准备	年末余额	坏账准备
1年以内	10447500.00	0.00	19455000.00	0.00
1～2年	0.00	0.00	0.00	0.00
2～3年	0.00	0.00	0.00	0.00
3年以上	0.00	0.00	0.00	0.00
合计	10447500.00	0.00	19455000.00	0.00

4. 固定资产

固定资产一般按照资产类别列示，如办公设备、运输设备、电子设备、生产设备等。张老板公司的固定资产，如表 22.6 所示。

表 22.6　张老板公司的固定资产

项目	年初余额	本年增加	本年减少	年末余额
一、固定资产原价	58445378.00	8453614.00	725712.00	66173280.00
办公设备	27509164.47	3215200.00	350250.00	30374114.47
运输工具	14583068.35	1268000.00	—	15851068.35
电子设备	16353145.18	3970414.00	375462.00	19948097.18
二、累计折旧	18603578.00	2657654.00	120952.00	21140280.00
办公设备	8756362.00	1250908.86	58375.00	9948895.86
运输工具	4641894.00	663127.71	—	5305021.71
电子设备	5205322.00	743617.43	62577.00	5886362.43
三、固定资产净值	39841800.00	5795960.00	604760.00	45033000.00
办公设备	18752802.47	1964291.14	291875.00	20425218.61

续表

项目	年初余额	本年增加	本年减少	年末余额
运输工具	9941174.35	604872.29	—	10546046.64
电子设备	11147823.18	3226796.57	312855.00	14061734.75

5. 应付账款

应付账款一般按照账龄列示，由于篇幅所限，此处不再列举。

6. 应交税费

应交税费一般按照当地应缴纳的税种项目列示。张老板公司的应交税费，如表22.7所示。

表 22.7　张老板公司的应交税费

项目	年初余额	年末余额
增值税	1402586.05	1220826.97
城市维护建设税	28181.02	487623.31
企业所得税	472516.33	157324.48
个人所得税	320053.00	137115.48
印花税	24561.62	155396.62
教育费附加	20129.30	217033.15
地方教育费附加	27161.93	131269.24
合计	2732700.00	2944100.00

7. 实收资本

实收资本按照投资者名称列示。张老板公司的实收资本，如表 22.8 所示。

表 22.8　张老板公司的实收资本

投资者名称	年初余额		本年增加	本年减少	年末余额	
	投资金额	所占比例			投资金额	所占比例
张老板	50000000.00	100%	—	—	50000000.00	100%
合计	1300000000.00	100%	—	—	1300000000.00	100%

8. 主营业务收入

主营业务收入一般按照收入类别列示。张老板公司的主营业务收入，如表 22.9 所示。

表 22.9　张老板公司的主营业务收入

项目	本年金额	上年金额
销售手机	14316494.00	10943702.00
销售配件	2128450.00	1706851.00

续表

项目	本年金额	上年金额
手机维修服务	1827216.00	1405617.00
合计	18272160.00	14056170.00

9．销售费用

销售费用一般按照费用类别列示。张老板公司的销售费用，如表 22.10 所示。

表 22.10　张老板公司的销售费用

项目	本年金额	上年金额
工资	620370.00	547006.00
福利费	74444.40	65640.72
基本保险	111666.60	113530.00
补充医疗保险	37857.00	54700.60
办公费	235890.00	186589.00
差旅费	123000.00	82300.00
房租	362891.00	326800.00
水电费	53698.00	48900.00
物流费	6958.00	5982.00
培训费	194643.00	0.00
其他费用	33562.00	3851.68
合计	1854980.00	1435300.00

10．其他项目

张老板公司还有一些其他重要科目，列示方法基本相似，由于篇幅所限，不再一一展示，大家可以仿照以上项目尝试编制财务报表附注。

22.6　其他需要说明的重要事项

本节主要介绍除企业的基本情况、会计政策和会计估计、重要报表科目以外的其他需要说明的重要事项，主要包括或有事项、资产负债表日后调整事项、财务报表的批准信息等。

1．或有事项

或有事项，是指过去的交易或事项形成的，其结果须由某些未来事件的发生或不发生才能决定的不确定事项，主要包括未决诉讼、担保、质量保证等。

例如，张老板公司与A公司有一起诉讼至财务报表报出时尚未结案，未来判决情况具有较大的不确定性，该公司应在此处披露这类事项。

2. 资产负债表日后事项

这部分内容我们已经比较熟悉，如资产负债表日后张老板公司库房发生火灾，损失比较严重，虽然这个事项并不影响该公司当年的年度财务报表，但是因为事件比较重大，应该在财务报表附注中予以披露。

3. 重要资产转让及其出售

张老板公司本年度无重要资产转让及其出售的事项。

假如一家玻璃厂只有三条生产线，因为经营不善出售其中最大的一条生产线，导致产能下降了40%，这个信息对于该公司来说是重要的资产转让事项，应该在财务报表附注中予以披露。

4. 企业合并、分立等重组事项

张老板公司本年度无企业合并、分立等重组事项。

5. 其他重要事项

除上述事项以外的其他重要事项。

6. 财务报表的批准信息

这部分一般应列示报告期间、执行准则、有权批准报告报出的部门。

就像我们在本章开头时提过的，张老板公司总有一些信息，是其管理者希望传播或不希望传播的即利好消息或利空消息，这些信息的披露与否不是管理者能够决定的，为了维护财务报表外部使用者的权益，必须由会计准则统一的规范来进行约束。

注意：上述张老板公司2019年度财务报表附注，在总体结构方面就是按照会计准则的规定进行列示的。如果该公司发生合并、分立等重组事项，则必须按规定进行如实、详细的披露；在数据细节方面，如果会计科目数据列示的选择上是根据公司的重点项目进行列示的，则一些不重要的项目可以不列示或简要列示。

闲暇时间大家可以从网络上下载一些上市公司的财务报表及其附注，这些报表都是公开的信息，列示的内容会更加详细、正规，便于大家更好地学习。

第 23 章 资产负债表日后事项

张老板公司因产品质量问题被消费者起诉。2019 年 12 月 31 日法院尚未判决，考虑到公司败诉需要赔偿的可能性较大，该公司为此确认了 500 万元的预计负债。2020 年 2 月 20 日该公司财务报告尚未对外报出，法院判决公司败诉，赔偿金额可能是 400 万元也可能是 800 万元，这会直接影响张老板公司财务报表中的利润情况。在这种情况下，张老板公司应该做出怎样的调整呢？

作为一名产品设计师，我们在产品交付之前可以对产品进行不断的完善和修改；而会计界有会计分期的概念，需要报告某一期间或期末的财务数据，如果在对外汇报之前的这段时间发现错误该怎么处理？有哪些注意事项呢？这是我们本章要讲到的内容，即资产负债表日后事项。

23.1 资产负债表日后事项的基础概念

我国的会计年度一般采用公历年，而中国人讲究过阴历年，大家习惯在阴历年前清账，张老板公司的债务一般都在阴历年前结清。这时候若债务出现问题形成了损失应该算在哪一个会计年度呢？这就要看事项确认的具体时间是在财务报表报出日之前还是之后了，它们的处理方法是完全不同的。

在确认一些特殊事项时，如果财务报表已经报出，对于影响不是特别重大的事项一般视同当期事项处理；如果财务报表尚未报出，就形成了资产负债表日后事项。

资产负债表日后事项是指自年度资产负债表日至财务会计报告批准报告日之间发生的须调整或说明的事项，简称日后事项，如图 23.1 所示。

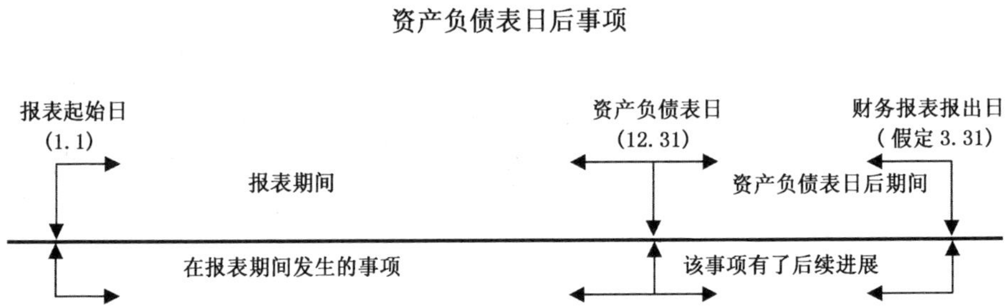

图 23.1　资产负债表日后事项

23.1.1　资产负债表日后期间

资产负债表日后期间，是指报告年度次年的 1 月 1 日至董事会、经理（厂长）会议或类似机构对财务报告的批准报出日之间的期间。

【例 23.1】某上市公司 2019 年度财务报告于 2020 年 2 月 20 日编制完成，董事会批准财务报告对外公布的日期为 2020 年 4 月 17 日，财务报告实际对外公布的日期为 2020 年 4 月 23 日，股东大会召开日期为 2020 年 5 月 10 日。

根据规定，本例中，该公司 2019 年度财务报告资产负债表日后期间为 2020 年 1 月 1 日至 2020 年 4 月 17 日。如果在 4 月 17 日至 23 日发生了重大事项，须调整财务报表相关项目的数字或在财务报表附注中披露，经调整或说明后的财务报告再经董事会批准报出的日期为 2020 年 4 月 25 日，实际报出的日期为 2020 年 4 月 30 日，则资产负债表日后期间为 2020 年 1 月 1 日至 2020 年 4 月 25 日。

23.1.2　资产负债表日后事项包括有利事项和不利事项

“有利事项和不利事项”是指资产负债表日后事项肯定对企业财务状况和经营成果具有一定影响，既包括有利影响也包括不利影响。如果某些事项的发生对企业无任何影响，那么这些事项既不是有利事项也不是不利事项，也就不属于资产负债表日后事项。企业不应该根据事项性质和重要性判断事项的影响，不能因为事项的披露会给企业带来不利的影响而有所隐瞒。

下面我们来介绍一下日后事项的具体内容。

23.2　日后事项的内容

根据资产负债表日之前是否存在相关情况，我们将资产负债表日后事项分为资产负债表日后调整事项（以下简称调整事项）和资产负债表日后非调整事项（以下简称非调整事项）。

23.2.1　调整事项

资产负债表日后调整事项，是指对资产负债表日已经存在的情况提供了新的或进一步证据的事项。

注意：如果资产负债表日及所属会计期间已经存在某种情况，但当时并不知道其存在或不知道确切结果，资产负债表日后发生的事项能够证实该情况的存在或确切结果，则该事项属于资产负债表日后事项中的调整事项；如果资产负债表日后事项对资产负债表日的情况提供了进一步证据，且证据表明的情况与原来的估计和判断不完全一致，则需要对原来的财务处理进行调整。

企业发生的资产负债表日后调整事项，通常包括下列各项内容：

- 资产负债表日后诉讼案件结案，法院判决证实了企业在资产负债表日已经存在现时义务，应调整原来确认的与该诉讼案件相关的预计负债，或者确认一项新负债。
- 资产负债表日后取得确凿证据，表明某项资产在资产负债表日发生了减值，或者须调整该项资产原来确认的减值金额。
- 资产负债表日后进一步确定了资产负债表日前购入资产的成本或售出资产的收入。
- 资产负债表日后发现财务报表中有舞弊的情况或有差错。

我们举一个例子来帮助大家理解。

【例 23.2】张老板公司因产品质量问题被消费者起诉。2019 年 12 月 31 日法院尚未判决，考虑到消费者胜诉要求该公司赔偿的可能性较大，该公司为此确认了 500 万元的预计负债。2020 年 2 月 20 日，在该公司 2019 年度财务报告对外报出之前，法院判决消费者胜诉，要求该公司支付赔偿款 700 万元。

本例中，张老板公司在 2019 年 12 月 31 日结账时已经知道消费者胜诉的可能性较大，但不知道法院判决的确切结果，因此确认了 500 万元的预计负债。2020 年 2 月 20 日，法院判决结果为该公司预计负债的存在提供了进一步的证据。此时，按照 2019 年 12 月 31 日存在状况编制的财务报表所提供的信息已不能真实反映企业的实际情况，应据此对财务报表相关项目的数字进行调整。

23.2.2 非调整事项

资产负债表日后非调整事项，是指表明资产负债表日后发生情况的事项。非调整事项的发生不影响资产负债表日企业的财务报表数字，只说明资产负债表日后发生了某些情况。对于财务报表使用者而言，非调整事项说明的情况有的重要，有的不重要。重要的非调整事项虽然不影响资产负债表日的财务报表数字，但是可能影响资产负债表日后的财务状况和经营成果，不加以说明将会影响财务报表使用者做出正确的估计和决策，因此需要适当披露。

企业发生的资产负债表日后非调整事项，通常包括下列各项内容:

- 资产负债表日后发生重大诉讼、仲裁、承诺。
- 资产负债表日后资产价格、税收政策、外汇汇率发生重大变化。
- 资产负债表日后因自然灾害导致资产发生重大损失。
- 资产负债表日后发行股票和债券及其他巨额举债。
- 资产负债表日后资本公积转增资本。
- 资产负债表日后发生巨额亏损。
- 资产负债表日后发生企业合并或处置子公司。

23.2.3 调整事项与非调整事项的区别

资产负债表日后发生的某一事项究竟是调整事项还是非调整事项，取决于该事项表明的情况在资产负债表日或资产负债表日以前是否已经存在。如果该事项在资产负债表日或之前已经存在，则属于调整事项；反之，则属于非调整事项。

【例 23.3】张老板公司 2019 年 10 月向王老板公司出售 2000 万元的手机产品，根据销售合同的规定，王老板公司应在收到货物后 3 个月内付款。至 2019 年 12 月 31 日，王老板公司尚未付款。假定张老板公司在编制 2019 年度财务报告时有以下两种情况:

（1）2019 年 12 月 31 日张老板公司根据掌握的信息判断，王老板公司有可能破产清算，估计该应收账款将有 20%无法收回，故按 20%的比例计提坏账准备；2020 年 1 月 20 日，张老板公司收到通知，王老板公司已宣告破产清算，张老板公司估计有 70%的债权无法收回。

（2）2019 年 12 月 31 日王老板公司的财务状况良好，张老板公司预计应收账款可按时收回；2020 年 1 月 20 日，王老板公司发生重大火灾，导致张老板公司

50%的应收账款无法收回。2020 年 3 月 31 日，张老板公司的财务报告经批准对外公布。

分析:

①导致张老板公司应收账款无法收回的原因是王老板公司的财务状况恶化，该情况在资产负债表日已经存在，王老板公司宣告破产只是证实了资产负债表日王老板公司财务状况恶化的情况，因此，王老板公司破产导致张老板公司应收账款无法收回的事项属于调整事项。

②导致张老板公司应收账款损失的原因是火灾，火灾是不可预计的，应收账款发生损失这一事项在资产负债表日以后才发生，因此，王老板公司发生火灾导致张老板公司应收账款发生坏账的事项属于非调整事项。

注意：在理解资产负债表日后事项的账务处理时，还应明确以下两个问题。

第一，如何确定资产负债表日后某一事项是调整事项还是非调整事项，是对资产负债表日后事项进行账务处理的关键。调整和非调整事项是一个广泛的概念，就事项本身而言可以有各种各样的性质，只要符合企业会计准则中对这两类事项的判断原则即可。另外，同一性质的事项可能是调整事项，也可能是非调整事项，这取决于该事项表明的情况是在资产负债表日或资产负债表日以前已经存在或发生的，还是在资产负债表日后才发生的。

第二，企业会计准则以列举的方式，说明了资产负债表日后事项中哪些属于调整事项，哪些属于非调整事项，但并没有列举详尽。实务中，会计人员应按照资产负债表日后事项的判断原则，确定资产负债表日后发生的事项中哪些属于调整事项，哪些属于非调整事项。

23.3　日后调整事项的账务处理

资产负债表日后事项有的直接影响财务报告年度的财务状态、经营成果和资金变动情况，有的虽然不影响财务报告，但是会影响财务报告使用者的正确理解和决策，因此，企业对日后事项进行正确的账务处理，对于提高会计核算质量和保证财务信息的真实、可靠，具有十分重要的意义。

23.3.1　资产负债表日后调整事项的账务处理原则

企业发生的资产负债表日后调整事项，应当调整资产负债表日的财务报表。对于年度财务报告而言，由于资产负债表日后事项发生在报告年度的次年，报告年度的有关账目已经结转，特别是损益类科目在结账后已无余额，因此，年度资产负债表日后发生的调整事项，应分别按以下情况进行处理：

（1）涉及损益的事项，通过“以前年度损益调整”科目核算，贷方用于调整增加以前年度利润或调整减少以前年度亏损，借方用于调整减少以前年度利润或调整增加以前年度亏损；调整完成后，将“以前年度损益调整”科目的贷方或借方余额转入“利润分配——未分配利润”科目。

（2）涉及利润分配调整的事项，直接在“利润分配——未分配利润”科目核算。

（3）不涉及损益及利润分配的事项，调整相关科目。

（4）通过上述账务处理后，还应同时调整财务报表相关项目的数字，包括：

- ❑ 资产负债表日编制的财务报表相关项目的期末数或本年发生数。
- ❑ 当期编制的财务报表相关项目的期初数或上年数。
- ❑ 经过上述调整后，如果涉及财务报表附注内容的，还应做出相应调整。

23.3.2 资产负债表日后调整事项的账务处理方法

为简化处理，如无特殊说明，本章所有的例子均假定如下：

财务报告批准报出日为次年 3 月 31 日，暂不考虑所得税的影响。

（1）资产负债表日后诉讼案件结案，法院判决证实了企业在资产负债表日已经存在现时义务，应调整原来确认的与该诉讼案件相关的预计负债，或者确认一项新负债。

【例 23.3】张老板公司与乙公司签订一项销售合同，合同中约定张老板公司应在 2019 年 8 月销售给乙公司一批手机。由于张老板公司未能按照合同约定日期发货，致使乙公司发生重大经济损失。2019 年 12 月，乙公司将张老板公司告上法庭，要求张老板公司赔偿 450 万元。2019 年 12 月 31 日法院尚未判决，张老板公司按或有事项准则对该诉讼事项确认预计负债 300 万元。2020 年 2 月 10 日，经法院判决张老板公司应赔偿乙公司 400 万元，双方均服从判决。判决当日，张老板公司向乙公司支付赔偿款 400 万元。

本例中，2020 年 2 月 10 日的判决证实了张老板公司与乙公司在资产负债表日（2019 年 12 月 31 日）分别存在现实赔偿义务和获赔权利，因此两家公司都应将“法院判决”这一事项作为调整事项进行处理。

①张老板公司的账务处理如下。

2020 年 2 月 10 日支付赔偿款，对应的会计分录为：

借：以前年度损益调整　　　　　　　　　　1000000

　贷：其他应付款　　　　　　　　　　　　　1000000

借：预计负债　　3000000

　贷：其他应付款　　3000000

借：其他应付款　　4000000

　贷：银行存款　　4000000

②乙公司的账务处理如下。

2020 年 2 月 10 日收到赔偿款，对应的会计分录为：

借：其他应收款　　4000000

　贷：以前年度损益调整　　4000000

借：银行存款　　4000000

　贷：其他应收款　　4000000

（2）资产负债表日后取得确凿证据，表明某项资产在资产负债表日发生了减值，或者须调整该项资产原来确认的减值金额。

这一事项是指在资产负债表日，根据当时的资料判断某项资产可能发生了损失或减值，但没有最后确定是否会发生，因而按照当时的最佳估计金额反映在财务报表中。在资产负债表日至财务报告批准报出日之间，如果取得确凿证据表明该事实成立，即某项资产已经发生了损失或减值，则应对资产负债表日所做的估计予以修正。

（3）销售退回对收入的影响。

企业在资产负债表日已根据收入确认条件确认资产销售收入，但资产负债表日后获得关于资产收入的进一步证据，如发生销售退回等，此时应调整财务报表相关项目的金额。

注意：资产负债表日后发生的销售退回，既包括报告年度或报告中期销售的商品在资产负债表日后发生的销售退回，也包括以前期间销售的商品在资产负债表日后发生的销售退回。

【例 23.4】张老板公司 2019 年 11 月 8 日销售一批商品给乙公司，取得收入 120 万元（不含税，增值税税率为 13%）。张老板公司发出商品后，按照正常情况已确认收入，并结转成本 100 万元。2019 年 12 月 31 日，该笔货款尚未收到，张老板公司未对应收账款计提坏账准备。2020 年 1 月 12 日，由于产品质量问题，本批商品被退回。

本例中，销售退回业务发生在资产负债表日后期间内，属于资产负债表日后调整事项。

张老板公司的账务处理如下。

①2020 年 1 月 12 日调整销售收入，对应的会计分录为：

借：以前年度损益调整　　1200000

　　应交税费——应交增值税（销项税额）　　156000

贷：应收账款 1356000

②调整销售成本，对应的会计分录为：

借：库存商品 1000000

贷：以前年度损益调整 1000000

③调整应缴纳的所得税，对应的会计分录为：

借：应交税费——应交所得税 50000

贷：以前年度损益调整 50000

④将“以前年度损益调整”科目的余额转入利润分配，对应的会计分录为：

借：利润分配——未分配利润 150000

贷：以前年度损益调整 150000

⑤调整盈余公积，对应的会计分录为：

借：盈余公积 15000

贷：利润分配——未分配利润 15000

23.4 日后非调整事项的披露

注意：资产负债表日后发生的非调整事项，是表明资产负债表日后发生情况的事项，与资产负债表日存在状况无关，不应当调整资产负债表日的财务报表；但是，有的非调整事项对财务报告使用者具有重大影响，如不加以说明，将不利于财务报告使用者做出正确估计和决策，因此，应在财务报表附注中予以披露。

企业应当在财务报表附注中披露每项重要的资产负债表日后非调整事项的性质、内容及其对财务状况和经营成果的影响；无法做出估计的，应当说明原因。

资产负债表日后非调整事项主要包括以下几点。

1．资产负债表日后发生重大诉讼、仲裁、承诺

资产负债表日后发生的重大诉讼等事项，对企业影响较大，为防止误导投资者及其他财务报告使用者，应当在财务报表附注中予以披露。

【例 23.5】2020 年 2 月 10 日，张老板公司向某通信公司采购一批货物，该批货物存在严重的质量问题，协商未果，张老板公司向法院提起诉讼，预计会胜诉，取得一定的赔偿收入，但金额不能确定。至财务报告报出日法院尚未做出判决。

此事项的发生时间是资产负债表日后期间，虽然与资产负债表日存在状况无关，但是对以后年度的财务报告有重大影响，应当在财务报表附注中予以披露。

2. 资产负债表日后资产价格、税收政策、外汇汇率发生重大变化

资产负债表日后发生的资产价格、税收政策和外汇汇率的重大变化，虽然不会影响资产负债表日财务报表相关项目的数据，但是对企业资产负债表日后期间的财务状况和经营成果有重大影响，应当在财务报表附注中予以披露。

3. 资产负债表日后因自然灾害导致资产发生重大损失

【例 23.6】水火无情，由于春节期间爆竹连连，张老板公司 2020 年 2 月一处仓库发生火灾，暂估损失 800 万元，预计可从保险公司获赔 500 万元。

这是典型的资产负债表日后非调整事项，应当在财务报表附注中予以披露。

4. 资产负债表日后发行股票和债券及其他巨额举债

虽然这一事项与企业资产负债表日的存在状况无关，但是这一事项的披露能使财务报告使用者了解与此有关的情况及其带来的影响，应当在财务报表附注中予以披露。

5. 资产负债表日后资本公积转增资本

企业以资本公积转增资本将会改变企业的资本（或股本）结构，影响较大，应当在财务报表附注中予以披露。

6. 资产负债表日后发生巨额亏损

企业资产负债表日后发生巨额亏损将对企业财务报告期以后的财务状况和经营成果产生重大影响，应当在财务报表附注中予以披露，以便为投资者或其他财务报告使用者做出正确决策提供信息。

7. 资产负债表日后发生企业合并或处置子公司

企业合并或者处置子公司的行为会影响企业的股权结构、经营范围等，会对企业未来的生产经营活动产生重大影响，应当在财务报表附注中予以披露。

8. 资产负债表日后，企业利润分配方案中拟分配的及经审议批准宣告发放的股利或利润

该事项虽然为资产负债表非调整事项，但是对企业资产负债表日后的财务状况有较大影响，可能导致现金大规模流出、企业股权结构变动等，为了便于财务报告使用者更加充分地了解相关信息，应当在财务报告中予以披露。

第 24 章 编制一套财务报表

> 请大家想一想，通过整本书的学习，我们了解了张老板公司财务报表的哪些内容？
>
> 张老板公司的财务报表包括资产负债表、利润表、现金流量表、所有者权益变动表及财务报表附注，如果把这些内容比喻为一座山，那么恭喜各位已经翻过了这座山。回头望望，其实这座并没有多高。现在我们就来写一篇游记，将我们的全部行程记录下来，做一名知识的回顾者。

财务报表的结构、组成及具体内容我们已经全部介绍完了。接下来，就是大家复习这些内容并动手实践的过程了。还记得第 1 章我们学过的内容吗？财务报表是企业财务工作的最终成果，而财务工作的本质是对企业经济活动的货币信息逐步进行高度概括，使之有条理的过程。

编制财务报表就是将本书所学内容进行综合演练，将企业某一个会计期间的整体活动状况高度概括出来，使企业经营情况一目了然。

随着信息技术的发展，绝大部分公司都采用财务信息系统记账，如国内比较知名的用友、金蝶，国际比较知名的 SAP、ORACLE 等。这些信息系统将财务记账的工作方法固化在系统中，只要人工将原始的单据信息和记账凭证登记完成，接下来的工作只需少量人工的推进就能完成。为了讲述财务报表的编制过程，我们将整个过程分为以下三个主要步骤:

（1）编制会计分录。

（2）编制科目余额表。

（3）编制财务报表。

24.1　编制会计分录

对于会计分录，我们并不陌生。会计分录是指对某项经济业务标明其应借记和应贷记的账户及金额的记录。会计分录由应借应贷方向、对应账户（科目）名称及应记金额三要素构成。

首先，我们介绍用以编制会计分录的张老板公司的日常经济事项。

24.1.1　张老板公司的日常经济事项

张老板公司 2019 年 12 月发生的主要经济事项如下:

（1）李强出差预借差旅费 5000 元，以现金支付。

（2）王莉出差预借差旅费 4800 元，以银行存款支付。

（3）收到展台供货商违约罚款收入 20000 元，存入银行账户。

（4）购入手机一批，货款为 150000 元，增值税税额为 19500 元，货物已入库，款项已通过银行存款支付。

（5）企业在固定资产清查过程中，发现一台办公设备未在账簿中记录，该设备重置完全价 7000 元。

（6）从银行提取现金 50000 元。

（7）销售手机一批，开具的增值税专用发票上注明的价格为 5000000 元，增值税税额为 650000 元，款项未支付；结转销售产品的成本为 3000000 元。

（8）计提员工工资 90200 元并于当月发放，其中销售部门人员工资 50000 元，行政管理部门人员工资 40200 元。

（9）计提短期借款的利息 52660 元。

（10）计提本月固定资产折旧 35000 元，其中销售部门 30000 元，管理部门 5000 元。

（11）发生广告费用 23000 元，款项未付。

（12）计算本期所得税金额。

（13）将主营业务收入、主营业务成本等其他损益类科目转入“本年利润”账户。

（14）结转“本年利润”账户，将净利润转入“利润分配”账户。

（15）全年净利润 576455 元，计算计提盈余公积 57645 元。

24.1.2 编制会计分录

通过分析上述经济事项，大家可以尝试编制会计分录，看懂并理解是一回事，自己动手又是一回事，大家一定要通过实践来检验自己对于理论知识的理解，然后用下面给出的会计分录进行复核。

你编制的会计分录是正确的吗？

（1）李强出差预借差旅费 5000 元，以现金支付。

借：其他应收款——差旅费　　5000

　贷：库存现金　　5000

（2）王莉出差预借差旅费 4800 元，以银行存款支付。

借：其他应收款——差旅费　　4800

　贷：银行存款　　4800

（3）收到展台供货商违约罚款收入 20000 元，存入银行账户。

借：银行存款　　20000

　贷：营业外收入——罚款收入　　20000

（4）购入手机一批，货款为 150000 元，增值税税额为 19500 元，货物已入库，款项已通过银行存款支付。

借：库存商品　　150000

　　应交税费——应交增值税（进项税额）　　19500

　贷：银行存款　　169500

（5）企业在固定资产清查过程中，发现一台办公设备未在账簿中记录，该设备重置完全价 7000 元。

借：固定资产　　7000

　贷：以前年度损益调整　　7000

借：以前年度损益调整　　1750

　贷：应交税费——应交企业所得税　　1750

借：以前年度损益调整　　5250

　贷：盈余公积——提取法定盈余公积　　525

　　　利润分配——未分配利润　　4725

（6）从银行提取现金 50000 元。

借：库存现金　　50000

　贷：银行存款　　50000

（7）销售手机一批，开具的增值税专用发票上注明的价格为 5000000 元，增值税额为 650000 元，款项未支付；结转销售产品的成本为 3000000 元。

借：应收账款　　5650000

　贷：主营业务收入　　5000000

　　　应交税费——应交增值税（销项税额）　　650000

借：主营业务成本　　3000000

　贷：库存商品　　3000000

（8）计提员工工资 90200 元并于当月发放，其中销售部门人员工资 50000 元，行政管理部门人员工资 40200 元。

借：销售费用——工资　　50000

　　管理费用——工资　　40200

　贷：应付职工薪酬——工资　　90200

借：应付职工薪酬——工资　　90200

　贷：银行存款　　90200

（9）计提短期借款的利息 52660 元。

借：财务费用——利息支出　　52660

　贷：应付利息　　52660

（10）计提本月固定资产折旧 35000 元，其中销售部门 30000 元，管理部门 5000 元。

借：销售费用——折旧费　　30000

　　管理费用——折旧费　　5000

　贷：累计折旧　　35000

（11）发生广告费用 23000 元，款项未付。

借：销售费用——广告费　　23000

　贷：其他应付款　　23000

（12）计算本期所得税金额。

①通过登记丁字账汇总损益类科目的发生额，如图 24.1 所示。

②应纳税所得额=5000000−3000000+20000−103000−45200−52660

=1819140（元）

应纳所得税额=1819140×25%=454785（元）

③将上述金额转化为会计分录。

借：所得税费用　　454785

　贷：应交税费——应交企业所得税　　454785

营业外收入	
	20000
	20000

主营业务收入	
	5000000
	5000000

主营业务成本	
3000000	
3000000	

销售费用	
50000	
30000	
23000	
103000	

管理费用	
40200	
5000	
45200	

财务费用	
52660	
52660	

图 24.1　汇总损益类科目的发生额

（13）将主营业务收入、主营业务成本等其他损益类科目转入“本年利润”账户。结转科目丁字账，如图 24.2 所示。

	本年利润		
结转主营业务收入	5000000	3000000	结转主营业务成本
营业外收入	20000	103000	销售费用
		45200	管理费用
		52660	财务费用
		454785	所得税费用
	5020000	3655645	

图 24.2　结转科目丁字账

①结转收入类

借：主营业务收入　　5000000

　　营业外收入　　20000

　贷：本年利润　　5020000

②结转费用类

借：本年利润　　3655645

　贷：主营业务成本　　3000000

　　　销售费用　　103000

　　　管理费用　　45200

　　　财务费用　　52660

　　　所得税费用　　454785

（14）结转“本年利润”账户，将净利润转入“利润分配”账户。

借：本年利润　　　　　　　　　1364355

　贷：利润分配——未分配利润　　　　1364355

（15）全年净利润 576455 元，计算计提盈余公积 57645 元。

借：利润分配——提取法定盈余公积　　　57645

　贷：盈余公积——提取法定盈余公积　　　57645

借：利润分配——未分配利润　　　　　57645

　贷：利润分配——提取法定盈余公积　　　57645

我们列举的这些业务虽然简单，却涵盖了实际经济工作中的大部分业务——从采购到销售，再到日常费用的核算、工资的发放及税金的计提等。

接下来，我们就该编制科目余额表了。

24.2　编制科目余额表

科目余额表是按照总账科目余额编制的，利用科目余额表编制财务报表，应按照总账科目余额的排列顺序，将其期初余额、借方和贷方发生额、期末余额过入余额表，并加计合计数。合计数栏借方金额和贷方金额必须相等，否则说明科目余额表的编制存在错误。

24.2.1　汇总资产负债类科目的发生额

在 24.1 节中，为了计算张老板公司本年税前利润和所得税，我们利用丁字账汇总了损益类科目的发生额，我们采用同样的方法汇总资产负债类科目的发生额，如图 24.3、图 24.4 所示。

库存现金

50000	5000
50000	5000

银行存款

20000	4800
	169500
	50000
	90200
20000	314500

库存商品

150000	3000000
150000	3000000

其他应收款

5000	
4800	
9800	

应收账款

5650000	
5650000	

图 24.3　汇总资产负债类科目的发生额 1

固定资产	
7000	
7000	

应付职工薪酬	
90200	90200
90200	90200

应付利息	
	52660
	52660

累计折旧	
	35000
	35000

其他应付款	
	23000
	23000

应交税费	
19500	1750
	650000
	454785
19500	1106535

图 24.4　汇总资产负债类科目的发生额 2

24.2.2　科目余额表的编制

科目余额表就是将总账科目的期初、期末余额，借方、贷方余额总体填列的表格。我们为了编制张老板公司 2019 年度的财务报表，不但需要 12 月的数据，更需要 1—11 月的全部财务数据。为了缩短篇幅，我们直接列示了张老板公司 2019 年 12 月 1 日资产负债表期初余额及 2019 年 1—11 月利润表数据，其科目余额表如表 24.1 所示。

表 24.1　张老板公司的科目余额表

单位：元

科目	期初余额	借方发生额	贷方发生额	期末余额
库存现金	187350.00	50000.00	5000.00	232350.00
银行存款	17765000.00	20000.00	314500.00	17470500.00
应收账款	50660000.00	5650000.00		56310000.00
其他应收款	8675510.00	9800.00		8685310.00
存货	45742480.00	150000.00	3000000.00	42892480.00
长期股权投资	15860000.00			15860000.00
固定资产	46100000.00	7000.00		46107000.00
累计折旧	8750000.00		35000.00	8785000.00
应交税费	3070000.00	19500.00	1106535.00	4157035.00
应付利息	0.00		52660.00	52660.00

续表

科目	期初余额	借方发生额	贷方发生额	期末余额
应付账款	7000000.00			7000000.00
其他应付款	30060449.82		23000.00	30083449.82
应付职工薪酬		90200.00	90200.00	0.00
长期借款	22300000.00			22300000.00
实收资本	90000000.00			90000000.00
资本公积	2399499.00			2399499.00
盈余公积	1145300.00		652578.50	1797878.50
未分配利润	20265091.18	652053.50	1369080.00	20982117.68
主营业务收入	22000000.00		5000000.00	27000000.00
主营业务成本	15000000.00	3000000.00		18000000.00
税金及附加	670000.00			670000.00
其他业务收入	3150000.00			3150000.00
其他业务成本	1140000.00			1140000.00
销售费用	150000.00	103000.00		253000.00
管理费用	1450000.00	45200.00		1495200.00
财务费用	730000.00	52660.00		782660.00
营业外收入	5300.00		20000.00	25300.00
营业外支出	6200.00			6200.00

24.3 编制财务报表

在 24.2 节中，我们已经编制了张老板公司 2019 年 12 月的科目余额表，这为我们编制财务报表打下了基础，再加上前 11 个月的财务数据，我们已经做好了全部的准备工作，下面就可以正式开始编制财务报表了。

24.3.1 编制资产负债表

还记得我们学习过的资产负债表项目的填列方式吧？资产负债表项目须根据总账余额及其他关联项目分析填列，如“货币资金”项目一般根据现金和银行存款的余额填列，“应收账款”项目一般根据应收账款的借方余额加上预收账款的借方余额，再减去应收账款坏账准备后的余额填列等。我们此处不再一一列举了，如果大家有所生疏，不妨翻回关于资产负债表的章节去看看。

根据 24.1 和 24.2 两节的相关资料，我们可以为张老板公司编制这样一张资产负债表，如表 24.2 所示。

表 24.2 张老板公司 2019 年度资产负债表

编制单位：四星通信设备有限公司　　2019年12月31日　　单位：元

资产	期末余额	期初余额	负债和所有者权益	期末余额	期初余额
流动资产：			**流动负债：**		
货币资金	17702850.00	22894100.00	短期借款		33570000.00
交易性金融资产		466200.00	交易性金融负债		
衍生金融资产			衍生金融负债		
应收票据			应付票据		
应收账款	56310000.00	22255000.00	应付账款	7000000.00	9553900.00
预付款项		7127300.00	预收款项		812600.00
其他应收款	8685310.00	12089500.00	合同负债		
存货	42892480.00	50184900.00	应付职工薪酬		3141700.00
合同资产			应交税费	4157035.00	2944100.00
持有待售资产			其他应付款	30136109.82	21181709.80
一年内到期的非流动资产			持有待售负债		
其他流动资产		7186400.00	一年内到期的非流动负债		
流动资产合计	125590640.00	122203400.00	其他流动负债		
非流动资产：			流动负债合计	41293144.82	71204009.80
债权投资			**非流动负债：**		
其他债权投资			长期借款	22300000.00	9840000.00
长期应收款			应付债券		
长期股权投资	15860000.00	15860000.00	其中：优先股		
其他权益工具投资			永续债		
其他非流动金融资产			长期应付款		2000000.00
投资性房地产			预计负债		
固定资产	37322000.00	45033000.00	递延收益		
在建工程			递延所得税负债		
生产性生物资产			其他非流动负债		150000.00
油气资产			非流动负债合计	22300000.00	11990000.00
无形资产		1878400.00	负债合计	63593144.82	83194009.80
开发支出			**所有者权益：**		
商誉			实收资本	90000000.00	90000000.00

续表

资产	期末余额	期初余额	负债和所有者权益	期末余额	期初余额
长期待摊费用		6820000.00	其他权益工具		
递延所得税资产			其中：优先股		
其他非流动资产			永续债		
非流动资产合计	53182000.00	69591400.00	资本公积	2399499.00	2399499.00
			减：库存股		
			其他综合收益		
			盈余公积	1797878.50	1145300.00
			未分配利润	20982117.68	15055991.20
			所有者权益合计	115179495.20	108600790.20
资产总计	178772640.00	191794800.00	负债和所有者权益总计	178772640.00	191794800.00

24.3.2　编制利润表

利润表与资产负债表最大的不同在于，利润表反映的是企业一定时期的期间财务数据，须根据总账科目的发生额填列。根据 24.1 和 24.2 两节的相关资料，我们可以为张老板公司编制这样一张利润表，如表 24.3 所示。

表 24.3　张老板公司 2019 年度利润表

编制单位：四星通信设备有限公司　　2019年度　　单位：元

项目	本期金额	上期金额
一、营业收入	30150000.00	14202047.00
减：营业成本	19140000.00	8505665.20
税金及附加	670000.00	720740.00
销售费用	253000.00	1435300.00
管理费用	1495200.00	1226000.00
研发费用		
财务费用	782660.00	871550.00
其中：利息费用		
利息收入		
资产减值损失		
信用减值损失		
加：其他收益		
投资收益（损失以“–”号填列）		1000000.00
其中：对联营企业和合营企业的投资收益		

续表

项目	本期金额	上期金额
净敞口套期收益（损失以“–”号填列）		
公允价值变动收益（损失以“–”号填列）	865806.64	
资产处置收益（损失以“–”号填列）		
二、营业利润（亏损以“–”号填列）	8674946.64	2442791.80
加：营业外收入	25300.00	83570.00
减：营业外支出	6200.00	63300.00
三、利润总额（亏损总额以“–”号填列）	8694046.64	2463061.80
减：所得税费用	2173511.66	689180.00
四、净利润（净亏损以“–”号填列）	6520534.98	1773881.80
（一）持续经营净利润（净亏损以“–”号填列）		
（二）终止经营净利润（净亏损以“–”号填列）		
五、其他综合收益的税后净额		
六、综合收益总额		

24.3.3 编制现金流量表

现金流量表作为财务报表中的第三张报表，综合了前两张报表的特点，在编制过程中既要考虑资产负债表科目的余额、发生额，又要考虑利润表科目的发生额，且常常需要结合明细账的具体内容及支付方式来确定。

现金流量表的编制是一个难点，但是我们举的例子很简单，相信大家在编制过程中不会遇到困难。

（1）张老板公司 2019 年 12 月销售商品、提供劳务收到的现金=主营业务收入+应交税费-增值税-销项税+应收票据（期初余额-期末余额）=5000000+650000-5650000=0（元）

（2）张老板公司 2019 年 12 月收到其他与经营活动有关的现金=营业外收入（处理固定资产收益等除外）=20000（元）

（3）张老板公司 2019 年 12 月购买商品、接受劳务支付的现金=主营业务成本+存货（期末余额-期初余额）+支付的增值税进项税等=3000000-2850000+19500=169500（元）

（4）张老板公司 2019 年 12 月支付给职工及为职工支付的现金=生产成本、制造费用、管理费用中职工薪酬+应付职工薪酬（期初余额-期末余额）=90200+0=90200（元）

（5）张老板公司 2019 年 12 月支付其他与经营活动有关的现金=其他应收款（期

末余额-期初余额）=9800（元）

将以上项目填列到报表中，再汇总 1—11 月数据，可以编制出张老板公司 2019 年度的现金流量表，如表 24.4 所示。

表 24.4　张老板公司 2019 年度现金流量表

编制单位：四星通信设备有限公司　　2019年度　　单位：元

项目	行次	1—11月累计数①	12月金额②	本年金额（①+②）
一、经营活动产生的现金流量	**1**			
销售商品、提供劳务收到的现金	2	23530000.00		23530000.00
收到的税费返还	3			
收到其他与经营活动有关的现金	4	5335604.00	20000.00	5355604.00
经营活动现金流入小计	**5**	**28865604.00**	**20000.00**	**28885604.00**
购买商品、接受劳务支付的现金	6	13858434.00	169500.00	14027934.00
支付给职工及为职工支付的现金	7	992300.00	90200.00	1082500.00
支付的各项税费	8	1205100.00		1205100.00
支付其他与经营活动有关的现金	9	1970083.00	9800.00	1979883.00
经营活动现金流出小计	**10**	**18025917.00**	**269500.00**	**18295417.00**
经营活动产生的现金流量净额	**11**	**10839687.00**	**-249500.00**	**10590187.00**
二、投资活动产生的现金流量	**12**			
收回投资收到的现金	13			
取得投资收益收到的现金	14			
处置固定资产、无形资产和其他长期资产收回的现金净额	15	8203700.00		8203700.00
处置子公司及其他营业单位收到的现金净额	16			
收到其他与投资活动有关的现金	17			
投资活动现金流入小计	18	**8203700.00**		**8203700.00**
购建固定资产、无形资产和其他长期资产支付的现金	19	2875137.00		2875137.00
投资支付的现金	20			
取得子公司及其他营业单位支付的现金净额	21			
支付其他与投资活动有关的现金	22			
投资活动现金流出小计	**23**	**2875137.00**		**2875137.00**
投资活动产生的现金流量净额	**24**	**5328563.00**		**5328563.00**
三、筹资活动产生的现金流量	**25**			

续表

项目	行次	1—11月累计数①	12月金额②	本年金额（①+②）
吸收投资收到的现金	26			
其中：子公司吸收少数股东投资收到的现金	27			
取得借款收到的现金	28	22300000.00		22300000.00
收到其他与筹资活动有关的现金	29			
筹资活动现金流入小计	**30**	**22300000.00**		**22300000.00**
偿还债务支付的现金	31	43410000.00		43410000.00
分配股利、利润或偿付利息支付的现金	32	730000.00		730000.00
其中：子公司支付给少数股东的股利、利润	33			
支付其他与筹资活动有关的现金	34			
筹资活动现金流出小计	**35**	**43410000.00**		**43410000.00**
筹资活动产生的现金流量净额	**36**	**−21110000.00**		**−21110000.00**
四、汇率变动对现金及现金等价物的影响	**37**			
五、现金及现金等价物净增加额	**38**	**−4941750.00**	**−249500.00**	**−5191250.00**
加：期初现金及现金等价物余额	39	22894100.00	17952350.00	40846450.00
六、期末现金及现金等价物余额	**40**	**17952350.00**	**17702850.00**	**35655200.00**

24.3.4 编制所有者权益变动表

张老板公司 2019 年有变化的所有者权益项目为:

（1）本年度净利润 6520534.98 元，由净利润的 10%提取的盈余公积 652053.5 元，盘盈固定资产补提盈余公积 525 元，合计提取盈余公积 652578.5 元。

（2）未分配利润的变动由两项组成，一项是净利润的增项 5926126.48 元，另一项是提取盈余公积的减项 652053.5 元。

张老板公司 2019 年度所有者权益变动表，如表 24.5 所示。

表 24.5　张老板公司 2019 年度所有者权益变动表

编制单位：四星通信设备有限公司　　2019年度　　单位：元

项目	本年金额									
	实收资本（或股本）	其他权益工具			资本公积	减：库存股	其他综合收益	盈余公积	未分配利润	所有者权益合计
		优先股	永续债	其他						
一、上年年末余额	**90000000.00**				**2399499.00**			**1145300.00**	**15055991.20**	**108600790.20**
加：会计政策变更										
前期差错更正										
其他										
二、本年年初余额	**90000000.00**				**2399499.00**			**1145300.00**	**15055991.20**	**108600790.20**
三、本年增减变动金额（减少以“–”号填列）										
（一）综合收益总额								652053.50	5868481.48	6520534.98
（二）所有者投入和减少资本										
1．所有者投入的普通股										
2．其他权益工具持有者投入资本										
3．股份支付计入所有者权益的金额										
4．其他										
（三）利润分配										
1．提取盈余公积								525.00	57645.00	58170.00
2．对所有者（或股东）的分配										
3．其他										
（四）所有者权益内部结转										
1．资本公积转增资本（或股本）										
2.盈余公积转增资本（或股本）										
3．盈余公积弥补亏损										

续表

项目	本年金额									
	实收资本（或股本）	其他权益工具			资本公积	减：库存股	其他综合收益	盈余公积	未分配利润	所有者权益合计
		优先股	永续债	其他						
4. 设定收益计划变动额结转留存收益										
5. 其他综合收益结转留存收益										
6. 其他										
四、本年年末余额	**90000000.00**				**2399499.00**			**1797878.50**	**20982117.68**	**115179495.20**

注：因为版面所限，我们未列示所有者权益变动表的上年数据。

24.3.5 编制财务报表附注

财务报表附注是财务报表的补充内容，是对财务报表本身无法或难以充分表述的内容和项目所做的补充说明与详细解释。财务报表使用者了解企业的财务状况、经营成果和现金流量，应当全面阅读财务报表附注；同样地，我们为了编制财务报表附注也深入地了解了张老板公司的业务，由于篇幅有限，我们不再重复介绍，大家可以重点看一下第 22 章的内容。

24.4 本章回顾

本章是本书的最后一章，我们将全书的内容融合在一起，将张老板公司最基础的经济事项先分析转化为会计分录，再提炼为科目余额表，最终形成财务报表。

注意：本章的内容和整本书形成一个互补。前 23 章，我们按照从总到分、从整体到局部的顺序，先让大家知道我们的目的是什么，我们要做什么。我们通过第 1 章提纲挈领地介绍财务报表的内容和结构后，再分别阐述其内容（第 2 章到第 23 章）；接下来，我们通过第 2 章、第 9 章、第 17 章分别简要介绍资产负债表、利润表和现金流量表的内容，再循序渐进逐层展开。本章是我们的一次实践过程，按照从分到总、从局部到整体的顺序，帮助大家了解财务报表的编制过程，使大家知其然更知其所以然！

时光匆匆，我们本次关于财务报表的学习已接近尾声，每一分付出都会有收获，认真学习的你感受到财务报表的魅力了吗？财务报表是会计知识的精华，有其独立的概念内容和体系。对于初学者来说，阅读伊始可能会感到晦涩难懂，这是正常的。随着章节的深入，大家的思路就会慢慢清晰，再加上有我们生动有趣的案例和顽皮好学的会计小辛做伴，大家是不是已经将财务报表的知识融会贯通了呢？

学习是一个循序渐进的过程，本书绝不是终点，而是步入这个领域的起点，大家只有不断地温故知新才能真正领悟知识，掌握知识的精髓。相信大家在不断学习和阅读的过程中，会感受到财务报表所具有的独特魅力，会逐渐认识到它是一套完善的知识体系！